民商法经典问题

200问

李刚 编著

知识产权出版社
全国百佳图书出版单位

图书在版编目（CIP）数据

民商法经典问题200问 / 李刚编著. —— 北京：知识产权出版社，2016.10
ISBN 978-7-5130-4547-6

Ⅰ.①民… Ⅱ.①李… Ⅲ.①民法 – 中国 – 问题解答②商法 – 中国 – 问题解答 Ⅳ.①
D923.05

中国版本图书馆CIP数据核字（2016）第258756号

内容提要：

本书浅显易懂地对相关法律问题做了解答，亦可作为字典式查阅工具。全书共13章，主要内容有民法、婚姻法和继承法、物权法、合同法、侵权责任法、劳动及劳动合同法、工伤保险、房地产相关法、公司法、保险法、知识产权法、民事诉讼法及仲裁法、信用证业务。

责任编辑：李 娟

民商法经典问题200问

MINSHANGFA JINGDIAN WENTI 200 WEN

李刚 编著

出版发行：知识产权出版社 有限责任公司	网 址：http:// www.ipph.cn
电 话：010 – 82004826	http:// www.laichushu.com
社 址：北京市海淀区西外太平庄55号	邮 编：100081
责编电话：010 – 82000860转8594	责编邮箱：aprilnut@foxmail.com
发行电话：010 – 82000860转8101 / 8029	发行传真：010 – 82000893 / 82003279
印 刷：北京中献拓方科技发展有限公司	经 销：各大网上书店、新华书店及相关专业书店
开 本：720mm×1000mm 1/16	印 张：19.75
版 次：2016年10月第1版	印 次：2016年10月第1次印刷
字 数：310千字	定 价：39.90元

ISBN 978-7-5130-4547-6

前　言

在人类发展长河中,宗教信仰曾经引领着人的善恶取向;随后自然社会形成的道德规范,评价和规范着人的善恶观;今天法制成为规范和评价人的行为的主要尺度。

在我国,物权法的出现,让"恒产者有恒心",使多少人的人生规划、奋斗方向变得明晰而具体。物权的对世权、他人对于物权的谦抑性,使多少矛盾定分止争。法律不仅仅表现出其规范作用,而且彰显着其指引作用。

现今社会的发展,离不开开放、离不开国际社会、离不开与世界其他国家、其他种族的人的交流和物质交换;相对于纷呈复杂的各种宗教、道德而言,法律更具有其普遍适应性;更具有公平性和可接受性;如果离开了普遍认同,并且由国家强制力保障的法律,这样的交流和交换,将会受到阻碍。

法制建设属于上层建筑;除了作为国家和政府层面的法律制定和法律实施外,更为重要的是全民法律观念教育,法律思维的养成。法律是一门社会科学,一套完整的科学体系。要建成学法、知法、懂法、守法,熟练运用法律指导我们的生活、解决工作生活中发生的问题,既是社会主义法制建设的基础,也是实现法治社会的必经过程。当然这也是一个艰辛的过程;是更需要许多的仁人志士为之奋斗的过程。

笔者年少时倾心于法学,不料当年为了实现鲤鱼跳龙门,选择了理科;16岁的时候,进了一所理工科大学,学习机械工程。所幸初衷不改,恰遇改革开放之初,百花齐放、众说纷纭,各种研究、学说如雨后春笋,耳里听到的、眼里看到的都是各家学说。

工学之余抽闲时,学习了当时国内比较早的工商管理干部培训中心的全部教材;从中不仅学习了管理学、经济学、会计学等,也进一步接触了法学。之后利用学校的借书证,搜集阅读了大量的、当时能够找到的法学、法制史之类的读物。

20岁时毕业,懵懵懂懂地去了西北,后辗转回到家乡。为生计、为改变命运,不懈地努力。大大小小做了不少的事,忙了该忙的、不该忙的,一身疲惫。

24岁的时候,曾供职的一中外合资企业,因为某一高层不当行为,被一家工厂到工商局提请仲裁;在当时数额之大,引起了地方领导的注意;但是几经周折,还是输了官司赔了钱。对于20世纪90年代初期出现的工商局的商事仲裁,至今我也说不清心里是个啥滋味。

20世纪90年代到21世纪初期,笔者除了经营企业以外;看到身边的亲戚朋友,为了义气,在冲动中做出了不当之举,身陷囹圄,甚或付出生命的代价。

2000年以后,从事物业管理工作,这简直就是活生生的小社会。合同的纠纷、邻里的纠纷、行政的作为与不作为、侵权的、忘却法律的,甚至无所顾忌的,无处不在。在这里如果没有法律作为解决问题的底线,一切皆可归于混沌。

经过20年的忙碌,为了生存、为了更好地解决矛盾,重拾起早年倾心过的法学。经过不懈的努力,在近知天命之年,通过了司法考试,通过注册成为律师界的一名新的老年兵。

因为经历了改革开放的前期过程,体会了法律和法制建设的心酸;同时因为学习法律的过程,更多地来源于实践,因此带着个人的感悟,想象如果还能为社会之法制建设做点什么。首要的是做一些普法的、以法解惑的宣传,哪怕是抛砖引玉,哪怕是不求甚解,只要能为身边的人群,带去一些自己对法律的认识和感受,也是一件功德无量的事情。虽不能预测效果之大小,然自认为若尽力而为,则亦无憾。

经年实践,吾之感悟在于,相对于法律,民众不谓不重视,只是不求甚解。人之行事,往往以自己认为的法律中有利于自己的方式行为,却忘却法律的边界。如常听说"我的地盘我做主",试问如果真的全部行为都是"我的地盘我做主",那么,相邻的、交叉的地盘谁做主? 而当今社会,特别是在物权的用益上,涉及相邻权关系,真的能够"我的地盘我做主"?

再者,不论行为冲动与否? 行事之前,行为人还是比较注意行为成本的。在行为之前,大都能适当衡量。但是行为后,往往是不计成本的。如围着一个小小的纷争,本可以协商解决;但是行为双方,往往站在自己的立场,各自坚持自己的主张,诉讼到法院;结果仍然是寸土不让! 不惜为着一句话,为着两块钱,引发了诉讼;占用双方的时间和花费不少的精力,挤占有限的宝贵的司法资源。行为人在这个时候,只是要挣一口气。诉了一审再二审,过了二审来再审。续续然三五年,忙忙于无谓之中。

在法律普及教育的过程中,如果仅仅依靠民众一般的理解,是不能甚解立法本意和法律精神的。因为法律越来越繁杂:法律之间、法律条文之间相互的引用,法律原理的适用、法律规则、原则的普遍适用性等,不是仅仅依靠单一法律或者单一法律条文能够充分释义的。这其中如果仅仅从法律条文字面去解读,难免断章取义,难免误导民众之行为。

法律工作者的存在,就应该以法律的普及、法律的答疑解惑为己任。如果作为一名法律工作者,不去营造一个良好的法律环境,也就难以让民众将法律服务视作一种消费。而且偶尔遇到的代理业务,也会因为当事人或者对方,采用惯性的非法律的思维,给法律服务工作带来无穷无尽的烦恼。如委托人往往认为,我既然委托了律师,那么我就应该赢得官司! 俨然将律师置于法官、法律之上。再者,对方当事人多会采取不合作的态度,因为他们认为既然律师是对方当事人委托的,那么就等同于对方当事人;忘却了律师之于事实的中立性和对于法律的忠实性。特别是在刑事诉讼中,如果委托人输了官司,出现的殴打律师者也是不鲜见,还有就是为那些犯有重罪的人担任指定辩护人的律师,往往会被视为忘却良心,为一些十恶不赦者减轻或者逃脱处罚而辩护,被人误解甚至发生恶性事件。

笔者对于普法教育的理解,花费了一些时日,搜集了一些广为信实的论述,掺杂了笔者自己的心得,编撰而成《民商法经典问题200问》。由于作者才疏学浅,孤陋寡闻,难免挂一漏万,甚至少存谬误也是在所难免。望读者不吝赐教。

然忠实于法律,热衷于普法之心,尤现于字里行间。民商法何止200问? 之所以如此称谓,不过为善记尔。若此拙编,还有裨益,余将在学用之余完善之。

简　目

目　录

第一章　民法

第二章　婚姻法和继承法

第三章　物权法

第四章　合同法

第五章　侵权责任法

第六章　劳动及劳动合同法

第九章　公司法

第十章　保险法

第十一章　知识产权法

第十二章　民事诉讼法及仲裁法

第十三章　信用证业务

第一章　民法

1. 民事法律关系的要素有哪些？

民事法律关系的要素是指构成民事法律关系的必要因素或条件。

从静态上说，一个民事法律关系的构成必须具备主体、客体和内容三个要素，缺少其中任何一个都不能成立民事法律关系，其中任何一个发生变化，民事法律关系也就会变更。

（1）民事法律关系的主体。

即参与民事法律关系享受民事权利和负担民事义务的人。具备何种资格才可为法律关系的主体是由法律规定的；但是否参与法律关系，成为具体民事法律关系的主体一般是由主体自己决定的。民事法律关系主体包括权利主体和义务主体双方，权利主体是享受民事权利的一方当事人，义务主体为负担民事义务的一方当事人，任何一方都可为一人，也可为数人。民事法律关系的权利主体只能是特定的人，但有的法律关系的义务主体是不特定的人。

（2）民事法律关系的内容。

即民事主体所享有的民事权利和负担的民事义务。没有权利义务，也就不存在民事法律关系。作为民事法律关系内容的权利与义务相互对立、相互联系，共同存在于同一法律关系之中。任何民事法律关系中必有权利，该权利决定着民事法律关系的性质，同时也有与该权利相对应的义务。当然，在有的民事法律关系中，权利主体一方只享有权利，另一方只负担义务。

（3）民事法律关系的客体。

即民事法律关系中权利义务共同指向的对象。没有客体，主体的权利义务也就无从落实，也就不能形成民事法律关系。

 2. 民事诉讼主体及其构成要件有哪些？

（1）诉讼主体：又称案件的当事人，是指因民事上的权利义务关系发生纠纷以自己的名义进行诉讼活动，并受法院裁判约束的利害关系人。

在实践中，实际存在两种性质的当事人：一种是程序法上的当事人；另一种是实体法上的当事人。程序法上的当事人,是指案件进入诉讼程序后的原告和被告。因为这时的当事人是否在事实上真的存在利害关系还是个未知数,真正的利害关系只有在法院开庭审理之后才能确定,因此称为程序法上的诉讼主体。实体法上的当事人,是指经过案件的审理法院依法确定的案件当事人,这些人与案件有直接的利害关系,因此称为实体法上的诉讼主体。

(2)两种诉讼主体的构成要件。

程序法上的当事人是在案件进入诉讼程序、开庭审理没有结束前的当事人,构成这种当事人有以下要件:

①被告是原告认定的案件当事人。一个案件的成立,必须有原告和被告。原告在向法院起诉之前有自己主观上认定的被告。如果案件的原告没有认定自己起诉的被告是侵害自己利益的当事人,他就不会对其进行起诉。

②由于在案件审理之前不能确定真正的当事人,因此凡在诉讼内明确表示为原告和被告的人,不论是不是民事权利或法律关系的主体,以及对诉讼权标的有无诉讼实施权,都是当事人。

(3)实体法上诉讼主体构成的要件。

实体适格的当事人,是在案件开庭审理后,法院依法确定有权以自己名义支配讼争民事权利义务的主体,亦即有权以自己的名义主张、放弃民事权利和有权以自己的名义否定、承认讼争民事义务的主体。构成实体法上的当事人,应当符合以下条件:

①当事人与案件有直接的利害关系。当事人必须是发生民事争议一方,与案件有直接的利害关系。如借贷纠纷案件,案件的诉讼主体必然是债权人或债务人或与债权债务有利害关系的第三人。

②当事人必然以自己的名义进行诉讼。凡不是以自己的名义而是以他人的名义进行诉讼的人,如诉讼代理人等都不是民事诉讼的当事人。

③当事人受法院裁判的拘束。如果参加案件诉讼的人虽然以自己的名义进行诉讼,但不受法院裁判的约束的人,如证人等就不是民事诉讼的当事人。

(4)实体法上的诉讼主体的审查认定。

①双方当事人是否存在侵害与被侵害的利益争议事实:因为只有自己的

利益受到侵害或与他人发生争议,而提起诉讼的人及其相对方,才是直接的利害关系人。如果自己的利益没有受到侵害,也没有因为自己的利益而与相对人发生争议,那么双方当事人就不是有直接利害关系的人。

②双方当事人是否存在保护权利的争议事实:当事人在民事诉讼中无论是保护自己的权利还是保护他人的权利,只要以自己的名义进行诉讼引起民事诉讼程序发生、变更或消灭的,都是民事诉讼的当事人。

③争议的双方当事人是否存在民事法律关系:法律关系也是形成民事诉讼关系的条件之一。如果当事人虽然没有以上两种争议的直接事实存在,但与争议的事实有某种法律关系存在,那么他同样可能成为实体法上的案件当事人,如案件的第三人就是如此。

 3. 民法的基本原则有哪些?

(1)平等原则。

①主体的身份平等。身份平等是特权的对立物,是指不论其自然条件和社会处境如何,其法律资格亦即权利能力一律平等。《中华人民共和国民法通则》(以下简称《民法通则》)第三条规定:当事人在民事活动中地位平等。任何自然人、法人在民事法律关系中平等地享有权利,其权利平等地受到保护。

②适用法律平等是指法律面前人人平等。平等保护是指法律对民事主体的保护规定是相同的,适用法律时不能区别对待,是由法律地位平等,适用法律平等决定的。

(2)自愿原则。

自愿是指在民事活动中体现当事人的意志,排除他人强迫,欺诈及其他不当影响和压力自己做主。我国民法的自愿原则主要表现为合同自由、婚姻自由、遗嘱自由。

自愿原则的实质,就是在民事活动中当事人的意思自治。即当事人可以根据自己的判断,去从事民事活动,国家一般不干预当事人的自由意志,充分尊重当事人的选择。其内容应该包括自己行为和自己责任两个方面。自己行为,即当事人可以根据自己的意愿决定是否参与民事活动,以及参与的内容、行为方式等；自己责任，即民事主体要对自己参与民事活动所导致的结果负担责任。

(3)公平原则。

基本要求是：民事主体本着公平的观念进行民事活动，正当的行使民事权利和履行民事义务、兼顾他人利益和社会公平利益。司法机关在审理民事案件时应依法，同时做到公平合理，是指在民事活动中以利益均衡作为价值判断标准，在民事主体之间发生利益关系摩擦时，以权利和义务是否均衡来平衡双方的利益。因此，公平原则是一条法律适用的原则，即当民法规范缺乏规定时，可以根据公平原则来变动当事人之间的权利义务；公平原则又是一条司法原则，即法官的司法判决要做到公平合理，当法律缺乏规定时，应根据公平原则作出合理的判决。

(4)公序良俗原则。

社会公共道德，就是广大民众公认的道德准则。调整民众社会关系的民法，必然以民众的公共道德为准则。这是由道德和法律的一致性决定的。民法与民众道德精神一致，民事立法、执法、适用法律均不能违背公共道德。在法无规定的情况下，道德可以成为民法的渊源，成为解决法律纠纷的依据。

其宗旨在于民事主体的行为应当遵守公共秩序，符合善良风俗，不得违反国家的公共秩序和社会的一般道德。公序良俗是公共秩序与善良风俗的简称。

《民法通则》第七条规定："民事活动应当尊重社会公德。不得损害社会公共利益，破坏国家经济计划，扰乱社会经济秩序"。

公共秩序，是指国家社会的存在及其发展所必需的一般秩序。

善良风俗，是指国家社会的存在及其发展所必需的一般道德。

违反公序良俗的类型有：①危害国家公共秩序类型；②危害家庭关系类型；③违反性道德行为类型；④射幸（侥幸）行为类型；⑤违反人权和人格尊严的行为类型；⑥限制经济自由的行为类型；⑦违反公平竞争行为类型；⑧违反消费者保护的行为类型；⑨违反劳动者保护的行为类型；⑩暴力行为类型。

（5）诚实信用原则。

诚实信用原则是指按照诚实不欺、信守诺言的道德准则平衡当事人之间及当事人与社会之间的利益的原则。

所谓诚实信用，其本意是要求按照市场制度的互惠性行事。在缔约时，诚实并不欺不诈；在缔约后，守信用并自觉履行。

然而，市场经济的复杂性和多变性昭示：无论法律多么严谨，也无法限制复杂多变的市场制度中暴露出的种种弊端，总会表现出某种局限性。民法规定该原则，使法院在审理具体案件中，能主动干预民事活动，调整当事人利益，使民事法律关系符合正义的要求；另外，法院可根据该原则作出司法解释，填补法律的漏洞。宗旨是由于该原则位阶高、不确定性强，用而不当也可能会成为司法专横的工具，对该原则的运用，必须与其他原则结合起来统筹考虑。

（6）禁止权利滥用原则。

禁止权利滥用原则，是指民事主体在进行民事活动中必须正确行使民事权利，如果行使权利损害到同样受到保护的他人利益和社会公共利益时，即构成权利滥用。

对于如何判断权利滥用，《民法通则》及相关民事法律规定，民事活动首先必须遵守法律，法律没有规定的，应当遵守国家政策及习惯，行使权利应当尊重社会公德，不得损害社会公共利益，扰乱社会经济秩序。

权利滥用，是指民事主体在行使权利时超出权利本身的目的和社会所容许的界线。此种行为是违法的，故为法律所禁止。

行使权利损害社会公共利益，扰乱社会经济秩序，专以侵害他人为目的，违背权利目的等，均为法律所禁止。

（7）等价有偿原则。

是公平原则在财产性质的民事活动中的体现，是指民事主体在实施转移财产等的民事活动中要实行等价交换（支付对价），取得一项权利应当向对方履行相应的义务，不得无偿占有、剥夺他方的财产，不得非法侵害他方的利益。

在造成他方损害的时候，应当等价赔偿或者补偿。现代民法对等价有偿提出挑战，认为很多民事活动，如赠与和赡养，继承等并不是等价有偿进行的，因而等价有偿原则只是一个相对的原则，不能绝对化。

4. 民法的效力有哪些?

民法的效力,包括时间上的效力、空间上的效力和对人的效力。

(1)民法在时间上的效力即民法时间上的适用范围。

是指于何时可以且应当适用该民事法律规范。确定民法在时间上的效力,有两条规则:一是法律不溯及既往。所谓法律不溯及既往规则,是指法律原则上只适用于法律生效后发生的事项,而不适用于法律生效前发生的事项。当然,若法律明确规定对法律施行前发生的民事事项也适用时,则该法律可适用于其施行前已发生的相关事项。二是新法改废旧法。所谓新法改废旧法规则,是指在新法生效后,有关针对同一事项的旧法即使没有明令废除也当然废止。适用此规则须具备以下条件:①新旧法是同一级机关颁布的;②新旧法处于同一位阶;③新旧法的规定是针对同一事项的。

(2)民法在空间上的效力,即民法地域上的适用范围。

是指民事法律规范对于何地域内发生的民事关系有效。我国民法适用于中华人民共和国领土、领海、领空以及依据国际法和国际惯例视为我国领域内发生的民事关系,但法律另有规定的除外。

(3)民法对人的效力,即民法对人的适用范围。

是指民事法律规范适用于何人。我国民法适用于我国公民、法人和其他组织,以及居住在我国境内的外国人、无国籍人以及外国法人在我国设立的分支机构,但法律另有规定的除外。

 5. 民法适用规则有哪些?

在适用民法时,可能会遇到不同位阶的法律冲突,新旧法律冲突,以及特别法与普通法的冲突等,应遵循如下规则:

(1)特别法优于普通法。对某一事项,特别法有规定的,应优先适用特别法的规定;只有在特别法没有规定时,才能适用普通法的规定。

(2)后法优于前法。后法优于前法又称新法优于旧法,是指对于某一事项,后法与前法都有规定的,应适用后法的规定,而不能适用前法的规定。

（3）强行法优于任意法。对于同一事项,凡有强行性规范的,应适用强行性规范,而不能依当事人的意思决定之。如果对于某一事项,法律规定可在一定范围内由当事人自行决定,则该法律规范属于半强行性的,当事人只能在规定的范围内协商,若超出法律规定的范围,则其约定无效。

（4）例外规定排除一般规定。对于某一事项既有一般规定,又有例外规定时,属于例外的情形应适用例外规定而不能适用一般规定。

（5）具体规定优于一般性条款。在民法的适用上,法律有具体规定的,应适用具体规定而不能直接适用一般性条款,也不必既引用具体规定,又引用一般性条款。只有在没有具体规定时,才可以直接适用一般性条款。

 ## 6. 民事责任的特点有哪些?

民事权利、义务和民事责任之间既不能相互混淆,也不能相互替代。民事责任具有如下特点:

（1）民事责任是违反民事义务的法律后果。民事义务是民事责任的前提,而民事责任是违反民事义务的法律后果。没有民事义务,不会产生民事责任;有民事义务而没有违反义务,也不会产生民事责任。无论违反何种民事义务,均产生民事责任。

（2）民事责任以恢复被侵害的权利为目的。权利的实现有赖于义务的履行,义务的违反也就是对权利的侵害。为恢复被侵害的权利,义务违反人须承担民事责任。因此,民事责任的目的在于恢复被侵害的民事权利。

（3）民事责任具有强制性,但当事人之间可以协商。民事责任是一种法律责任,因此也具有强制性,这表现为可以以国家强制力强制当事人承担民事责任。但民事责任一般由当事人自愿承担,只有在当事人不能自愿承担的情形下,国家才强制其承担。同时,有的民事责任(如违反合同的民事责任)当事人可事先约定,有的民事责任(如侵权的民事责任)虽不得事先约定,事后却可以进行协商。

7. 民事权利义务有哪些?

(1)权利是指法律保护的某种利益,从行为方式的角度看,它表现为要求权利相对人可以怎样行为,必须怎样行为或不得怎样行为。

(2)义务人指人们必须履行的某种责任,它表现为必须怎样行为和不得怎样行为两种方式。在法律调整状态下,权利是受法律保障的利益,其行为方式表现为意志和行为的自由,义务则是对法律所要求的意志和行为的限制,以及利益的付出。权利和义务是法律调整的特有机制,是法律行为区别于道德行为最明显的标志,也是法律和法律关系内容的核心。

8. 民事权利能力与民事权利的区别有哪些?

民事权利能力与民事权利的区别在于:

(1)民事权利能力只是法律赋予主体享受权利和负担义务的资格,有民事权利能力不等于就享有了民事权利;而民事权利是有民事权利能力的主体在具体法律关系中实际享有某种利益的形式,以利益为内容。

(2)民事权利能力是由法律赋予的,并不能由主体依自己的意志决定;而民事主体可依自己的意思决定某项民事权利的享有。

(3)民事权利能力与主体是不可分离的,主体既不能放弃,也不能转让;而主体对其民事权利,除法律另有规定外,可以放弃也可以转让。

(4)民事权利能力包括义务能力,它不仅是享受民事权利的能力,也是负担民事义务的能力;而民事权利并不同时包含民事义务。

9. 自然人的民事行为能力有哪些?

自然人的民事行为能力分为3种情况:

(1)完全民事行为能力。完全民事行为能力是指可以完全独立通过自己的行为取得民事权利和负担民事义务的资格。依法律规定,18周岁以上的成年人具有完全民事行为能力,为完全民事行为能力人;16周岁以上的未成年人,以自己的劳动收入为主要生活来源的,也被视为完全民事行为能力人。

(2)限制民事行为能力。限制民事行为能力是指可以独立进行一些民事活动以取得权利和负担义务,但不能独立进行全部民事活动的资格。限制民事行为能力人包括10周岁以上的未成年人和不能完全辨认自己行为的精神病人(包括痴呆症人)。

(3)无民事行为能力。无民事行为能力是指不具有进行民事活动以取得民事权利和负担民事义务的资格。不满10岁的未成年人和不能辨认自己行为的精神病人为无民事行为能力人。

 ## 10. 宣告失踪须具备的条件有哪些?

宣告失踪须具备以下条件:

(1)须经利害关系人申请。利害关系人包括被申请宣告失踪人的配偶、父母、子女、兄弟姐妹、祖父母、外祖父母、孙子女、外孙子女及其他与被申请人有民事权利义务关系的人。未经利害关系人申请,人民法院不得主动宣告自然某人的失踪。

(2)须被申请人下落不明满2年。所谓下落不明,是指自然人离开自己的住所无任何消息。一个人只有下落不明满2年的,其利害关系人才可申请法院宣告其为失踪人。

(3)须由人民法院依特别程序宣告。宣告失踪为人民法院的职权,其他任何机关均无权宣告某人为失踪人。人民法院受理宣告失踪案件后,应发出寻找失踪人的公告,公告期间为3个月。公告期间届满,被申请人仍未出现或者无确切消息的,人民法院作出宣告该人为失踪人的判决。

 ## 11. 宣告死亡须具备的条件有哪些?

宣告死亡须具备如下条件:

(1)须经利害关系人申请。只有利害关系人才可申请宣告被申请人死亡。申请宣告死亡的利害关系人的顺序是:配偶;父母、子女;兄弟姐妹、祖父母、外祖父母、孙子女、外孙子女;其他有民事权利义务关系的人。公民下落不明,符合申请宣告死亡条件的,利害关系人可以不经申请宣告失踪而直接申请宣告死亡;同一顺序的利害关系人,有的申请宣告死亡,有的不同意宣告死亡的,则应当宣告死亡。

(2)须被申请人下落不明满法定期间。自然人有下列情形之一的,利害关系人才可以申请宣告其死亡:下落不明满4年的;因意外事故下落不明,从事故发生之日起满2年的。战争期间下落不明的,下落不明的时间从战争结束之日起计算。

(3)须由人民法院宣告。人民法院受理宣告死亡案件后,应发出寻找失踪人的公告。公告期间为1年。因意外事故下落不明,经有关机关证明确实不能生存的,公告期间为3个月。公告期间届满失踪人仍未出现的,人民法院作出宣告死亡的判决。

12. 法人的特点有哪些?

法人具有如下特点:

(1)法人是社会组织。社会组织是为实现一定的宗旨按照一定的方式建立起来的团体,法人即为一种社会组织,这是与自然人的根本区别。

(2)法人是具有民事权利能力和民事行为能力的社会组织。法人是社会组织,但社会组织并不都是法人。只有具有民事权利能力和民事行为能力的社会组织,才能成为法人。

(3)法人是依法独立享有民事权利和承担民事义务的社会组织。法人的独立性主要表现在:其一,组织上的独立性。组织上的独立性表现为法人有自己独立的组织机关,与其成员完全独立,不因其成员的变化而影响存在,不需依赖其他组织而能够独立存在;其二,财产上的独立性。财产上的独立性表现为法人的财产与其他人或组织的财产完全相分离,法人的财产由该法人享有支配权,其他人或组织不能支配法人的财产;其三,责任上的独立性。责任上的独立性表现为法人只以自己的财产对自己的债务承担责任。

13. 合伙的特点有哪些?

合伙具有如下特点:

(1)合伙是按照合伙协议组成的联合体。合伙以合伙人间的合伙合同为成立的基础,没有合伙合同不能成立合伙。

(2)合伙是独立从事经营活动的联合体。合伙是合伙人为了共同的经济目的而组成的组织,具有团体性,可以自己的名义从事经济活动、享受民事权利和负担民事义务,在人格、财产、利益和责任等方面相对独立于合伙人个人。

(3)合伙是合伙人共同出资、共同经营、共享收益、共担风险的联合体。合伙人的出资形成合伙从事经营活动的物质基础;普通合伙的合伙人应共同进行经营活动,参与合伙盈余的分配和分担合伙亏损,并对合伙债务负无限连带责任。有限合伙人不参与合伙经营,仅以出资为限对合伙债务承担责任。

 14. 个人独资企业的特点有哪些?

个人独资企业具有如下特点:

(1)个人独资企业是一个企业;

(2)个人独资企业是由自然人一人投资,财产为投资人个人所有;

(3)个人独资企业有一定的经营规模;

(4)个人独资企业自主经营;

(5)个人独资企业不能独立承担民事责任。

 15. 民事权利的客体特点有哪些?

民事法律关系的客体,即民事法律关系中权利义务共同指向的对象。民事权利的客体具有如下特点:

(1)有益性。所谓有益性,是指民事权利的客体能够满足人们的利益需要。因此,不能满足民事主体利益需要的事物不会成为民事权利的客体。

（2）客观性。所谓客观性,是指民事权利的客体不依主体的意识而转移。民事权利的客体是存在于主体之外的客观现象,不依主体的意识而存在。

（3）法定性。所谓法定性,是指民事权利的客体由法律规定的。何种客观事物可为民事权利的客体是由法律确认的,法律规定不得为民事权利客体的客观事物不能成为民事权利的客体。

 16. 区分动产与不动产的法律意义有哪些?

区分动产与不动产具有如下法律意义:

（1）动产与不动产上存在的物权种类不同。例如,用益物权只能存在于不动产之上,留置权只能存在于动产之上。

（2）动产物权与不动产物权的公示要件不同。动产一般以占有为公示方式,而不动产则以登记为公示方式。因而一般动产物权的取得以实际交付为要件,而不动产物权的取得以办理变更登记为要件。

（3）诉讼管辖不同。不动产权属纠纷的诉讼由不动产所在地法院管辖,而动产权属纠纷的诉讼不依动产的所在来确定管辖权。

（4）对于某些法律关系,法律的适用不同。如在涉外继承法律关系中,动产则适用被继承人住所地法律,而不动产适用不动产所在地法律。

 17. 民事法律行为特点有哪些?

民事法律行为具有如下特点:

（1）民事法律行为是民事主体实施的以发生一定民事法律后果为目的的行为。所谓发生民事法律后果,是指当事人间会发生民事权利义务的变动;

（2）民事法律行为是以意思表示为要素的行为。没有意思表示,就没有民事法律行为。

（3）民事法律行为是能发生当事人预期目的的合法行为。只有符合法律要求的民事行为,才能成为民事法律行为。

18. 附条件民事法律行为中的条件特点有哪些?

附条件民事法律行为中的条件具有如下特点:

(1)须是尚未发生的客观事实,而不能是当事人主观意志可以决定的或者已经发生的事实;

(2)须为发生与否不能确定的事实,将来肯定能发生或者肯定不能发生的事项不能为条件;

(3)须为合法的事实,违反法律、法规或者违反公序良俗的事实不能作为条件;

(4)须为当事人约定的事实,法律规定的或者依行为性质所决定的限制民事法律行为效力的事项不能为条件;

(5)须与当事人希望发生的法律效果不相矛盾。

 19. 民事行为的一般生效条件有哪些?

民事行为的一般生效条件包括:

(1)行为人具有相应的民事行为能力,即行为人具有实施该行为相应的意思表示的能力。行为人不具有相应的民事行为能力,则民事行为不能生效。

(2)意思表示真实。意思表示真实是指行为人的意思表示为健全的意思表示,是行为人基于自己的利益自由作出的,且意思与表示相一致。行为人的意思表示不真实的,其实施的行为不能有效。

(3)不违反法律或社会公共利益,即行为的内容合法、确定。

 20. 无效民事行为的特点有哪些?

无效民事行为具有如下特点:

(1)无效民事行为是严重欠缺民事行为生效要件的民事行为。所谓严重欠缺,是指所欠缺的要件是从外观上就可以确定的、当事人不能予以补正的要件；

（2）无效民事行为是自始就不能发生效力的民事行为，即从行为成立一开始就没有法律约束力；

（3）无效民事行为是当然无效的民事行为，即不须经任何程序和无须任何人主张就是无效的；

（4）无效民事行为是确定无效的民事行为，即无效民事行为的无效从行为一开始就是确定不变的，不会因其他事实而使之有效；

（5）无效民事行为是绝对无效的民事行为，即不仅法院或仲裁机构可依职权主动确认无效民事行为，而且任何人都可主张无效民事行为的无效。

 21. 无效民事行为与可撤销、可变更民事行为的区别有哪些？

无效民事行为与可撤销、可变更的民事行为存在如下区别：

（1）无效民事行为是严重欠缺民事行为生效要件的民事行为；而可撤销、可变更民事行为外观上具备民事行为的生效要件，只是意思表示有瑕疵。

（2）无效民事行为自始不能发生效力；而可撤销、可变更民事行为并非自始无效，只是在被撤销后才溯及成立时起无效，在未被撤销前是有效的。

（3）无效民事行为是确定的当然无效的，任何人都可主张其无效，任何人也不能使之有效；而可撤销、可变更民事行为并非当然无效，只有有撤销权的人才可请求予以变更或撤销，其他人不得主张撤销或变更，法院也不得依职权主张撤销。

 22. 效力待定民事行为有哪些？

（1）民事行为能力欠缺的民事行为。行为人实施某种民事行为而不具有相应的民事行为能力，若该民事行为属于行为人完全不能独立实施的，则该民事行为无效；若该民事行为属于行为人在征得法定代理人同意后实施的，则该民事行为因行为人的民事行为能力欠缺而属于效力待定的民事行为。限制民事行为能力人实施的民事行为,只有在经法定代理人追认后,才能有效。

(2)代理权欠缺的民事行为。行为人没有代理权、超越代理权或者代理权终止后以被代理人名义所实施的民事行为,只有在被代理人追认后,该民事行为才能有效。

(3)处分权欠缺的民事行为。无处分权的人处分他人财产,经权利人追认或无处分权的人实施行为后取得处分权的,该民事行为有效。

(4)债权人同意欠缺的债务移转行为。债务人移转债务,应当取得债权人的同意。未经债权人同意的,该移转行为即因欠缺债权人的同意而效力待定。

23. 诉讼时效特点有哪些?

诉讼时效是指民事权利受到侵害的权利人在法定的时效期间内不行使权利,当时效期间届满时,权利人将失去胜诉权利,即胜诉权利归于消灭。

在法律规定的诉讼时效期间内,权利人提出请求的,人民法院就强制义务人履行所承担的义务。而在法定的诉讼时效期间届满之后,权利人行使请求权的,人民法院就不再予以保护。值得注意的是,诉讼时效届满后,义务人虽可拒绝履行其义务,权利人请求权的行使仅发生障碍,权利本身及请求权并不消灭。当事人超过诉讼时效后起诉的,人民法院应当受理。受理后,如另一方当事人提出诉讼时效抗辩且查明无中止、中断、延长事由的,判决驳回其诉讼请求。如果另一方当事人未提出诉讼时效抗辩,则视为其自动放弃该权利,法院不得依照职权主动适用诉讼时效,应当受理支持其诉讼请求。诉讼时效具有如下特点:

(1)诉讼时效属于消灭时效。权利人不行使请求法院保护其民事权利的事实状态达一定期间的,该请求权即归于消灭。因此,诉讼时效属于消灭时效。

(2)因诉讼时效而消灭的是实体请求权而非诉权。诉讼时效完成后,权利人请求法律保护其权利的权利消灭,而不是权利本身消灭,也不是向法院起诉的诉权消灭。也就是说,诉讼时效完成后,权利人丧失的是胜诉的权利,而不是起诉的权利,也不是权利本身。

(3)诉讼时效具有强行性与普遍性。诉讼时效是由法律规定的,当事人不得排除适用,故具有强行性。

 24. 诉讼时效如何起算?

诉讼时效从何时起算,对双方当事人有重要意义。对此,应注意两点:

(1)一般诉讼时效从权利人知道或应当知道权利被侵害时起计算。权利人知道权利被侵害,是指权利人明确知道权利被何人侵害的事实;应当知道,是指根据客观事实推定权利人能知道权利被侵害和被何人侵害。由于权利人知道或应当知道权利被侵害,也就可以行使请求法院保护其权利的权利,因此诉讼时效期间也就从此时开始计算。

(2)自权利被侵害之日起超过20年的,即使权利人不知道或者不应当知道权利被侵害,人民法院也不再予以保护。

 25. 诉讼时效与除斥期间的区别有哪些?

除斥期间是指法律规定某种民事实体权利存在的期间。权利人在此期间内不行使相应的民事权利,则在该法定期间届满时导致该民事权利的消灭。除斥期间仅适用于形成权。诉讼时效与除斥期间存在如下区别:

(1)性质和作用不同。诉讼时效期间是权利人请求法院保护其民事权利的法定期间,诉讼时效期间届满后,权利人丧失的是请求法律保护的请求权,只有在权利受到侵害时才会发生;而除斥期间是权利的存续期间,不因权利受侵害而发生,除斥期间届满后权利消灭。诉讼时效的作用在于维护新的法律关系而否定原来的法律关系,而除斥期间的作用在于维护原来的法律关系。

(2)适用对象不同。诉讼时效的适用对象是请求权,而除斥期间的适用对象一般是形成权。

(3)计算方式不同。诉讼时效期间为可变期间,在诉讼时效开始后可发生时效期间的中止、中断或延长;而除斥期间为不变期间,于除斥期间开始后不能中止、中断,也不能延长。

(4)效力不同。诉讼时效完成后,当事人自愿履行的,不受时效的限制;而除斥期间届满后,不论对方是否主张,法院可依职权主动适用关于除斥期间的规定,不发生当事人是否认可。

(5)法律条文的表述不同。对于诉讼时效,法律中一般表述为"时效"或者表述为某项请求权因多长时间不行使就消灭或不受保护;而除斥期间,在法律条文中一般表述为某权利的存续期间多长或多长时间不行使而消灭或应于何期间内行使。

 26. 诉讼时效中止与中断的异同有哪些?

诉讼时效的中止与中断的相同点在于,二者都是诉讼时效完成的障碍。二者的区别主要在于以下三方面:

(1)发生的事由性质不同。诉讼时效中断的法定事由是可由当事人主观意志决定的情况,即提起诉讼、当事人一方提出要求或者同意履行义务;诉讼时效中止的法定事由是不由当事人主观意志决定的客观情况,即不可抗力或者其他障碍。

(2)发生的时间不同。诉讼时效中断可发生在诉讼时效开始后的任何时间;而诉讼时效中止只能发生在诉讼时效期间的最后6个月内。

(3)法律后果不同。诉讼时效中断发生新的诉讼时效期间的开始,而原进行的时效期间无效;诉讼时效中止发生时效期间的暂时停止计算,于中止事由消除后继续计算诉讼时效期间。

 27. 配偶权特点有哪些?

(1)配偶权的特点。

①配偶权的主体是夫妻双方。夫妻互为配偶,共同享有配偶权;

②配偶权的客体是夫妻互为配偶的身份利益,这种利益主要表现为夫妻共同生活,相互依靠、相互扶助,共同维护婚姻的和谐、安全及幸福所体现出来

的利益；

③配偶权的内容具有双方性,即权利义务的不可分割性；

④配偶权的效力具有排他性,夫妻以外的人都是义务主体,都负有不作为的义务。

(2)配偶权的内容。

①日常事务代理权。这是指配偶一方在与第三人就实施日常事务为一定法律行为时,享有代理对方配偶行使权利的权利。配偶一方代表家庭所为的行为,配偶另一方应承担相应的法律后果,配偶双方对其行为承担连带责任。

②住所决定权,即夫妻选定婚后共同生活住所的权利。

③同居权。同居权是配偶一方与另一方共同生活的权利,从另一面说是指男女双方以配偶身份共同生活的义务。其内容包括:夫妻间的性生活、夫妻间互负帮助与照护的义务、夫妻共同承担对其他家庭生活所负的义务。

④贞操忠实权。贞操忠实权要求配偶双方互守贞操,不得为婚外性行为。贞操忠实义务又称配偶性生活专一义务。

 ## 28. 亲权的特点有哪些?

(1)亲权的特点。

①亲权是基于父母身份而产生的身份权。亲权人为父母,只有存在父母子女关系,才能产生亲权；

②亲权既为权利又为义务,是权利和义务的综合体；

③亲权是为未成年子女的利益而设的权利。成年子女与父母之间不产生亲权,只能产生亲属权；

④亲权为父母所专有。亲权是父母对未成年子女所具有的权利,具有严格人身性,不得转让、继承和抛弃。

(2)亲权的内容。

①身上照护权,即父母对未成年子女人身的教养、保护的权利与义务,具体包括如下内容:一是居住、住所指定权;二是惩戒权;三是子女交还请求权；

四是子女身份行为及身上事项同意权与代理;五是教育与抚养义务;六是赔偿义务。

②财产照护权,即财产上的权利义务,具体包括如下内容:一是财产行为代理权;二是财产管理权,有权管理未成年子女的财产;三是处分权,为维护子女的利益和生活需要,亲权人有权处分未成年子女的财产。

第二章　婚姻法和继承法

29. 夫妻共同财产制的相关规定有哪些?

(1)约定夫妻财产应采用什么形式?

根据《中华人民共和国婚姻法》(以下简称《婚姻法》)的规定,夫妻可以约定婚姻关系存续期间所得的财产及婚前财产归各自所有、共同所有或部分各自所有、部分共同所有。约定应采用书面形式。没有约定或约定不明的,按法定财产制处理。

(2)个人财产在婚姻关系存续期间能转化为夫妻共同财产吗?

根据修改后的《婚姻法》的精神,个人财产(包括婚前和婚后)不以婚姻关系的延续、结婚时间的长短而自动转化为夫妻共同财产。但当事人可以自愿约定将个人财产归为夫妻共同财产。

(3)《婚姻法》规定的夫妻共同财产有哪些?

《婚姻法》第十七条规定,夫妻在婚姻关系存续期间所得的下列财产,归夫妻共同所有:(一)工资、奖金;(二)生产、经营的收益;(三)知识产权的收益;(四)继承或赠与的财产(但遗嘱或赠与合同中确定只归夫或妻一方的财产除外);(五)其他应当归共同所有的财产。

(4)《婚姻法》规定的"其他应当归共同所有的财产"有哪些?

包括:(一)一方以个人财产投资取得的收益;(二)男女双方实际取得或者应当取得的住房补贴、住房公积金;(三)男女双方实际取得或者应当取得的养老保险金、破产安置补偿费。

(5)"以个人财产投资取得的收益"有哪些?

包括婚前个人财产在婚后进行生产、经营活动增值的部分;投资于公司企业所得利润及股权分红;个人房屋共同经营管理所得租金。但下列收益不属共同财产,应属个人财产:个人财产储蓄及购买债券所得利息,个人房屋出租未共同经营所得租金,财产形式的转化(如现款购买有形财产,货币转化为物等)。

(6)《婚姻法》规定的个人财产有哪些?

《婚姻法》第十八条规定,有下列情形之一的,为夫妻一方的个人财产:(一)一方的婚前财产;(二)一方因身体受到伤害获得的医疗费、残疾人生活补助费等费用;(三)遗嘱或赠与合同中确定只归夫或妻一方的财产;(四)一方专用的生活用品;(五)其他应当归一方的财产。

(7)其他应当归一方的财产有哪些?

包括军人的伤亡保险金、伤残补助金、医药生活补助费、回乡生产补助费;离婚时一方尚未取得经济利益的知识产权;夫妻一方将其个人所有的房屋出租,另一方未参与出租经营管理的租金收益;一方以个人财产购买债券或储蓄所得利息;一方以个人财产购买房产、基金、古董等财产,于夫妻关系存续期间出售所得的增值部分;一方个人财产形式的转换,如以个人积蓄购买有形财产等。

(8)离婚时,一方隐藏、转移、变卖、毁损夫妻共同财产或一方伪造债务、企图侵占另一方财产的怎么办?

新《婚姻法》对此做了相应的规定:

①根据《婚姻法》第四十七条的规定,人民法院可以依照《中华人民共和国诉讼法》(以下简称《民事诉讼法》)的规定予以制裁。《民事诉讼法》第一百零二条第一款第(三)项规定,诉讼当事人或者其他人隐藏、转移、变卖、毁损已被查封、扣押的财产的,或者已被清点并责令其保管的财产,转移已被冻结的财产,人民法院可以根据情节轻重予以罚款、拘留;构成犯罪的,依法追究刑事责任。所以,当事人若发现对方隐藏、转移、变卖、毁损共同财产行为的,可以向人民法院提起诉讼,由人民法院来采取措施。当事人还可以依照《民事诉讼法》第九十二条的规定,向人民法院申请采取财产保全措施。

②人民法院在分割夫妻共同财产时,对隐藏、转移、变卖、毁损夫妻共同财产或伪造债务的一方,可以少分或不分。

③离婚后,另一方发现隐藏、转移、变卖、毁损的夫妻共同财产或一方伪造债务的,可以向人民法院提起诉讼,请求再次分割夫妻共同财产。

(9)婚前一方承租,婚后以夫妻共同财产购买,房屋登记在婚前承租方名下,房屋是婚前承租方的个人财产吗?

根据相关司法解释,房屋由婚前一方承租,婚后以夫妻共同财产购买的房屋,尽管产权证登记在婚前承租方名下,也属夫妻共同财产,不能认为是婚前承租方的个人财产,不依产权证的记载为依据。

(10)父母为双方购房的出资属夫妻一方个人财产还是夫妻共同财产?

当事人结婚前,父母为双方购置房屋出资的,该出资应当认定为对自己子女的个人赠与,但父母明确表示赠与双方的除外。当事人结婚后,父母为双方购置房屋出资的,该出资应当认定为对夫妻双方的赠与,但父母明确表示赠与一方的除外。

(11)继承的财产如何界定是夫妻共同财产还是一方个人财产?

结婚前继承的财产属夫妻一方的个人财产。在婚姻关系存续期间继承的财产属夫妻共同财产,但遗嘱确定只归夫或妻一方的财产属个人财产。

(12)接受赠与的财产是夫妻一方的个人财产吗?

结婚前接受赠与所得的财产为夫妻一方的个人财产。在婚姻关系存续期间接受赠与所得的财产为夫妻共同财产,但赠与合同中确定只归夫或妻一方的财产属个人财产。

(13)婚前一方以个人财产按揭购房,婚后夫妻共同清偿,房屋产权归谁?

夫妻一方婚前以个人财产购房并按揭贷款,产证登记在自己名下的,该房屋仍为其个人财产,按揭贷款为其个人债务。婚后配偶一方参与清偿贷款,并不改变该房屋为个人财产的性质,因此,在离婚分割财产时,该房屋为个人财产,剩余未归还的债务为个人债务,对已归还的贷款中属于配偶一方清偿的部分,应当予以返还。

对于房产证登记在一方名下,但配偶方有证据证明婚前购房时其也共同出资的,在离婚分割财产时,该房屋仍为房产证登记人的个人财产,剩余未归还的债务为其个人债务,但对首付款和已归还的贷款中属于配偶一方出资和清偿的部分,应当予以返还。

若配偶方同时有证据证明其婚前是基于双方均认可所购房屋为共同所有的前提下进行出资的,则虽然该房产登记在一方名下,仍宜认定为夫妻共同财产,分割时应按共同财产的分割原则进行处理,其按揭贷款债务为共同债务。

但在分割共同所有的房产时,对于存在当事人出资数额比例悬殊且婚后确未共同生活或婚姻关系存续期间较短等情形的,也应一并考虑,可参考当时的出资比例对房产进行分割,而不是必须各半分割。

(14)破产安置补偿费如何分割?

根据部分地方的规定,"若诉讼中当事人对破产安置补偿费是否属共同财产争议较大、难以确定其中属于共同财产的具体数额时,人民法院可通过被安置方的婚龄与其工龄的比例来计算补偿费中属于共同财产的数额。具体而言,该比例大于1则所取得的破产安置补偿费均为共同财产;比例小于1则破产安置补偿费中相同比例部分为共同财产。"

(15)知识产权能作为夫妻共同财产分割吗?

不能,知识产权是一种智力成果,它既是一种财产权,也是一种人身权,具有很强的人身性,与人身不可分离,是一种精神财富,不具有物质财富的内容,不能请求分割。"离婚时一方尚未取得的知识产权,归一方所有。在分割夫妻共同财产时,可根据具体情况,对另一方予以适当的照顾。"但是,由知识产权取得的财产性收益,则属于夫妻共同财产,可以分割。

(16)哪些知识产权的经济利益可以分割?

包括在婚姻关系存续期间,已经取得和已经明确可以取得的财产性收益两种。已经明确可以取得的财产收益是指在婚姻关系存续期间即已确定将来可以明确取得的利益。

(17)军人的伤亡保险金、伤残补助金、医药生活补助费、回乡生产补助费能分割吗?

不能。根据相关司法解释,上述财产属军人个财产,不允许分割。

(18)军人复员、自主择业费等一次性费用如何分割?

以婚龄乘年平均值[费用总额除以(70岁−军人入伍时实岁)]作为夫妻共同财产进行分割。

(19)离婚时军人尚未复员、转业,军人复员费、自主择业费如何分割?

如果离婚时军人一方还没有转业或复员时,另一方只享有对军人复员费、自主择业费的期待权,只有等将来军人复员或转业时,其原配偶另一方方可请求分割复员费、自主择业费等费用,计算方式同上。

(20)夫妻共同财产中的股票、债券、投资基金份额等有价证券及未上市股份有限公司股份如何分割?

双方可协商分割或按市价分割,协商不成或按市价分割有困难的,可根据数量按比例分割。

(21)对于限制转让的股票或股份如何处理?

不能进行分割处理,待符合转让条件后,当事人可请求人民法院对该股票或股份另行分割。

(22)夫妻将共同财产以一方名义在有限公司的出资如何分割?

按以下情形分别处理:

①夫妻双方协商一致将出资额部分或者全部转让给该股东的配偶,过半数股东同意、其他股东明确表示放弃优先购买权的,该股东的配偶可以成为该公司的股东;

②夫妻双方就出资额转让份额和转让价格等事项协商一致后,过半数股东不同意转让,但愿意以同等价格购买该出资的,人民法院可以对转让出资所得财产进行分割。过半数股东不同意转让,也不同意以同等价格购买该出资额的,视为其同意转让,该股东的配偶可以成为该公司的股东。

(23)在夫妻一方不要求持有有限公司出资额成为股东的情况下,如何分割出资额?

夫妻一方以个人名义以共同财产投资于有限责任公司,此部分共同财产已转化公司财产,离婚时不能直接分割。当夫妻协商同意由非公司股东的一方取得相应出资额成为股东的情况下,人民法院可依照司法解释(二)第十六条的规定进行处理;若该方不愿承受出资额成为股东,则可评估公司现有资产。公司净资产为正值的,按夫妻一方出资比例计算出相应的净资产价值,再按共同财产的分割原则由取得出资额的一方给付另一方应得的钱款或财产。

(24)以一方名义在合伙企业出资的夫妻共同财产如何分割?

当夫妻双方协商一致,将其合伙企业中的财产份额全部或者部分转让给

对方时,按以下情形分别处理:

①其他合伙人一致同意的,该配偶依法取得合伙人地位;

②其他合伙人不同意转让,在同等条件下行使优先受让的,可以对转让所得的财产进行分割;

③其他合伙人不同意转让,也不行使优先受让权,但同意该合伙人退伙或者退还部分财产份额的,可以对退还的财产进行分割;

④其他合伙人既不同意转让,也不行使优先受让权,又不同意该合伙人退伙或者退还部分财产份额的,视为全体合伙人同意转让,该配偶依法取得合伙人地位。

(25)夫妻以一方名义投资设立的独资企业财产如何分割?

按照以下情形分别处理:

①一方主张经营该企业的,对企业资产进行评估后,由取得企业一方给予另一方相应的补偿;

②双方均主张经营该企业的,在双方竞价基础上,由取得企业的一方给予另一方相应的补偿;

③双方均不愿意经营该企业的,按照《中华人民共和国个人独资企业法》等有关规定办理。

(26)夫妻共同所有的房屋如何分割?

①双方协议分割;

②根据双方的住房情况和照顾女方、子女或无过错方的原则分给一方所有。分得房屋的一方对另一方应给予相当于该房屋价值一半的补偿;

③双方均主张房屋所有权并且同意竞价取得的,应当准许;

④一方主张房屋所有权的,由评估机构按市场价格对房屋作出评估,取得房屋所有权的一方应当给予另一方相应的补偿;

⑤双方均不主张房屋所有权的,根据当事人的申请拍卖房屋,就所得价款进行分割。

30. 家庭暴力实施者的法律责任有哪些?

(1)可能承担民事甚至刑事责任。

①民事责任。根据《婚姻法》的规定,受害者可以要求家庭暴力实施者承担损害赔偿的民事责任。

②行政法律责任。根据治安管理处罚条例的规定,对实施家庭暴力尚未构成犯罪的可处以15日以下拘留、200元以下罚款或者警告;

③刑事责任。当家庭暴力达到一定的严重程度,即当这种暴力行为具有严重的社会危害性和依法应受刑事处罚的属性时,就触犯了《中华人民共和国刑法》(以下简称《刑法》),可能构成虐待罪、侮辱罪、故意伤害罪、故意杀人罪等。

家庭暴力实施者对共同生活的家庭成员经常以打骂、捆绑、冻饿、强迫超体力劳动、限制自由等方式,从肉体、精神上摧残、折磨,情节恶劣的,触犯《刑法》第二百零六条规定,构成"虐待罪",应处2年以下有期徒刑,拘役或管制;如果引起被害人重伤,死亡的,处2年以上7年以下有期徒刑。

家庭暴力实施者,使用暴力公然贬低其他家庭成员人格,破坏其名誉,情节严重的,构成侮辱罪,应处3年以下有期徒刑,管制或剥夺政治权利。

家庭暴力实施者故意非法剥夺家庭成员生命的,构成故意杀人罪,应处死刑,无期徒刑或10年以上有期徒刑,情节较轻的,处3年以上10年以下有期徒刑。

家庭暴力实施者,故意非法损害他人身体健康的,构成故意伤害罪,应依《刑法》第二百三十四条规定处罚。致人重伤造成严重残疾或致人死亡的,可以判处死刑。

家庭暴力实施者,以暴力手段干涉家庭成员结婚和离婚自由的,触犯《刑法》第二百五十七条规定,则构成前文所提的暴力干涉婚姻自由罪。

(2)对家庭暴力的受害者有哪些救助措施?

依《婚姻法》规定,对家庭暴力的受害者的救助措施主要有:

①家庭暴力的受害者有权提出请求,居民委员会、村民委员会及所在单位应当予以调解。

②对正在实施的家庭暴力,受害者有权提出请求,公安机关应当予以制止,居民委员会、村民委员会应当予以劝阻。

③家庭暴力的受害者提出请求的,公安机关应当依照治安管理处罚的法律规定对加害者予以行政处罚。

④家庭暴力的受害者也可将对方实施家庭暴力作为确认双方感情确已破裂的法定依据,要求离婚。受害者也可同时向法院提起民事诉讼,要求法院判令加害者承担损害赔偿的民事责任。

⑤对于已构成犯罪的家庭暴力行为,受害者可以依《中华人民共和国刑事诉讼法》(以下简称《刑事诉讼法》)的有关规定,向人民法院自诉;公安机关应当依法侦查,人民检察院应当依法提起公诉。家庭暴力的受害者在提出刑事控告的同时,也可以同时提出附带民事诉讼,要求暴力人给予一定的经济补偿。

 ## 31. 个人债务有哪些?

(1)个人债务的内容。

①夫妻一方的婚前债务,已转化为共同债务的除外;

②夫妻一方未经对方同意,擅自资助没有法定扶养义务人所的债务;

③夫妻一方未经对方同意,独自筹资从事生产或经营活动所负债务且其收入确未用于共同生活的;

④遗嘱或赠与合同中确定的只归夫或妻一方的财产,附随该遗嘱或赠与合同而来的债;

⑤夫妻双方约定由一方负担的债务,但此种约定不具有对抗善意第三人的效力;

⑥夫妻一方不合理的开支,如赌博、吸毒等所负债务;

⑦其他依法应由个人承担的债务。

(2)夫妻一方的婚前债务,能要求另一方偿还吗?

在一般情况下,一方婚前债务属个人债务,不应由婚后的另一方配偶偿还。但是如果该债务确系用于婚后家庭共同生活的,如一方婚前按揭贷款买房,婚后夫妻双方共同居住或共同使用的;一方婚前举债购置大量结婚用品,为婚后夫妻双方共同生活所需要;一方婚前借款装修房屋,该房屋供夫妻双方婚后共同生活或共同使用等,该个人债务可以转化为夫妻共同债务,应由夫妻双方共同承担清偿责任。

(3)一方婚前个人债务,由婚后另一方配偶负责清偿,有无数额限制?

有数额限制,即以债务人的配偶在实际接受财产或受益的范围内承担清偿责任。

(4)在婚姻关系存续期间一方以个人名义所负债务应由谁偿还?

在婚姻关系存续期间,夫妻一方以个人名义所负的债务按夫妻共同债务处理,应当由夫妻双方共同偿还,债权人可以向夫妻双方主张权利。

(5)在婚姻关系存续期间一方以个人名义所负的债务由个人归还的情形有哪些?

有两种情形:

①如果债权人与债务人明确约定为个人债务的,且夫妻一方能够证明的,应当由债务人自己清偿;

②如果债权人事先知道夫妻实行婚后财产约定制,且夫妻一方能证明的,应属个人债务,由债务人个人承担清偿责任。

(6)夫妻一方的个人债务可以用夫妻共同财产清偿吗?

夫妻一方清偿其个人债务时,应当以其个人财产偿还,不能用夫妻共同财产清偿。但是债务人的配偶愿意清偿的,可以用夫妻共同财产清偿。

(7)离婚时双方明确约定或法院已判决债务由一方承担,债权人能否要求另一方清偿?

可以,夫妻双方对夫妻共同债务的连带清偿责任不因双方离婚而解除。虽然离婚时离婚协议或法院裁判文书、调解书已确定夫妻共同债务由一方承担,但该"确定"只解决双方内部之间的债务承担问题,不具有对外的效力,债权人仍有权向双方主张权利,另一方不得以此对抗债权人。

(8)离婚协议书或法院裁判文书、调解书确定不承担债务的一方,代债务人清偿了债务后,如何寻求救济?

离婚协议书或法院的裁判文书、调解书确定不承担债务的一方对外代另一方清偿债务后,可以依据离婚协议书、法院的裁判文书、调解书向另一方追偿。

(9)夫妻一方死亡后,另一方有义务还债吗?

夫妻一方死亡后,另一方对夫妻共同债务承担连带清偿责任,有义务偿还该债务,但对死亡一方的个人债务无清偿义务,如果继承了死者遗产,则以继承的遗产实际价值为限负责偿还,超过部分无偿还之义务,另一方自愿偿还的除外。

 32. 无效婚姻与可撤销婚姻有哪些?

(1)属于无效婚姻的有哪些?

①重婚。

重婚是指有配偶者再行结婚,或者明知对方有配偶而与之结婚的行为。重婚有两种形式:一是法律上的重婚。即前婚未解除,又与他人办理了结婚登记手续而构成的重婚。只要双方办理了结婚登记手续,不论双方是否同意同居,是否举行婚礼,重婚即已形成;二是事实上的重婚。即前婚未解除,又与他人以夫妻名义同居生活,虽未办理结婚登记手续,但事实上已构成重婚。重婚违反了婚姻法规定的一夫一妻原则,法律上规定为无效婚姻。

②有禁止结婚的亲属关系的。

有禁止结婚的亲属关系即为直系血亲和三代以内的旁系血亲。

③婚前患有医学上认为不应当结婚的疾病,婚后尚未治愈的。

患有医学上不应当结婚的疾病一般可分为两类:第一类是精神方面的疾病,患有这类疾病的人通常是无民事行为能力人或限制行为能力人,不具有承担夫妻间权利和义务的能力,并有将精神上的疾病遗传给下一代的可能。第二类是身体方面的疾病,主要指足以危害对方和下一代健康的重大不治的传染性疾病或遗传性疾病。这一类人结婚,将会给人口的健康和人类的发展带来危害,不利于民族的发展,所以其婚姻不受法律的保护。

④未到法定婚龄的。

婚姻法规定结婚的法定年龄是对人的身体健康的保护,也是基于人口发展的考虑,过早结婚不利于后代的发展,对缔结婚姻双方本身也构成危害。对未达到结婚年龄的当事人的婚姻,婚姻法不予以保护,能保证结婚条件的实施和人口的素质。

(2)可撤销婚姻的情形有哪些?

因胁迫结婚的,受胁迫的一方可以向婚姻登记机关或人民法院请求撤销该婚姻。这里的"胁迫"是指行为人以给另一方当事人或者其近亲属的生命、身体健康、名誉、财产等方面造成损失相威胁。

(3)无效婚姻和可撤销婚姻的区别有哪些?

①欠缺的结婚条件不同。

无效婚姻所欠缺的是缔结婚姻关系的男女双方当事人在登记结婚时应具备的结婚的实质条件,即违反了结婚的禁止性规定。

可撤销婚姻所欠缺的是婚姻当事人对缔结婚姻关系的合意,即违反了"结婚必须男女双方完全自愿",男女双方或一方受他方或者第三者胁迫而缔结婚姻,但男女双方在缔结婚姻关系时符合《婚姻法》规定的结婚所需的实质要件。

②请求权人不同。

有权依据《婚姻法》第十条规定向人民法院就已办理结婚登记的婚姻申请宣告婚姻无效的主体,包括婚姻当事人及利害关系人。

而因受胁迫而请求撤销婚姻的,只能是受胁迫一方的婚姻当事人本人。

③时效不同。

宣告无效婚姻是绝对无效,只要符合宣告无效婚姻的几种情形即无效,不因时间的经过而消灭。

例外情形:司法实践中主要包括,因未到法定婚龄而结婚,申请宣告婚姻无效时双方年龄均已在法定婚龄之内。有禁止结婚亲属关系的已生有子女或不能生育的。婚前患有医学上认为不能结婚的疾病,婚后已经治愈的。这属于《最高人民法院关于适用〈中华人民共和国婚姻法〉若干问题的解释(一)》第八条规定的情形:"当事人依据《婚姻法》第十条规定向人民法院申请宣告婚姻无效的,申请时,法定的无效婚姻情形已经消失的,人民法院不予支持。"

而可撤销婚姻是相对无效,它有时间限制,因时间的经过而消灭。即受胁迫的一方撤销婚姻的请求,应当自结婚登记之日起一年内提出;被非法限制人身自由的当事人请求撤销婚姻的,应当自恢复人身自由之日起一年内提出。超过了一年申请时效的,婚姻登记机关和人民法院不予支持,可告知婚姻当事人按离婚案件处理,这一时效没有中断、中止事由存在。

 33. 离婚的相关规定有哪些?

(1)《婚姻法》规定的离婚条件是什么?

除双方存在有效的婚姻外,《婚姻法》规定的离婚条件为:(一)重婚;(二)有配偶者与他人同居;(三)实施家庭暴力;(四)虐待家庭成员;(五)遗弃家庭成员;(六)有赌博、吸毒等恶习屡教不改;(七)因感情不和分居满2年;(八)其他导致夫妻感情破裂的情形。

(2)何为有配偶者与他人同居?

有配偶者与他人同居是指有配偶者与婚外异性,不以夫妻名义持续、稳定地共同居住。不仅有同居的事实,在时间上还要求具有持续、稳定的状态。

(3)什么是家庭暴力?

家庭暴力是指行为人以殴打、捆绑、残害、强行限制人身自由或者其他手段,给其家庭成员的身体、精神等方面造成一定的伤害后果的行为。

(4)《婚姻法》规定的"其他导致夫妻感情破裂的情形"包括哪些?

根据相关司法解释精神,具体包括:

①一方不能发生性行为,且难以治愈的;

②婚前缺乏了解,草率结婚,婚后未建立起夫妻感情,难以共同生活的;

③一方欺骗对方,或者在结婚登记时弄虚作假,骗取《结婚证》的;

④一方有精神病,久治不愈的;

⑤双方办理结婚登记后,未同居生活,无和好可能的;

⑥包办、买卖婚姻,婚后一方随即提出离婚,或者虽共同生活多年,但确未建立夫妻感情的;

⑦经人民法院判决不准离婚后又分居满1年,互不履行夫妻义务的;

⑧一方有好逸恶劳等恶习，不履行家庭义务，屡教不改，夫妻难以共同生活的；

⑨一方被判处长期徒刑，或其违法、犯罪行为严重伤害夫妻感情的；

⑩一方下落不明满2年，对方起诉离婚，经公告查找确无下落的；

⑪ 因其他原因导致夫妻感情确已破裂的。

(5)离婚诉讼应向哪个法院提起？

离婚诉讼原告应向被告住所地人民法院提起，被告住所地与经常居住地不一致的，向被告经常居住地提起。经常居住地是指公民离开住所至起诉时已连续居住满一年的地方。

军人和正在服刑人员的离婚管辖法院，另有特别规定。

(6)夫妻一方或双方离开住所地超过一年的，应向哪个法院提起离婚之诉？

夫妻一方离开住所地超过一年，另一方起诉离婚，应向原告住所地人民法院提起；

夫妻双方离开住所地超过一年，一方起诉离婚应向被告经常居住地人民法院提起；没有经常居住地的，向原告本人起诉时的居住地人民法院提起。

(7)被告被劳教或被监禁的，应向哪个法院起诉离婚？

被告被劳教或被监禁的，原告应向原告本人的住所地人民法院起诉离婚。

(8)被告下落不明或被宣告失踪，应向哪个法院起诉离婚？

应向原告本人住所地人民法院起诉。

(9)被告是军人，应向哪个法院提起离婚诉讼？

如原告是非军人，被告为文职军人，则向被告住所地(经常居住地)人民法院起诉；如被告是非文职军人，则向原告住所地人民法院起诉。双方都是军人的，由被告住所地或被告所在的团以上单位驻所地人民法院起诉。

(10)中国公民一方住国内，一方住国外，离婚诉讼应由哪个法院管辖？

不论哪一方向法院起诉离婚，国内一方住所地的法院都有权管辖。

(11)双方均在国外，但未定居，一方起诉离婚，由哪个法院管辖？

由原告或被告原住所地人民法院管辖。

（12）被告是外国人,应向哪个法院起诉离婚?

对不在国内居住的外国人起诉离婚,应向原告住所地法院起诉。

（13）补办结婚登记的,婚姻关系从什么时间起算?

根据相关司法解释的规定,补办结婚登记的,婚姻关系的效力从双方都符合《婚姻法》所规定的结婚的实质要件时起算。

（14）获得离婚损害赔偿的条件是什么?

①双方存在合法的婚姻;

②被要求赔偿的一方有《婚姻法》第四十六条规定的情形;

③因被要求赔偿的一方有《婚姻法》规定的情形而导致离婚;

④在法定的期限内提起;

⑤要求赔偿的一方无过错。

 34. 遗嘱的相关规定有哪些?

（1）遗嘱是立遗嘱人依法处理自己生前所有财产及其他事务,并于死亡后发生效力的法律行为。

根据《中华人民共和国继承法》(以下简称《继承法》)的规定,公民可以立遗嘱处理个人财产,也可以指定遗嘱执行人。有关遗嘱的效力需要注意以下问题:

①遗嘱人经公证机关办理的公证遗嘱有效。

②遗嘱人亲笔书写、签名、注明年、月、日的自书遗嘱,无非法内容的,有效。

③有两个以上见证人在场,由其中一人代书,注明年、月、日,并由代书人、其他见证人和遗嘱人签名的代书遗嘱,内容和见证人均合法的,有效。

④有两个以上的见证人在场的录音遗嘱,内容和见证人均合法的,有效。

⑤遗嘱人在危急情况下,可以立口头遗嘱。口头遗嘱应有两个以上见证人的在场见证。危急情况解除后,遗嘱人能够用书面或者录音形式立遗嘱的,所立的口头遗嘱无效。

⑥无行为能力人、限制行为能力人、继承人、受遗赠人,与继承人、受遗嘱人有利害关系的人,不能作为遗嘱见证人。

⑦遗嘱中剥夺缺乏劳动能力又没有生活来源的继承人的继承权的内容无效。

⑧立有数份遗嘱,而内容有抵触的,以最后的遗嘱有效。

⑨自书、代书、录音、口头遗嘱不得撤销、变更公证遗嘱。

⑩无行为能力人或限制行为能力人所立的遗嘱无效。

⑪受胁迫、欺骗所立的遗嘱无效。

⑫伪造的遗嘱无效。

⑬遗嘱被篡改的,篡改的内容无效。

(2)在遗嘱中处理财产的占绝大多数,这类遗嘱一般没有统一的格式,但在实践中,它的一般写法如下所示。

①立遗嘱的目的,即处理财产的意思表示,应首先写明:“我立本遗嘱,对我所有的财产,作如下处理:”

②对财产的具体处理,应写明财产的名称,数量及其所在地,遗留给何人,具体写明由谁继承哪些财产,也可按财产写明。

③遗嘱人的要求和遗嘱的处置。

④遗嘱人、证明人、代笔人签名盖章,并写明立遗嘱的时间、地点等。由于立遗嘱人的具体情况不同,遗嘱的写法不一定拘于以上格式,但必须是有效的才有法律效力。

(3)哪些人不能作为遗嘱的见证人?

订立遗嘱之所以要有两个以上的见证人在场,其根本目的就在于保证遗嘱内容的真实性,防止他人擅自伪造、篡改、销毁遗嘱人所立的遗嘱。因此,合格的见证人就显得十分重要。根据法律的有关规定,下列人员不得作为遗嘱见证人:

①无民事行为能力人、限制民事行为能力人。前者不能辨认自己行为,不能以自己名义参加民事活动和承担民事责任。后者则是其民事行为能力受到限制,二者均不是完全民事行为能力人,不能参与订立遗嘱这类较复杂的民事活动。所以,他们作为见证人是不具有法律效力的。

②继承人、受遗赠人。继承人、受遗赠人不能作为见证人的原因不在于其是否有民事行为能力,而在于他们与遗嘱有直接利害关系,有可能影响遗嘱人自愿表达其内心意志,再者他们的证明难以保持客观性和真实性。因此,法律明确规定继承人、受遗赠人不得作为遗嘱见证人。

③与继承人、受遗赠人有利害关系的人。与继承人、受遗赠人有利害关系的人,由于利益关系的影响,难以保证其证明的客观性、真实性,所以这些人也不能做遗嘱见证人。根据有关司法解释,继承人、受遗赠人的债权人、债务人,共同经营的合伙人,也应当视为与继承人、受遗赠人有利害关系,不能作为遗嘱见证人。

(4)遗嘱订立后可以变更和撤销吗?

公民有权立遗嘱,同样也有权变更和撤销遗嘱,但变更撤销遗嘱应按照原来订立遗嘱的方式和程序进行,其中,变更和撤销公证遗嘱,必须由遗嘱人向公证机关申请,用公证的方式进行变更和撤销,其他方式是不能变更和撤销公证遗嘱的。

(5)遗嘱人以不同形式立了几份内容不同的遗嘱时,应该怎样处理?

在现实生活中,常常会发生一个遗嘱人立了几份内容上不同的遗嘱的情况。这时应分别情况确定各个遗嘱的效力:

①要对各个遗嘱的合法性进行审查,看其是否全部有效;

②如果有两个以上有效遗嘱,其遗嘱内容不相抵触的,则各个遗嘱分别发生其效力,执行人应该按照各个遗嘱内容执行;

③如果两个以上有效遗嘱内容互相抵触的,则应分以下两种情况处理:如果遗嘱人立有两个或两个以上的自书、代书、录音或者口头遗嘱,或者两个以上的公证遗嘱,在这种情况下,根据《继承法》第二十条第二款的规定:"立有数份遗嘱,内容相抵触的,以最后的遗嘱为准。"如果公证遗嘱与一般遗嘱内容相抵触的,以公证遗嘱内容为准。《继承法》第二十条第三款规定:"自书、代书、录音或者口头遗嘱,不得撤销、变更公证遗嘱。"

④数份内容互相矛盾的遗嘱,如果其中没有公证遗嘱,其他形式的遗嘱又没有注明订立遗嘱的年、月、日,无法确定时间先后的,那么遗嘱则全部无效,遗产按法定继承方式来处理。

35. 继承的开始时间、死亡时间及相关规定有哪些?

(1)根据《最高人民法院关于贯彻执行〈中华人民共和国继承法〉若干问题的意见》(以下简称《继承法意见》)第1条规定,继承从被继承人生理死亡或被宣告死亡时开始。

(2)相互有继承关系的几个人在同一事件中死亡时,该如何处理?

根据《继承法意见》第2条的规定作出如下处理:

①相互有继承关系的几个人在同一案件中死亡,如不能确定死亡先后时间的,推定没有继承人的人先死亡。

②死亡人各自都有继承人的,如几个死亡人辈份不同推定长辈先死亡;几个死亡人辈分相同,推定同时死亡,彼此不发生继承,由他们各自的继承人分别继承。

(3)继承的方式有以下几种:①法定继承;②遗嘱继承或者遗赠;③遗赠扶养协议。

(4)不同的继承方式并存时,产生冲突了该怎样适用?

《继承法》规定,当几种继承方式并存时,应按下列方式适用:遗赠抚养协议最优先适用,遗嘱优先于法定继承适用。

(5)遗嘱和遗赠的主要区别在于适用范围的不同:遗嘱继承适用于法定继承人,而遗赠则适用法定继承人以外的人。

(6)继承人有下列行为之一的,丧失继承权:故意杀害被继承人的;为争夺遗产而杀害其他继承人的;遗弃被继承人的,或者虐待被继承人情节严重的;伪造,篡改或者销毁遗嘱,情节严重的。

 36. 继承顺序期相关规定有哪些?

(1)根据《继承法》第十条的规定。

法定继承时遗产按照下列顺序继承。第一顺序:配偶、子女、父母。第二顺序：兄弟姐妹、祖父母、外祖父母。继承开始后，由第一顺序继承人继承，第二顺序继承人不得继承。没有第一顺序继承人的，由第二顺序继承人继承。

(2)法定继承的继承人范围包括哪些？

继承人范围包括：配偶、父母、子女、兄弟姐妹、祖父母、外祖父母。

①子女包括婚生子女、非婚生子女、养子女和有抚养关系的继子女。

②父母包括生父母、养父母、和有抚养关系的继父母。

③兄弟姐妹包括同父母的兄弟姐妹、同父异母或者同母异父的兄弟姐妹、养兄弟姐妹、有抚养关系的继兄弟姐妹。

(3)丧偶儿媳和女婿在什么情况下才享有继承权？

根据《继承法》第十二条的规定，丧偶儿媳对公、婆，丧偶女婿对岳父、岳母，尽了主要赡养义务，才能作为第一顺序继承人。否则不在继承人范围内，不享有继承权。

(4)养子女和继子女的继承权有哪些不同？

①根据《继承法意见》第19条的规定，被收养人对养父母尽了赡养义务，同时又对生父母扶养较多的，除依法可以继承养父母的遗产外，还可以分得生父母的适当的遗产。根据《继承法意见》第22条的规定，收养他人为养孙子女，视为养父母与养子女的关系的，可互为第一顺序继承人。根据《继承法意见》第23条的规定，养子女与生子女之间，养子女与养子女之间系兄弟姐妹，可互为第二顺序继承人。被收养人与其亲兄弟姐妹之间的权力义务关系，因收养关系的成立而消除，不能互为第二顺序继承人。②根据《继承法意见》第24条的规定，继兄弟姐妹之间的继承权，因继兄弟姐妹之间的扶养关系而发生。没有扶养关系的，不能互为第二顺序继承人。继兄弟姐妹之间相互继承了遗产的，不影响其继承亲兄弟姐妹的遗产。

(5)代位继承在什么情况下适用？

根据《继承法》第十一条的规定，被继承人的子女先于被继承人死亡的，由被继承人的子女的晚辈直系血亲代位继承。代位继承人一般只能继承他的父亲或者母亲有权继承的遗产份额。根据《继承法意见》第25条的规定，被继承人的孙子女、外孙子女、曾孙子女，外曾孙子女都可以代为继承，代位继承人不受辈数的限制。代位继承只能适用于法定继承,遗嘱继承不会发生代为继承的情况,这是代为继承和转继承的最大区别。

(6)转继承在什么情况下适用?

转继承是指继承人在继承开始后,遗产分割前死亡,其应继承的遗产份额由他的继承人继承。转继承实际上是发生了两次继承关系,对法定继承和遗嘱继承都适用。

(7)遗产的分配方式有哪几种?

遗产的分配方式有以下几种:

①同一顺序继承人继承遗产的份额,一般应当均等。

②对生活有特殊困难的缺乏劳动能力的继承人,分配遗产时,应该予以照顾。

③对被继承人尽了主要扶养义务或者与被继承人共同生活的继承人,分配遗产时,可以多分。

④有扶养能力和有扶养条件的继承人,不尽扶养义务的,分配遗产时,应该不分或者少分。

 37. 继承的其他相关规定有哪些?

(1)继承人因放弃继承权,致其不能履行法定义务的,放弃继承权的行为是否有效?

《继承法意见》第46条的规定,继承人因放弃继承权,致其不能履行法定义务的,放弃继承权的行为无效。

(2)对于无人继承又无人受遗赠的遗产,应如何处理?

按《继承法》第三十二条规定,无人继承又无人受遗赠的遗产,归国家所有;死者生前是集体所有制组织成员的,归所在集体所有制组织所有。

(3)遗产分割时是否应当保留胎儿的继承份额?

按《继承法》第二十八条规定,遗产分割时,应当保留胎儿的继承份额。如果胎儿出生时是死体的,保留的份额按照法定继承办理。

38. 遗赠、遗嘱、遗赠抚养协议的相关规定有哪些?

(1)遗赠与遗赠扶养协议的区别。

①遗赠扶养协议。

遗赠扶养协议指公民与扶养人或集体所有制组织订立的有关扶养人或集体所有制组织承担该公民生养死葬的义务、享有受遗赠的权利的协议。

②遗赠。

遗赠指遗嘱人用遗嘱的方式将其个人财产的一部分或全部,于死后赠给国家、集体和法定继承人以外的人的一种法律制度。

③遗嘱是指遗嘱人生前在法律允许的范围内,按照法律规定的方式对其遗产或其他事务所作的个人处分,并于遗嘱人死亡时发生效力的法律行为。

遗嘱是单方法律行为,无须继承人同意便可成立。如果继承人放弃继承,应在继承开始后、遗产分割前作出放弃的意思表示,否则视为接受继承。继承人的范围不限于法定继承人。

(2)遗赠扶养协议与遗赠的区别。

遗赠扶养协议与遗赠都是财产所有人对自己的财产在生前作出处分,在死后实现财产所有权转移的行为,但是两者有以下的区别:

①遗赠扶养协议是双方的法律行为,只有在遗赠方和扶养方双方自愿协商一致的基础上才能成立。凡不违反国家法律规定、不损害公共利益、不违反社会主义道德准则的遗赠扶养协议即具有法律约束力,任何一方都不能随意变更或解除,如果一方要变更或解除,必须取得另一方的同意。而遗赠是遗嘱人单方的法律行为,不需要他人的同意即可发生法律效力。遗赠不仅可以单方面订立遗嘱,而且还可以随时变更遗嘱的内容,或者撤销原遗嘱,另立新遗嘱。

②遗赠扶养协议是有偿的、相互附有条件的,它体现了权利义务相一致的原则。而遗赠是财产所有人生前以遗嘱的方式将其财产遗赠给国家、集体或个人的行为,它不以受遗赠人为其尽扶养义务为条件。

③遗赠扶养协议从协议成立之日起开始发生法律效力。而遗赠是从遗赠

人死亡之日起发生法律效力。

④遗赠扶养协议中的扶养人必须是有民事行为能力人或集体组织。遗赠中的受遗赠人可以是有民事行为能力的人,也可以是无民事行为能力人或限制民事行为能力人。

⑤被继承人生前与他人订有遗赠抚养协议,同时又立有遗嘱的,继承开始后,如果遗赠抚养协议与遗嘱有抵触,按协议处理,与协议抵触的遗嘱全部或部分无效。

第三章　物权法

《中华人民共和国物权法》(以下简称《物权法》)有两个主要的效能:第一,《物权法》可以用来确定财产究竟归谁,定分止争。第二,《物权法》可以明确物权所有人在法律上对其财产有哪些权利和义务,如果自身物权受到侵害可以得到怎样的法律保护,通过这些来促进物尽其用。古人说,"有恒产才能有恒心",缺乏完备的《物权法》,就无法形成一整套对财产予以确认和保护的完整规则,则人们对财产权利的实现和利益的享有都将是不确定的,从而也就不会形成所谓的恒产,也很难使人们产生投资的信心、置产的愿望和创业的动力。

 ### 39. 物与物权、《物权法》调整哪一类法律关系?

"物"是指能为人力所支配和利用的物质对象。物包括不动产和动产,法律规定权利作为物权客体的,依照其规定(如电能、热能等)。

"物权"是一种财产权,指权利人依法对特定的物享有直接支配并排除他人干涉的权利,包括所有权、用益物权和担保物权。

第一,物权的客体必须是特定的,也就是必须是特定的物,对于特定的物才可以成立物权。

第二,物权是"直接支配"的权利,就是指权利人可以不依赖他人的意志,不经他人同意,也不需要借助任何人的行为,自己独立按照自己的意思来占有、使用、收益和处分。

第三,物权是"排除他人干涉"的权利。如"风可进、雨可进;国王不能进",就充分体现了物权的排他性。物权的排他性不仅是针对其他的普通的自然人和法人,同时也针对国家以排除公权力的干涉。

《物权法》调整的是因物的归属和利用而产生的民事关系。

 ### 40. 什么叫不动产? 什么叫动产?

不动产是指土地及其土地上的定着物,包括房屋、桥梁、地下排水设施及长在地上的树木、农作物等。

动产是指不动产以外的财产,如机器设备、车辆、动物、生活日用品等。

41. 不动产物权需要依法登记吗？

依照物权法规定,不动产物权的设立、变更、转让和消灭,要依法登记,但法律另有规定的除外。除依法属于国家所有的自然资源,所有权可以不登记,其他不动产物权的设立、变更、转让和消灭,依照法律定应当登记的,自记载于不动产登记簿时发生效力。

 ## 42. 不动产登记簿具有什么效力？

不动产登记簿是物权归属和内容的根据。不动产权属证书是权利人享有该不动产物权的证明。不动产权属证书记载的事项,应当与不动产登记簿一致;记载不一致的,除有证据证明不动产登记簿确有错误外,以不动产登记簿为准。不动产权属证书是登记机构颁发给权利人的证明,具有相当的证明力,但是真正能够作为不动产物权根据的仍然是不动产登记簿,权属证书不过是其外在表现形式。

不动产登记具有公信力;而不动产权属约定具有推定力。

 ## 43. 不动产登记资料向全社会公开吗？

根据物权公示原则,物权的设定和转移应当向全社会公开,以确保交易安全。但是,交易安全的利益必须同登记权利人的隐私权相平衡。所以,登记资料的公开程度实际上是有限制的,根据《物权法》的规定,只有权利人、利害关系人可以申请查询、复制登记资料。

因此,此公开不是任意性的,是具有相对性和局限性的。

 ## 44. 权利人、利害关系人认为不动产登记簿记载有错怎么办(更正登记和异议登记)？

如果权利人、利害关系人认为不动产登记簿记载的事项错误的,可以申请更正登记。《物权法》规定,不动产登记簿记载的权利人书面同意更正或者有证据证明登记确有错误的,登记机构应当予以更正。但是,如果此时不动产登记簿记载的权利人不书面同意更正,就必须向申请人提供进一步的保护手段——异议登记。

异议登记指利害关系人对不动产登记簿上有关权利主体、内容的正确性提出不同意见的登记。《物权法》规定,不动产登记簿记载的权利人不同意更正的,利害关系人可以申请异议登记。异议登记具有导致不动产物权的不稳定状态的消极作用,所以必须对其进行一定的限制。《物权法》从时间和损害救济两个角度对异议登记进行了限制:申请人在异议登记之日起15日内不起诉,异议登记失效;异议登记不当,造成权利人损害的,权利人可以向申请人请求损害赔偿。

45.《物权法》对预告登记是怎样规定的?

为保障不动产交易安全,对期房预售创设了预告登记。

《物权法》规定,当事人签订买卖房屋或者其他不动产物权的协议,为保障将来实现物权,按照约定可以向登记机构申请预告登记。预告登记后,未经预告登记的权利人同意,处分该不动产的,不发生物权效力。预告登记后,债权消灭或者自能够进行不动产登记之日起3个月内未申请登记的,预告登记失效。这条规定建立了我国的预告登记制度,其主要目的是为了杜绝"一房多卖"等情况。预告登记不是物权登记,实际上一种债权限制措施。

商品房预售合同签订后,房子还没有盖好,但买房人可以拿着商品房预售合同到登记机构去申请预告登记。预告登记并不是真正的产权过户,而是在登记簿中记载某商品房已经出售给申请人。进行了预告登记,出卖人要把同一商品房再卖给别人,除非经预告登记的权利人同意,否则就不发生物权的效力。所以,预告登记确保了债权的实现。

46. 因法令行为发生的物权变动,何时生效? 因事实行为发生的物权变动何时生效?

(1)因继承或者受遗赠发生的物权变动何时生效?

因继承或者受遗赠取得物权的,自继承或者受遗赠开始时发生效力。在被继承人死亡的情况下,权利主体已经消灭,但是并不能因此让遗产成为无主财产。依照《继承法》的规定,"继承或者受遗赠开始"就是"被继承人死亡"之时。所以,自"被继承人死亡"之时,被继承人的财产就转移到继承人或者受遗赠人名下。但未经变更登记不得实现物权处分。

(2)因人民法院、仲裁委员会的法律文书或者人民政府的征收决定等,导致物权设立、变更、转让或者消灭的,自法律文书或者人民政府的征收决定等生效时发生效力。例如,法院审理房屋产权争议案件,最后作出"争议房屋归李四所有"的判决。那么从判决生效的时候,李四就取得了该房屋的所有权,虽然这个时候还没有办理产权过户登记,不动产登记簿上张三仍然是"所有权人",但李四从判决生效时就已经得到了所有权。

(3)《物权法》第三十条规定,因合法建造、拆除房屋等事实行为设立或者消灭物权的,自事实行为成就时发生效力。所谓事实行为,就是指建造房屋、拆除房屋等行为。

(4)对于物权变动不需要登记的特殊情况,《物权法》对因此获得的物权是具有限制的。

在法律文书和政府决定、继承和受遗赠、事实行为几种情况下发生的物权变动,虽然在办理登记之前已经发生效力,但是有一个限制,就是在完成登记之前,不动产所有权人不能进行处分。

 47.《物权法》为保障权利人的物权作了哪些规定?

(1)物权受到侵害的,权利人可以通过和解、调解、仲裁、诉讼等途径解决。

（2）因物权的归属、内容发生争议的,利害关系人可以请求确认权利。

（3）无权占有不动产或者动产的,权利人可以请求返还原物。

（4）妨害物权或者可能妨害物权的,权利人可以请求排除妨害或者消除危险。

（5）造成不动产或者动产毁损的,权利人可以请求修理、重作、更换或者恢复原状。

（6）侵害物权,造成权利人损害的,权利人可以请求损害赔偿,也可以请求承担其他民事责。

（7）侵害物权,除承担民事责任外,违反行政管理规定的,依法承担行政责任;构成犯罪的,依法追究刑事责任。

 ## 48. 什么是所有权?

所有权即所有权人对自己的不动产或者动产,依法享有占有、使用、收益和处分的权利。

《物权法》第三十九条规定,所有权人对自己的不动产或者动产,依法享有占有、使用、收益和处分的权利。

（1）所有权,是指在法律许可的范围内对所有物进行全面支配的物权。

所谓的支配,一方面是指所有权人可以依据自己的意志直接依法占有、使用或者采取其他方式管领处分属于自己的物;另一方面是指所有权人对属于自己的物可以按照自己的意志独立进行支配,无须得到他人的同意。所有权与其他民事权利相比较,有以下的特征:具有绝对性、排他性、全面性、整体性、弹力性、永久性(亦称对世权)。

（2）所有权与用益物权、担保物权的关系?

《物权法》第四十条规定,所有权人有权在自己的不动产或者动产上设立用益物权和担保物权。

用益物权,是物权的一种,是指非所有人对他人之物所享有的占有、使用、收益的排他性的权利。如土地承包经营权、建设用地使用权、宅基地使用权、地役权、自然资源使用权(海域使用权、探矿权、采矿权、取水权和使用水域、滩涂从事养殖、捕捞的权利)。

用益物权人、担保物权人行使权利,不得损害所有权人的权益。所以所有权是法律直接确认财产归属的结果,为原始物权。而其他物权是由所有权派生出来的,所有权与用益物权、担保物权是母权利和派生权利的关系。

(3)私人可以对以下财产享有所有权。

《物权法》规定,私人对其合法的收入、房屋、生活用品、生产工具、原材料等不动产和动产享有所有权。私人合法的储蓄、投资及其收益受法律保护。

49. 什么是业主的建筑物区分所有权?

建筑物区分所有权为特殊的不动产所有权形态。

建筑物区分所有权,指的是权利人即业主对于一栋建筑物中自己专有部分的单独所有权、对共有部分的共有权及因共有关系而产生的管理权的结合。建筑物区分所有权具有以下特点:复合性、专有权主导性、一体性。

《物权法》第七十一条规定,业主对其建筑物专有部分享有占有、使用、收益和处分的权利。业主行使权利不得危及建筑物的安全,不得损害其他业主的合法权益。所以,如果邻居装修,肆意破坏承重墙,那么其他业主可以要求其停止侵害,恢复原状,如果给相关业主造成了损失,可以要求赔偿损失。

50. 住宅小区内的道路、绿地和会所归谁所有?

《物权法》第七十三条规定,建筑区划内的道路,属于业主共有,但属于城镇公共道路的除外。建筑区划内的绿地,属于业主共有,但属于城镇公共绿地或者明示属于个人的除外。建筑区划内的其他公共场所、公用设施和物业服务用房,属于业主共有。这一条的规定明确了业主对建筑物共有部分的共有权利。

但会所等,不能一概而论;应根据规划和建筑区分所有权所指(简而言之就是公摊的建筑范围)来确定。住宅小区内的车位、车库所有权类似于会所。

《物权法》第七十四条规定,建筑区划内,规划用于停放汽车的车位、车库应当首先满足业主的需要。建筑区划内,规划用于停放汽车的车位、车库的归属,由当事人通过出售、附赠或者出租等方式约定。占用业主共有的道路或者其他场地用于停放汽车的车位,属于业主共有。

51. 将住宅改变为经营性用房需征得有利害关系的业主同意吗?

《物权法》第七十七条规定,业主不得违反法律、法规及管理规约,将住宅改变为经营性用房。业主将住宅改变为经营性用房的,除遵守法律、法规及管理规约外,应当经有利害关系的业主同意。所以,未经有利害关系的业主同意,业主不得将住宅改变为经营性用房。有利害关系的业主的概念,有专门的司法解释予以了释明。

《最高人民法院关于审理建筑物区分所有权纠纷案件具体应用法律若干问题的解释》第十一条业主将住宅改变为经营性用房,本栋建筑物内的其他业主,应当认定为《物权法》第七十七条所称"有利害关系的业主"。建筑区划内,本栋建筑物之外的业主,主张与自己有利害关系的,应证明其房屋价值、生活质量受到或者可能受到不利影响。

52. 小区内哪些事项应由业主共同决定?

《物业管理条例》第十一条下列事项由业主共同决定:

(1)制定和修改业主大会议事规则;

(2)制定和修改管理规约;

(3)选举业主委员会或者更换业主委员会成员;

(4)选聘和解聘物业服务企业;

(5)筹集和使用专项维修资金;

(6)改建、重建建筑物及其附属设施;

(7)有关共有和共同管理权利的其他重大事项。

第十二条业主大会会议可以采用集体讨论的形式,也可以采用书面征求意见的形式;但是,应当有物业管理区域内专有部分占建筑物总面积过半数的业主且占总人数过半数的业主参加。

业主可以委托代理人参加业主大会会议。

业主大会决定本条例第十一条第五项和第六项规定的事项,应当经专有部分占建筑物总面积2/3以上的业主且占总人数2/3以上的业主同意;决定本条例第十一条规定的其他事项,应当经专有部分占建筑物总面积过半数的业主且占总人数过半数的业主同意。

业主大会或者业主委员会的决定,对业主具有约束力。

业主大会或者业主委员会作出的决定侵害业主合法权益的,受侵害的业主可以请求人民法院予以撤销。

建筑物及其附属设施的费用分摊、收益分配等事项,有约定的,按照约定;没有约定或者约定不明确的,按照业主专有部分占建筑物总面积的比例确定。

 53. 什么是不动产的相邻关系？相邻关系的基本种类有哪些?

相邻关系是指相互毗邻的不动产权利人之间在行使所有权或者使用权时,因相互间给予便利或者接受限制所发生的权利义务关系。

不动产权利人对于自己所有或者使用的不动产,享有自由使用收益的权利,并且可以排除他人的干涉。如果不动产权利人仅注重自己权利的行使,那么,相邻不动产的权利人在行使权利的时候,必然会发生利益的冲突。这就需要相邻关系的法律规定来调和不动产权利人的权利行使,使其负有一定的作为或者不作为的义务。一般来说,相邻关系的基本种类主要包括:相邻土地通行关系,相邻用水、排水关系,相邻管线埋设关系,相邻防险关系,相邻环保关系,相邻通风、采光关系及区分所有建筑物相邻关系。

不动产的相邻权利人处理相邻关系应遵守以下规定:

不动产的相邻权利人应当按照有利生产、方便生活、团结互助、公平合理的原则,正确处理相邻关系。法律、法规对处理相邻关系有规定的,依照其规定;法律、法规没有规定的,可以按照当地习惯。

对建筑物的"通风、采光和日照"权是如下规定的:

《物权法》第八十九条规定,建造建筑物,不得违反国家有关工程建设标准,妨碍相邻建筑物的通风、采光和日照。所以,如果自家住宅的通风采光被新建高楼阻挡,可以依法要求对方拆除或者赔偿损失。

 ### 54. 什么是地役权?

"地役权"是指在相邻关系以外,权利人按照合同约定处理不动产相邻的两个或者两个以上权利人之间在通行、通风、采光等方面产生的各种关系,利用他人的不动产以提高自己的生产或者生活水平。例如,甲公司和乙公司约定,借用乙公司的道路通行,以便利甲公司员工出入。地役权中的他人不动产称为"供役地",自己的不动产称为"需役地"。

设立地役权可以根据要求进行登记。

《物权法》第一百五十八条规定,设立地役权,当事人应当采取书面形式订立地役权合同。地役权自地役权合同生效时设立。当事人要求登记的,可以向登记机构申请地役权登记;未经登记,不得对抗善意第三人。由此可见,设立地役权不是必须要进行登记的,但是,登记却是地役权对善意第三人产生对抗效力的条件。

例如,A土地使用权人甲为避免绕道行走,与B土地使用权人乙约定了一项地役权,即在B土地上的通行权,后乙将B土地使用权转让给丙,那么,甲与乙约定的通行权对丙就没有约束力了,丙可以拒绝让甲通行。因此,地役权人要想使自己的地役权能够对抗善意第三人,得到充分有力的保护,就得进行地役权登记。《物权法》还规定,已经登记的地役权变更、转让或者消灭的,应当及时办理变更登记或者注销登记。

(1)地役权人的义务是什么?

《物权法》第一百六十条规定,地役权人应当按照合同约定的利用目的和方法利用供役地,尽量减少对供役地权利人物权的限制。可见,地役权人的义务主要有:对供役地的使用应当选择损害最小的地点及方法为之,这样才能使得通过地役权增加需役地价值的同时,不至于过分损害供役地的效用;对于为行使地役权而在供役地修建的设施,应当注意维修,以免供役地受到损害;因行使地役权的行为对供役地造成变动、损害的,要在事后及时恢复原状并补偿损害。

(2)地役权期限的约定有什么要求?

地役权的期限由当事人约定,但不得超过土地承包经营权、建设用地使用权等用益物权的剩余期限。举例来说,A土地承包经营权人甲的承包总期限是30年且已经承包了10年,还剩20年,B土地承包经营权人乙的承包总期限是25年且已经承包了10年,还剩15年,此时,甲与乙欲约定通行地役权,该权利的期限不得超过15年。

(3)《物权法》对地役权的设立还有什么规定?

土地所有权人享有地役权或者负担地役权的,设立土地承包经营权、宅基地使用权时,该土地承包经营权人、宅基地使用权人继续享有或者负担已设立的地役权。土地上已设立土地承包经营权、建设用地使用权、宅基地使用权等权利的,未经用益物权人同意,土地所有权人不得设立地役权。

(4)地役权能单独转让和抵押吗?

地役权不得单独转让。土地承包经营权、建设用地使用权等转让的,地役权一并转让,但合同另有约定的除外。地役权不得单独抵押。土地承包经营权、建设用地使用权等抵押的,在实现抵押权时,地役权一并转让。

(5)需役地或者供役地发生部分流转的,地役权如何流转?

需役地以及需役地上的土地承包经营权、建设用地使用权部分转让时,转让部分涉及地役权的,受让人同时享有地役权。供役地以及供役地上的土地承包经营权、建设用地使用权部分转让时,转让部分涉及地役权的,地役权对受让人具有约束力。

(6)在什么情况下,供地役权利人有权解除地役权?

地役权人有下列情形之一的,供役地权利人有权解除地役权合同,地役权消灭:①违反法律规定或者合同约定,滥用地役权;②有偿利用供役地,约定的付款期间届满后在合理期限内经两次催告未支付费用。

55. 什么叫财产共有？财产共有分哪两大类？

　　财产共有，是指两个以上的权利主体对同一项财产共同享有占有、使用、收益和处分的权利。

　　财产共有包括按份共有和共同共有。按份共有，是指两个或两个以上共有人对共有的不动产或者动产按照其份额享有所有权的共有形式。共同共有，是指两个以上的权利主体基于某种共同关系对共有的不动产或者动产共同享有所有权。

　　(1)财产共有人应如何确定其共有的权利义务关系？

　　共有人按照约定管理共有的不动产或者动产；没有约定或者约定不明确的，各共有人都有管理的权利和义务。共有人对共有的不动产或者动产没有约定为按份共有或者共同共有，或者约定不明确的，除共有人具有家庭关系等外，视为按份共有。按份共有人对共有的不动产或者动产享有的份额，没有约定或者约定不明确的，按照出资额确定；不能确定出资额的，视为等额享有。

　　(2)对共有财产的处分、分割和转让有哪些规定？

　　处分共有的不动产或者动产及对共有的不动产或者动产做重大修缮的，应当经占份额2/3以上的按份共有人或者全体共同共有人同意，但共有人之间另有约定的除外。共有人约定不得分割共有的不动产或者动产，以维持共有关系的，应当按照约定，但共有人有重大理由需要分割的，可以请求分割；没有约定或者约定不明确的，按份共有人可以随时请求分割，共同共有人在共有的基础丧失或者有重大理由需要分割时可以请求分割。因分割对其他共有人造成损害的，应当给予赔偿。共有人可以协商确定分割方式。达不成协议，共有的不动产或者动产可以分割并且不会因分割减损价值的，应当对实物予以分割；难以分割或者因分割会减损价值的，应当对折价或者拍卖、变卖取得的价款予以分割。共有人分割所得的不动产或者动产有瑕疵的，其他共有人应当分担损失。

　　对共有物的管理费用及其他负担，有约定的，按照约定；没有约定或者约定不明确的，按份共有人按照其份额负担，共同共有人共同负担。按份共有人可以转让其享有的共有的不动产或者动产份额,其他共有人在同等条件下享有优先购买的权利。

(3)因共有的不动产或动产产生的债权债务应如何处理?

因共有的不动产或者动产产生的债权债务,在对外关系上,共有人享有连带债权、承担连带债务,但法律另有规定或者第三人知道共有人不具有连带债权债务关系的除外;在共有人内部关系上,除共有人另有约定外,按份共有人按照份额享有债权、承担债务,共同共有人共同享有债权、承担债务。偿还债务超过自己应当承担份额的按份共有人,有权向其他共有人追偿。

56. 无处分权人将不动产或动产转让给受让人的怎么办?

无处分权人将不动产或者动产转让给受让人的,所有权人有权追回。

但法律另有规定的除外,符合下列情形的,受让人取得该不动产或者动产的所有权:①受让人受让该不动产或者动产时是善意的(善意取得);②以合理的价格转让(合理对价);③转让的不动产或者动产依照法律规定应当登记的已经登记,不需要登记的已经交付给受让人(已完成物权转移)。

受让人依照上述情况取得不动产或动产所有权的,原所有权人有权向无处分权人请求赔偿损失。依照这一规定,只要已经办理了登记手续,对于不动产也可以构成善意取得。

57. 什么是用益物权?

"用益物权"是指权利人依法对他人的不动产或者动产享有占有、使用和收益的权利。如土地承包经营权、建设用地使用权、宅基地使用权(注意不含处分的权利)。

(1)什么是建设用地使用权?

建设用地使用权是《物权法》专门规定的一种重要类型的用益物权,是指建设用地使用权人依法对国家所有的土地享有占有、使用和收益的权利,有权利用该土地建造建筑物、构筑物及其附属设施。

（2）某国有土地的表面设立建设用地使用权后，还能再设立新的建设用地使用权吗？

《物权法》第一百三十六条规定，建设用地使用权可以在土地的地表、地上或者地下分别设立。在现代社会，随着科学和建筑技术的不断发展，土地的利用已不再限于地面，而是向空中和地下发展，由平面趋向立体化，土地的上空和地下都具有相对独立的利用价值。《物权法》对此进行了法律上的确认。所以，某国有土地的表面设立建设用地使用权后，完全可以再在其地上或者地下设立新的建设用地使用权。当然，由于用益物权的排他性，两个建设用地使用权不能在占有和使用上产生冲突和矛盾，为此，《物权法》第一百三十六条还规定，新设立的建设用地使用权，不得损害已设立的用益物权。

（3）建设用地使用权的设立方式有哪些？

设立建设用地使用权，可以采取出让或者划拨等方式。工业、商业、旅游、娱乐和商品住宅等经营性用地及同一土地有两个以上意向用地者的，应当采取招标、拍卖等公开竞价的方式出让。严格限制以划拨方式设立建设用地使用权。采取划拨方式的，应当遵守法律、行政法规关于土地用途的规定。采取招标、拍卖、协议等出让方式设立建设用地使用权的，当事人应当采取书面形式订立建设用地使用权出让合同。设立建设用地使用权的，应当向登记机构申请建设用地使用权登记。建设用地使用权自登记时设立。登记机构应当向建设用地使用权人发放建设用地使用权证书。

（4）建设用地使用权的转让、互换、出资、赠与、抵押或者收回有哪些规定？

建设用地使用权转让、互换、出资、赠与或者抵押的，当事人应当采取书面形式订立相应的合同。使用期限由当事人约定，但不得超过建设用地使用权的剩余期限。建设用地使用权转让、互换、出资或者赠与的，应当向登记机构申请变更登记。建设用地使用权转让、互换、出资或者赠与的，附着于该土地上的建筑物、构筑物及其附属设施一并处分。建筑物、构筑物及其附属设施转让、互换、出资或者赠与的，该建筑物、构筑物及其附属设施占用范围内的建设用地使用权一并处分。建设用地使用权期间届满前，因公共利益需要提前收回该土地的，应当依照《物权法》的规定对该土地上的房屋及其他不动产给予补偿，并退还相应的出让金。

(5)建设用地使用权期间届满后怎么办?

住宅建设用地使用权期间届满的,自动续期。非住宅建设用地使用权期间届满后的续期,依照法律规定办理。该土地上的房屋及其他不动产的归属,有约定的,按照约定;没有约定或者约定不明确的,依照法律、行政法规的规定办理。

 58. 什么是担保物权?

"担保物权"是为了确保债务履行而设立的物权,包括抵押权、质权和留置权。

担保物权人在债务人不履行到期债务或者发生当事人约定的实现担保物权的情形,依法享有就担保财产优先受偿的权利,但法律另有规定的除外。

(1)担保物权与所担保的主债权的关系是什么?

《物权法》第一百七十二条规定,担保合同是主债权债务合同的从合同。主债权债务合同无效,担保合同无效,但法律另有规定的除外。由此可以看出,担保合同的效力从属于主债权债务合同的效力,担保物权也从属于所担保的主债权。

(2)担保人可不可以要求主债务人提供反担保?

《物权法》第一百七十一条规定,第三人为债务人向债权人提供担保的,可以要求债务人提供反担保。所以,第三人在提供担保的同时,可以要求债务人提供反担保。反担保人可以是债务人,也可以是债务人之外的其他人;反担保方式可以是债务人提供的抵押或者质押,也可以是其他人提供的保证、抵押或者质押。

(3)担保物权的担保范围有哪些?

担保物权的担保范围包括主债权及其利息、违约金、损害赔偿金、保管担保财产和实现担物权的费用。当事人另有约定的,按照约定。

(4)担保期间,担保财产毁损、灭失或者被征收的怎么办?

担保期间,担保财产毁损、灭失或者被征收等,担保物权人可以就获得的保险金、赔偿金或者补偿金等优先受偿。被担保债权的履行期未届满的,也可以提存该保险金、赔偿金或者补偿金等。

(5)担保物权在什么情况下消灭?

有下列情形之一的,担保物权消灭:①主债权消灭;②担保物权实现;③债权人放弃担保物权;④法律规定担保物权消灭的其他情形。

第三人提供担保,未经其书面同意,债权人允许债务人转移全部或者部分债务的,担保人不再承担相应的担保责任。

 ## 59. 什么是抵押权?

抵押权是指债务人或第三人为担保债务的履行,不转移对其特定财产的占有,将该财产作为债权的担保,债务人不能履行到期债务或者发生当事人约定的实现抵押权的情形时,债权人有权就该财产优先受偿的权利。

(1)债务人或者第三人的哪些财产可以抵押? 哪些财产不可以抵押?

债务人或者第三人有权处分的下列财产可以抵押:①建筑物和其他土地附着物;②建设用地使用权;③以招标、拍卖、公开协商等方式取得的荒地等土地承包经营权;④生产设备、原材料、半成品、产品;⑤正在建造的建筑物、船舶、航空器;⑥交通运输工具;⑦法律、行政法规未禁止抵押的其他财产。

债务人或者第三人的下列财产不得抵押:①土地所有权;②耕地、宅基地、自留地、自留山等集体所有的土地使用权,但法律规定可以抵押的除外;③学校、幼儿园、医院等以公益为目的的事业单位、社会团体的教育设施、医疗卫生设施和其他社会公益设施;④所有权、使用权不明或者有争议的财产;⑤依法被查封、扣押、监管的财产;⑥法律、行政法规规定不得抵押的其他财产。

(2)建筑物、建筑物占用范围内的建设用地使用权能不能单独抵押?

《物权法》第一百八十二条规定,以建筑物抵押的,该建筑物占用范围内的建设用地使用权一并抵押。以建设用地使用权抵押的,该土地上的建筑物一并抵押。抵押人未依照前款规定一并抵押的,未抵押的财产视为一并抵押。

(3)设立抵押权的抵押合同应当包括哪些条款?

设立抵押权,当事人应当采取书面形式订立抵押合同。抵押合同一般包括下列条款:①被担保债权的种类和数额;②债务人履行债务的期限;③抵押财产的名称、数量、质量、状况、所在地、所有权归属或者使用权归属;④担保的范围。

(4)哪些抵押权须登记才能生效?

以建筑物和其他土地附着物;建设用地使用权;以招标、拍卖、公开协商等方式取得的荒地等土地承包经营权;或者正在建造的建筑物抵押的,应当办理抵押登记。抵押权自登记时设立。

(5)房产抵押后可不可以再出租?租赁关系是否会受到影响?

根据抵押的一般原理,房产虽然设定了抵押,但房产的所有权依然属于抵押人。因此,抵押人可以将房屋出租。但是,在出租房产已经先行抵押并且办理登记的情况下,《物权法》第一百九十条规定:抵押权设立后抵押财产出租的,该租赁关系不得对抗已登记的抵押权。也就是说,租赁关系的存在不能妨碍抵押权人就抵押房产行使抵押权。

(6)能不能将已出租房产抵押?租赁关系是否会受到影响?(买卖不破租赁)

先租后抵在法律上也是可行的。《物权法》第一百九十条规定,订立抵押合同前抵押财产已出租的,原租赁关系不受该抵押权的影响。因此,已经出租的房屋,出租人又将房屋抵押并登记的,该租赁合同不仅对出租人具有效力,同时对后来的潜在房产受让人也具有效力。如果抵押人不履行到期债务,抵押权人将仍在租赁期间的房产折价、拍卖或变卖,这时受让房产的第三方仍然要受原租赁合同的约束。

(7)《物权法》对转让抵押物是怎样规定的?

《物权法》第一百九十一条规定,抵押期间,抵押人经抵押权人同意转让抵押财产的,应当将转让所得的价款向抵押权人提前清偿债务或者提存。转让的价款超过债权数额的部分归抵押人所有,不足部分由债务人清偿。抵押期间,抵押人未经抵押权人同意,不得转让抵押财产,但受让人代为清偿债务消灭抵押权的除外。

(8)抵押权能转让吗?

抵押权不得与债权分离而单独转让或者作为其他债权的担保。债权转让的,担保该债权的抵押权一并转让,但法律另有规定或者当事人另有约定的除外。转让抵押权须通知债务人和抵押人,并办理相应的抵押权转移登记。

(9)对建设用地使用权、土地承包经营权的抵押有哪些规定?

建设用地使用权抵押后,该土地上新增的建筑物不属于抵押财产。该建设用地使用权实现抵押权时,应当将该土地上新增的建筑物与建设用地使用权一并处分,但新增建筑物所得的价款,抵押权人无权优先受偿。

土地承包经营权抵押的,或者以乡镇、村企业的厂房等建筑物占用范围内的建设用地使用权一并抵押的,实现抵押权后,未经法定程序,不得改变土地所有权的性质和土地用途。

(10)同一财产向两个以上债权人抵押的,抵押财产如何清偿?

同一财产向两个以上债权人抵押的,拍卖、变卖抵押财产所得的价款依照下列规定清偿:①抵押权已登记的,按照登记的先后顺序清偿;顺序相同的,按照债权比例清偿;②抵押权已登记的先于未登记的受偿;③抵押权未登记的,按照债权比例清偿。

(11)什么叫最高额抵押权?最高额抵押有哪些特点?

最高额抵押,是指抵押人与抵押权人协议,在最高债权额限度内,以一定期间内连续发生的债权作担保。

最高额抵押具有以下特点:①最高额抵押所担保的债权额是确定的,但实际发生的债权额是不确定的。设定最高额抵押时,债权尚未发生,为保证将来债权的实现,抵押权人与抵押人协议商定担保的最高债权额度,抵押人以其抵押财产在此额度内对债权作担保。②最高额抵押是对一定期间内连续发生的债权作担保。

(12)对最高额抵押权的设立有哪些规定?

为担保债务的履行,债务人或者第三人对一定期间内将要连续发生的债权提供担保财产的,债务人不履行到期债务或者发生当事人约定的实现抵押权的情形,抵押权人有权在最高债权额限度内就该担保财产优先受偿。最高额抵押权设立前已经存在的债权,经当事人同意,可以转入最高额抵押担保的债权范围。最高额抵押担保的债权确定前,部分债权转让的,最高额抵押权不得转让,但当事人另有约定的除外。最高额抵押担保的债权确定前,抵押权人与抵押人可以通过协议变更债权确定的期间、债权范围及最高债权额,但变更的内容不得对其他抵押权人产生不利影响。

(13)最高额抵押权设立后,什么情况下抵押权人的债权确定?

有下列情形之一的,最高额抵押权人的债权确定:①约定的债权确定期间届满;②没有约定债权确定期间或者约定不明确,抵押权人或者抵押人自最高额抵押权设立之日起满2年后请求确定债权;③新的债权不可能发生;④抵押财产被查封、扣押;⑤债务人、抵押人被宣告破产或者被撤销;⑥法律规定债权确定的其他情形。

 ## 60. 什么是质权和留置权?

(1)质权是指于债务人不履行债务时,债权人得以其债务人或者第三人提供为质押担保的财产的价值优先于其他债权人受偿其债权的权利。享有质权的债权人称为质权人,提供财产质押的债务人或第三人称为出质人或质押人,设定质权的行为称为质押,用于设定质权的财产称为质权标的或质物。

质权作为担保物权的一种,也具有从属性、不可分性、物上代位性和优先受偿性。

动产质权在设定、效力、实现等方面,与抵押权大体相同。权利质权包括证券债权质权、股权质权、知识产权质权、一般债权质权、不动产收益权质权,这些权利质权在设定、效力、实现等方面存在着差异。

《中华人民共和国担保法》(以下简称《担保法》)第六十三条规定:"本法所称动产质押,是指债务人或者第三人将其动产移交债权人占有,将该动产作为债权的担保。债务人不履行债务时,债权人有权依照本法规定以该动产折价或者以拍卖、变卖该动产的价款优先受偿。"

①动产质权实现的含义与条件。

动产质权的实现又称为动产质权的实行,是指债务履行期限届满质权人未受清偿时,质权人以质物的变价优先受偿其受质权担保的债权。

质权人实现动产质权须具备以下条件:债务履行期限届满质权人未受清偿;质权人非因自己的原因未受清偿;质权人占有质物。

②动产质权实现的方式。

质权的实现方式也就是质物的变价方式。动产质权的实现方式包括以质物折价和拍卖、变卖质物。

以质物折价。

以质物折价是指由质权人依质物的价格取得质物所有权,质权人从所折价款中优先受偿其受担保的债权。

以质物折价方式实现质权的,须具备以下条件:经出质人同意;具备质权实现的条件;不损害第三人利益。

质物的拍卖、变卖。

拍卖是以公开竞价的方式出卖,变卖则是以拍卖以外的方式出卖。质权人于实现质权时,就质物折价与出质人达不成协议的,只能以拍卖、变卖质物的方式实现质权。但质权人也可以不与出质人就质物折价进行协议,而直接将质物拍卖、变卖。质权人拍卖、变卖质物的,须依法为之。

(2)留置权为债权未受清偿前扣留他人动产的权利,这种占有、扣留他人动产的权利是由法律规定的(只限于保管合同、运输合同、加工承揽合同和行纪合同),所以,留置权为法定担保物权。

(3)质权与留置权的区别有哪些?

①留置权人占有、扣留动产,是基于债务人不如期履行约定义务;质权人占有质物,是基于担保债权的实现。

②留置权的实现,须留置权人给债务人规定一定的期限,并通知债务人在此期限内清偿债务,当债务人不为清偿时,留置权人方可处置该留置物,实现债权;

质权的实现,是当债权已届清偿期而未受清偿,质权人通知出质人后,即可处置质物,实现债权,无须给出质人规定清偿债务的期限。

③留置物被他人占有时,不能依据留置权请求返还原物,而只能依据占有权请求返还原物;质物被他人占有时,质权人可依质权请求返还质物。

④留置权因留置物的丧失或因债务人提供相当的担保而消灭;

质权因质物丧失,并不能返还时而消灭。

⑤留置是指债权人因保管合同、运输合同、加工承揽合同依法占有债务人的动产,在债权未能如期获得清偿前,留置该动产作为债权的担保;

质押,是指债务人或第三人将其动产或权利移交债权人占有,将该动产或权利作为债权的担保。

⑥留置权是法定的,当事人不能任意创设,但允许当事人约定排除留置权;

质权由当事人约定创设,不存在约定排除质权。

(4)留置权与质权的共同点有哪些?

①留置权与质权同为担保物权,当债权未受清偿时,对留置物或质物折价或拍卖、变卖的价金优先受清偿的权利。

②留置权与质权的客体都为债务人或第三人的动产。

③留置权与质权担保的范围都为主债权及其利息、违约金、损害赔偿金、保管费用和实施费用。

④留置权人和质权人都应以善良管理人责任心保管留置物或质物,因未尽责任心而致留置物或质物毁损、灭失的,留置权人或质权人都应承担赔偿责任。

⑤留置权人或质权人都有权收取留置物或质物的孳息。

⑥留置权与质权都与其各自担保的债权同时存在,债权消灭,留置权、质权也随之消灭。

⑦债权人占有债务人交付的动产,不知债务人无处分该动产的权利,债权人仍然取得对该动产的留置权或质权。

⑧留置物或质物被折价或拍卖、变卖后,其价款超过债权数额的部分归债务人所有,不足部分由债务人补足。

⑨留置权和质权都不受所担保的债权诉讼时效的限制,当留置权或质权所担保的债权的诉讼时效完成后,留置权人、质权人仍可对留置物、质物行使权利。

第四章　合同法

61.《中华人民共和国合同法》(以下简称《合同法》) 规定的基本原则有哪些?

(1)如何理解《合同法》的平等原则?

《合同法》第三条规定:合同当事人的法律地位平等,一方不得将自己的意志强加给另一方。平等原则是指在法律上合同当事人是平等主体,没有高低、从属之分,不存在命令者与被命令者、管理者与被管理者的区别。这意味着不论所有制性质,也不问单位大小和经济实力强弱,其地位是平等的。在此基础上,要求合同中当事人权利义务对等,双方必须就合同条款充分协商,取得一致,合同才能成立。

(2)《合同法》的自愿原则?

《合同法》第四条规定:当事人依法享有自愿订立合同的权利,任何单位和个人不得非法干预。自愿原则体现了民事活动的基本特征,是民事法律关系区别于行政法律关系、刑事法律关系的特有原则。自愿原则意味着合同当事人即市场主体自主自愿地进行交易活动,当事人根据自己的知识、认识和判断,以及相关的环境去自主选择自己所需要的合同,追求自己最大的利益。其主要内容包括:①订不订立合同自愿。当事人依自己意愿自主决定是否签订合同;②与谁订合同自愿,在签订合同时,有权选择对方当事人;③合同内容由当事人在不违法的情况下自愿约定;④在合同履行过程中,当事人可以协议补充、变更有关内容或解除合同;⑤可以约定违约责任,也可以自愿选择解决争议的方式。

总之,只要不违背法律、行政法规的(强制性)规定,合同的签订、履行、解除等,均由当事人自愿决定。

(3)如何理解《合同法》的公平原则?

《合同法》第五条规定:当事人应当遵循公平原则,确定各方的权利和义务。公平原则要求当事人之间的权利义务要公平合理并大体上平衡,合同上的责任和风险要合理分配。具体包括:①在订立合同时,要根据公平原则确定双方的权利、义务,不得滥用权力和优势,强迫对方接受不合理内容;②根据公平原则合理分配合同风险;③根据公平原则确定违约责任。

(4)如何理解合同法的诚实信用原则?

《合同法》第六条规定:当事人行使权利、履行义务应当遵循诚实信用的原则。该原则对合同当事人的具体要求是:①在订立合同时,不得有欺诈或其他违背诚实信用的行为;②在履行合同中,应当根据合同的性质、目的和交易习惯,履行及时通知、协助、提供必要的条件、防止损失扩大、保密等义务;③合同终止后当事人也应当遵循诚实信用原则,及时履行通知、协助、保密等义务(后契约义务)。

(5)如何理解遵守法律,不得损害社会公共利益的原则?

《合同法》第七条规定:当事人订立、履行合同,应当遵守法律、行政法规,尊重社会公德,不得扰乱社会经济秩序,损害社会公共利益。这是合同法确立的一项重要的基本原则。一般来说,合同的订立和履行,属于当事人之间的民事权利义务关系,只要当事人的意思不与强制性规范、社会公共利益和社会公德相违背国家不予干预,而由当事人自主约定,采取自愿原则。但是合同的订立和履行,又不仅仅是当事人之间的问题,有时可能涉及社会公共利益和社会公德,涉及国家经济秩序和第三人的权益。因此,合同当事人的意思表示应当在法律允许的范围内进行,对于损害社会公共利益、扰乱社会经济秩序的行为,国家应当予以干预。在国家法律、行政法规有强制性规定时,合同当事人必须严格遵守,不得恶意串通,损害国家、社会或者第三人的利益。

 62. 什么叫合同?

(1)合同一词有广义和狭义之分。

广义的合同,泛指一切确立权利义务关系的协议。它几乎在各部门法中都有表现,如法律、法规、规章中就规定了一些行政合同。

狭义的合同则仅指民法上的合同,又称民事合同。《合同法》规定:合同是平等主体的自然人、法人、其他组织之间设立、变更、终止民事权利义务关系的协议。按照该条规定,凡民事主体之间设立、变更、终止民事权利义务关系的协议都是合同。合同是一种协议,但合同不同于协议书。协议书可能只是一种意向书,有时并不涉及双方的具体权利义务。

在我国现实生活中,人们也经常使用契约和合同两个概念,在我国的一些民事立法文件中也分别使用过这两个概念。但从其使用的实际内容和范围上看,都没有把契约和合同作为不同的概念。从《民法通则》给合同下的定义上看,我国民法中的合同包括传统民法中的合同和契约。因此,在我国,合同和契约并没有区别,完全可以通用。

(2)合同具有哪些法律特征?

①合同是一种民事法律行为。民事法律行为,是指以意思表示为要素,依其意思表示的内容而引起民事法律关系设立、变更和终止的行为。而合同是合同当事人意思表示的结果,是以设立、变更、终止财产性的民事权利义务为目的,且合同的内容即合同当事人之间的权利义务是由意思表示的内容来确定的。因而,合同是一种民事法律行为。

②合同是一种双方或多方或共同的民事法律行为。合同是两个或两个以上的民事主体在平等自愿的基础上互相或平行作出意思表示,且意思表示一致而达成的协议。

③合同是以在当事人之间设立、变更、终止财产性的民事权利义务关系为目的。首先,合同当事人签订合同的目的,在于各自的经济利益或共同的经济利益,因而合同的内容为当事人之间财产性的民事权利义务;其次,合同当事人为了实现或保证各自的经济利益或共同的经济利益,以合同的方式来设立、变更、终止财产性的民事权利义务关系。

④订立、履行合同,应当遵守法律、行政法规。这其中包括:合同的主体必须合法,订立合同的程序必须合法,合同的形式必须合法,合同的内容必须合法,合同的履行必须合法,合同的变更、解除必须合法等。

⑤合同依法成立,即具有法律约束力。所谓法律约束力,是指合同的当事人必须遵守合同的规定,如果违反,就要承担相应的法律责任。合同的法律约束力主要体现在以下两个方面:一是不得擅自变更或解除合同;二是违反合同应当承担相应的违约责任。

(3)合同的主体有哪些?

合同的主体是指参加合同法律关系，享受利益或承担义务的人，也就是合同当事人。合同是平等主体的自然人、法人、其他组织之间设立、变更、终止民事权利义务关系的协议。可见，自然人、法人、其他组织是我国合同的主体，都具有签订合同的主体资格。

(4)如何理解其他组织？

《最高人民法院关于适用〈中华人民共和国民事诉讼法〉若干问题的意见》规定：

《民事诉讼法》第四十九条规定的其他组织是指合法成立、有一定的组织机构和财产，但又不具备法人资格的组织，包括：①依法登记领取营业执照的私营独资企业、合伙组织；②依法登记领取营业执照的合伙型联营企业；③依法登记领取我国营业执照的中外合作经营企业、外资企业；④经民政部门核准登记领取社会团体登记证的社会团体；⑤法人依法设立并领取营业执照的分支机构；⑥中国人民银行、各专业银行设在各地的分支机构；⑦中国人民保险公司设在各地的分支机构；⑧经核准登记领取营业执照的乡镇、街道、村办企业；⑨符合本条规定条件的其他组织。

63. 合同的订立及其原则和要求有哪些？

(1)合同的主体、标的、内容等要素，是构成合同关系的基本成分，但在现实经济活动中，这些要素不是自发结合的，必须有一个过程，这就是要签订合同。

当事人订立合同，应当具有相应的民事权利能力和民事行为能力。法律规定，当事人不能亲自签订合同时，可依法委托代理人订立合同，但应有书面授权委托书。委托书中应明确写上授权的范围或权限、期限等。

法律规定了一些合同的签订应当采取书面形式、口头形式和其他形式（《合同法》第十条）。

一是不动产转让合同，应当采用书面形式；

二是涉外合同，除即时清结的以外应当采用书面形式；

三是法律、行政法规规定应采用书面形式订立合同的，应依照规定。

除以上法律规定应采用书面形式订立合同者外，当事人可采用口头或者其他形式订立。

这里讲的书面形式主要是指合同书、信件及数据电文(包括电报、电传、传真、电子数据交换和电子邮件)等可以有形地表现所载内容的形式。

(2)订立合同的基本原则有哪些?

当事人订立合同应当遵循以下原则:①平等原则;②自愿原则;③公平原则;④诚实信用原则;⑤遵守法律,不得损害社会公共利益的原则。

(3)书面合同包括哪些形式?

书面合同包括合同书、信件、电报、电传、传真等传统的书面形式和电子数据交换、电子邮件等现代化的书面形式。

(4)订立合同的程序是什么?

合同的订立,是指双方或多方当事人依据法律的规定,就合同的各项条款进行协商,达成意思表示一致而确立合同关系的法律行为。

双方或多方当事人的协商过程大致要经要约和承诺两个步骤。

 64. 什么是要约、邀约邀请和承诺?提出这些概念的意义何在?

(1)什么是要约?

是指当事人一方向对方提出的订立合同的建议和要求。

要约又称为提议,是一方当事人以订立合同为目的,向对方作出的一种意思表示。这种意思表示在对外贸易的货物买卖合同中,称为发盘、发价或报价。作出订约意思表示的人称为要约人。要约是当事人发出的旨在订立合同的意思表示,是合同订立的前提。一个符合法律要求的合格的要约必须具备下列条件:

①希望与对方订立合同的意思表示。要约必须是一种意思表示,这种意思表示应表现出是一种外部行为。一个有效的要约其内在意思与外在表现是一致的。对于这种意思表示的方式,各国法律规定是不同的,但大多数国家都不要求有一定的形式。根据内容的繁简不同,可以用口头形式,也可以用书面

形式。但对订立合同的前提条件——要约的形式并未作限制性规定。

②按法定要求明确提出该合同的各项条款,特别是主要条款以供对方考虑。要约的内容必须明确而且确定。因为要约被对方接受,就可以成立合同,并因此而发生其权利义务关系,产生一定法律后果。一项明确的要约一般应包括:标的名称、数量、质量、规格、价格及时间和地点。而1988年1月1日生效的《国际货物销售公约》第十四条第一款规定:将销售商品之品名、数量和价款三项内容提出,就可以认为是一个明确确定的要约。因而,在涉外的买卖合同中,对要约的要求相对更简单些。

③一般可规定对方答复的期限,这一等待期限又称为要约期限,要约必须送达对方当事人,一旦要约被对方所接受,要约人就要受要约的约束。因为只有当要约送达被要约人时,受要约人才能对其进行考虑并决定是否接受要约。在受要约人经过考虑接受要约后,要约人必须受自己所作出要约的约束。作为一个合格的要约,一旦被接受,合同即告成立。要约人不能出尔反尔。否则属违背合同。

依据《国际货物销售合同公约》,要约在送达受要约人时生效。

因此,各种法律都承认,在要约发出后,只要尚未送达被要约人,要约人可使用更为快捷的方式将其追回。撤回的通知应于该要约到达受要约人之前,或与该要约同时到达受要约人(如要约是以电报形式,则可用电传追回)。

《合同法》第十六条规定:要约到达受要约人时生效。

采用数据电文形式订立合同,收件人指定特定系统接收数据电文的,该数据电文进入该特定系统的时间,视为到达时间;未指定特定系统的,该数据电文进入收件的人任何系统的首次时间,视为到达时间。

(2)什么是要约邀请?

要约邀请是希望他人向自己发出要约的意思表示。如寄送的价目表、拍卖公告、招标公告、招股说明书、商业广告等。

《合同法》第十五条规定:要约邀请是希望他人向自己发出要约的意思表示,价目表的寄送、拍卖公告、招标公告、招股说明书、商业广告等均为要约邀请。商品广告的内容符合要约规定的,视为要约。

(3)要约的撤回和撤销有什么区别?

要约的撤回是指要约发出之后效力发生以前,要约人欲使该要约不发生法律效力而作出的意思表示。要约的撤销是指要约人在要约发生法律效力之后而受要约人承诺之前,欲使该要约失去法律效力的意思表示。要约的撤回与要约的撤销的区别在于:①要约的撤回发生在要约生效之前,而要约的撤销发生在要约生效之后;②要约的撤回是使一个未发生法律效力的要约不发生法律效力。而要约的撤销是使一个发生法律效力的要约失去法律效力;③要约撤回的通知只要在要约到达之前或与要约同时到达就发生效力,而要约撤销的通知在受要约人发出承诺通知之前到达受要约人,但不一定发生效力。

(4)什么情况下要约失效?

有下列情况之一的,要约失效:拒绝要约的通知到达要约人;要约人依法撤销要约;承诺期限届满,受要约人未作出承诺;受要约人对要约的内容作出实质性变更。

(5)什么是承诺?

是指受要约人完全接受要约中的全部条款,向要约人作出的同意按要约签订合同的意思表示。承诺是一种法律行为。承诺是当事人一方(即受要约人)表示愿意接近要约人所提出的要约并按照要约的内容订立合同,是受要约人以行为其他方式对一项要约表示同意的意思表示,承诺又称接受。

(6)承诺应具备哪些条件?

承诺是订立合同的最终条件。没有承诺,也就没有合同。一个合格的承诺应具备如下三个条件:

①承诺必须是绝对的和无条件的。即承诺的内容和条件与要约的内容和条件是一致的,而没有任何出入或附加任何条件。各国法律都规定,承诺是对要约表示同意,承诺与要约内容必须一致,否则就是反要约。《国际货物销售合同公约》基本采取了这些原则。在其第十九条第三款规定:凡承诺中对货物价格、付款、货物数量或质量、交货地点和时间、一方当事人对另一方当事人赔偿责任范围或解决争端的方法等六项内容中任何一项有所添加或变更,即视为反要约。它实质上变更了要约的条件,不是对原要约的同意而构成新的要约。

承诺必须由合法的受要约人作出。

合法的受要约人,是指要约中规定的特定人或是被他授权的代表人。

任何知其要约的内容或通过不正当的手段获得该项要约的人所作出的承诺,都不能视为有效承诺。

《合同法》第二十二条规定:承诺应当以通知的方式作出,但根据交易习惯或者要约表明可以通过行为作出承诺的除外。

②承诺必须在要约有效期限内提出。

对要约的有效期限各国的计算方式不同。英、美采取的"投递主义",即以信件上的邮戳或电报收电的印章时间为起算时间。联邦德国采取的是到达主义,即以实际收到邮局、电报局送达的信件或电报为起算时间,法国的起算时间完全取决于当事人的约定。《国际货物销售合同公约》基本上采取了到达生效。其第十八条第二款规定,对要约的承诺于表示同意的通知和送达要约人生效,如表示同意的通知在约人规定的时间内,或虽未规定时间,但在一段合理的时间内,未送达要约人,承诺即宣告无效。承诺通知在邮递中可能出现的失误风险,由承诺方承担。

我国在对外贸易中采取了这种做法。即在发出要约时,要求对方如果承诺,必须承诺寄到时方生效。

承诺的生效时间。

英美法系认为,承诺通知一经发出,立即生效。即使在邮递过程中发生迟误或遗失,合同仍可有效成立,只要受要约人能够证明其确已在函电上写妥地址,付足邮资,交到邮局。

大陆法系大都认为,承诺通知必须送达要约人时才生效。《公约》规定是按到达主义原则处理的。《公约》第18条规定:承诺的通知送达要约人时生效。

逾期承诺。

承诺必须在一项要约的有效期内作出,承诺通知超过了要约所规定的期限或合理的时间,就是逾期承诺。这种承诺原则上已无效,但如果要约人在收到一项逾期承诺之后,毫不迟延地通知对方,确认该项承诺有效,至此逾期承诺转为有效承诺。

《合同法》第二十三条规定:承诺应当在要约确定的期限内到达要约人。要约没有确定承诺期限的,承诺应当依照下列规定到达:要约以对话方式作出的,应当即时作出承诺,但当事人另有约定的除外;要约以非对话方式作出的,承诺应当在合理期限内到达。

第二十四条规定:要约以电报或者信件作出的,承诺期限自电报交发之日或者信件载明的日期开始计算。信件未载明日期的,自投寄该信件的邮戳日期开始计算。要约以电话、传真等快速通信方式作出的,承诺期限自要约到达受要约人时开始计算。

③承诺必须通知给要约人。

即使要约人知道受要约人已完全接受了要约而订立合同。如果经人传递失误或未按要约人指定的地址通知,要约人没有收到该通知,就不能发生承诺通知的效力。通知的方式也应按要约人指定的方式通知。

当承诺到达要约人时,要约人和承诺人就形成了双方的法律关系,承诺人不能再撤销承诺,否则就是违背合同,但当承诺人发出承诺通知,而通知尚未到达要约人时,是否可以撤回承诺问题,各国规定不同。在英、美法律中,采取投递生效,承诺人发出通知就不能再撤回。而德国、日本、意大利等大陆法系国家采取到达生效,只要承诺人的撤回通知于承诺通知之前或同时到达要约人,撤回就予以认可。《国际货物销售合同公约》规定承诺可以撤回。其第二十二条规定:承诺得以撤销,如果撤销通知是于承诺之前或同时送达要约人。

《合同法》第二十六条规定:承诺通知到达要约人时生效,承诺不需要通知的,根据交易习惯或者要约的要求作出承诺的行为时生效采用数据电文形式订立合同的,承诺到达的时间适用本法第十六条第二款的规定。

(7)什么是承诺的撤回?

《国际货物销售合同公约》第二十二条规定:承诺可以撤回,如果撤回通知于原承诺生效之前或同时送达要约人。因此,承诺的撤回必须是在原承诺生效前或同时送达要约人,才可撤回(也就是说,追回承诺通知应同时,或先于承诺到达)。

《合同法》第二十七条规定:承诺可以撤回,撤回承诺的通知应当在承诺通知到达要约人之前或者与承诺通知同时到达要约人。

(8)承诺对要约的内容作了变更怎么办?

承诺对要约内容的变更有两种情况:一是实质性变更,二是非实质性变更。

承诺对要约中有关合同的标的、数量、质量、价款或者报酬、履行期限、履行地点和方式、违约责任和解决争议的方法等的变更,是对要约内容的实质性变更。此时的承诺应属于新的要约,除非原要约人作出新的承诺,合同不能成立。

承诺对合同主要条款以外的内容作出变更的,是对要约内容的非实质性变更。在这种情况下,除非要约人及时表示反对或者要约中已经表明承诺不得对要约的内容作出任何变更,该承诺有效,合同的内容以承诺的内容为准。

65. 合同的内容有哪些?

是指双方当事人依照法律、经过协商一致而明确记载于合同条款中的权利、义务的总和。合同必须具备以下基本条款:

(1)当事人的名称或者姓名和住所。

(2)标的:这是合同有效成立的前提条件,没有标的或标的不明的合同既无法履行,也不能成立。

(3)数量:主要指标的数量。

(4)质量要求:是指双方在合同中约定的标的质量及要达到的标准。

(5)价金:是指取得标的一方向给付标的一方所应支付的代价(如价款、费用、酬金、租金等)。

(6)履行期限:是指合同的履行期限和合同的有效期限。

(7)履行的地点和方式,主要包括:①交货方式:是指双方约定的交接标的形式(是送货还是自提等);②运输形式:是指双方的约定的用何种运输工具,采取何种方式运输(空运、铁路、公路等);③交货地点:是指双方约定的交接标的具体地点(尽量写详细)。

(8)违约责任:是指双方在合同中明确约定的违约方应承担的具体责任。

(9)解决争议的方法:指所签订合同后发生纠纷,自行协商不成时,在合同中约定的解决纠纷的形式(是到仲裁机构仲裁,还是去法院诉讼),选择其一写于合同条款中。

当事人在签订合同时,除按法律规定应写明以上条款外,应尽量使用规范的语言,条款尽量详细,如还应写明:产品的规格、型号、包装要求、定金、保证金的给付方式、担保的形式,等等。

当事人可以参照各类合同的示范文本订立合同。

 ## 66. 合同成立的形式有哪些? 合同的成立和合同的生效有何区别?

(1)合同的成立一般分为:自动成立、确认成立和批准成立三种形式。

①自动成立。

合同的自动成立,是指合同的各方当事人就合同内容以书面形式达成一致的、完全的意思表示。由于当事人(当事人的法定代表人)或当事人授权的委托代表人签章,合同即告成立。它适用于当事人当面签订合同而又无须经批准的情况。

②确认成立。

通过信件、电报、电传达成协议,是我国对外贸易交往中习惯采用的协议方式。在实践中,采用这种方式达成协议后,会出现下列两种情况:一是当事人不要求签订确认书,合同当事人就可以通过信件、电报、电传作出有关内容的承诺,达成协议时,合同即告成立;二是一方当事人要求签订确认书,只有在确认书各方交换签字后,合同方能成立。确认书是根据一方当事人的要求而作出的,确认通过信件、电报、电传所达成的协议的一种书面凭证。确认书分为简式、繁式两种,繁式确认书实际上与合同没有差别。

③批准成立。

凡依照中华人民共和国的法律、行政法规规定应当由国家批准的合同,须于获得批准时方能成立。

由国家授权审查批准的合同,主要有中外合资经营企业、中外合作经营企业合同、中外合作勘探开发资源合同、涉外信贷合同,等等。这些合同与其他涉外合同,特别是进出口贸易合同相比,具有期限长、连续性强、内容复杂、牵涉面广、政策法律性强、当事人之间的经济利益紧密等特点,对国民经济的影响较大,有的还涉及国家主权,所以,必须经国家或国家授权的审批机关批准后,才能有效成立。因此,这些合同的成立日期,不是各方当事人在合同上签字的日期,而是审批机关的批准日期。

(2)什么是有效合同?

有效合同是指符合法律规定,所签订的条款对当事人各方具有法律约束力,并受国家法律强制力保护的合同。

依法成立的合同,自成立时生效。法律、行政法规规定应当办理批准登记等手续的,必须办理完有关手续合同才能生效。

(3)合同的效力如何约定?

①当事人对合同的效力可以约定附条件。

附生效条件的合同,自条件成就时生效。附解除条件的合同,自条件成就时失效。

当事人为自己的利益不正当地阻止条件成就的,视为条件已成就,不正当地促成条件成就的,视为条件不成就。

②当事人对合同的效力可以约定附期限。

附生效期限的合同,自期限届止时生效。附终止期限的合同,自期限届满时失效。

 67. 什么是无效合同?如何认定?什么情况下才能认定合同无效?合同无效和合同条款无效的区别?

(1)什么是无效合同?

无效合同是指不符合法律规定,不受法律保护,所订立的条款,对当事人没有法律约束力的合同。

无效合同是违反合同法律行为的一种表现形式,也就是指订立合同的行为是违反法定条件的行为,其行为本身就是无效的。因而,所订立的合同从订立的时候起,就是无效合同,不但不受法律保护,而且应该根据其造成的法律后果,给予必要的处理。

(2)无效合同的表现形式有哪些?

《合同法》第五十二条规定,有下列情形之一的,合同无效:①一方以欺诈、胁迫的手段订立合同,损害国家利益;②恶意串通,损害国家、集体或者第三人利益;③以合法形式掩盖非法目的;④损害社会公共利益;⑤违反法律、行政法规的强制性规定。

除以上五种情况外,在合同中订立如下免责条款,该条款应无效:①造成对方人身伤害的;②因故意或者重大过失给对方造成财产损失的。

但是,在现实生产、生活中,无效合同的表现形式还不止这几种,最少还有以下几种情况:①不具有生产经营资格的单位和人员签订的合同(属主体不合格);②限制行为能力人依法不能签订合同时签订的合同;③盗用他人名义签订的合同;④代理人没有代理权、超越代理权或代理权终止后签订的未被被代理人追认的合同;⑤代理人以被代理人的名义同自己或自己代理的其他人签订的合同;⑥以国家禁止流通物或未经许可,以国家限制流通物为标的的合同;⑦以合法形式掩盖非法目的合同;⑧非法转让或倒卖的合同。

(3)无效合同的确认原则是什么?

合同被确认无效后,就会产生一定的法律后果。因此,对无效合同的确认必须持十分慎重的态度,应依法进行。

确认无效合同主要应从以下两点加以区别:①从形式上和实际上加以区别。要注意把有重要缺陷和违反了有效条件根本不能履行区别开来;②从部分有效、部分无效和全部无效上加以区别。

合同被确认部分无效的,如果不影响其余部分的效力,则其余部分仍然有效。

(4)无效合同后果的处理原则是什么?

合同被确认无效后,尚未履行的,不得履行;正在履行的,应立即终止履行。

①无后果的不做处理。

如在合同履行前,被确认无效,此时尚未造成后果,可不作处理。

②在当事人之间返还财产。

返还财产的方式可分为:合同在确认无效前已部分或全部履行,而对国家和社会公共利益又无明显损害的,一般应返还财产。如果返还时原物已经不存在或没有必要返还原物的,应折价补偿;有过错的一方已给对方造成损失的,应赔偿对方因此所受的损失,双方都有过错的,各自承担相应的责任;有过错的第三人给当事人造成损失的,应承担相应的责任。

③没收非法财产归国家所有。

当事人恶意串通,损害国家、集体或者第三人利益的,因此取得的财产收归国家所有,或返还集体、第三人。如双方都属故意,则双方都无权要求返还财产,应追缴双方已付给对方或约定付给对方而尚未给对方的财产,予以没收上缴国库;或根据有关法规处以罚款;情节严重构成犯罪的,移送司法机关依法追究刑事责任。

(5)对无效合同的确认应采取哪些措施?

法律赋予无效合同确认权的部门在确认、处理无效合同时可采取下列措施:①询问合同当事人及有关人员;②查阅、复制有关的合同、发票、账册、单据、笔录、文件、函电和其他资料;③由司法部门查验、扣留和封存与案件有关的物品;④由有关部门、司法部门变卖不易保存的物品,并保存价款;⑤由司法部门或有关执法部门通知银行或者其他金融机构暂停支付。

 ## 68. 什么是合同的履行? 合同应该如何履行?

(1)什么是合同的履行?

合同的履行是指签约双方当事人按照合同约定完成合同义务,享受合同权利的行为。

全部完成合同规定的义务,为全部履行;部分完成合同规定的义务,为部分履行。

(2)合同的履行原则是什么?

①实际履行原则。

是指当事人必须按照合同规定的标的来履行。合同的标的是什么,义务人就应给付什么,既不能用其他标的来代替,也不能用金钱来代偿。

义务人在违反合同的情况下,即使支付了违约金或赔偿金,也不能免除其合同责任,只要对方需要并坚持,还必须按合同规定的标的继续履行。

②适当履行原则。

是指切实、准确地按合同约定的各项条款去履行,即为适当履行(适当二字在这里指履约行为和结果同约定条款的要求相符合)。

③协作履行原则。

是指双方当事人应本着团结、协作、互相帮助的精神,去共同完成合同规定的权利义务,履行各自应尽的责任。

④诚实信用的原则。

当事人在履行合同中,应遵守诚实信用的原则,根据合同的性质、目的及交易习惯正确履行合同规定的义务。

(3)内容约定不明确的合同如何履行?

合同生效后,当事人就质量、价款或者报酬、履行地点等内容没有约定或者约定不明确的可以协议补充;不能达成补充协议的,按照合同有关条款或者交易习惯确定。

当事人就有关合同内容没有约定或者约定不明确,应按下列规定执行:

①质量要求不明确的,按照国家标准、行业标准履行;没有国家标准、行业标准的按照通常标准或者符合合同的特定标准履行;

②价款或者报酬不明确的,按照订立合同时履行地的市场价格履行;依法由应当执行政府定价或者政府指导价的按照规定执行;

③履行地点不明确,给付货币的,在接受货币一方所在地履行;交付不动产的,在不动产所在地履行;其他标的,在履行义务一方所在地履行;

④履行期限不明确的,债务人可以随时履行,债权人也可以随时请求履行,但应给对方必要的准备时间;

⑤履行方式不明确的,按照有利于实现合同目的方式履行;

⑥履行费用的负担不明确的,由履行义务一方负担。

 ## 69. 合同的中止和变更如何理解?

(1)合同中止履行的条件是什么?

①应当先履行债务的当事人,有确切证据证明对方有下列情形之一的,可

以中止履行(不安抗辩权):经营状况严重恶化;转移财产、抽逃资金,以逃避债务;丧失商业信誉;有丧失或者可能丧失履行债务能力的其他情形。

当事人没有确切证据中止履行的,应当承担违约责任。

②合同当事人一方有另一方不能履行合同的确切证据时,可以暂时中止履行合同,但是应当立即通知另一方,当另一方对履行合同提供了适当担保时,中止履行的一方应当恢复履合同。中止履行后,对方在合理期限内未恢复履行能力并且未提供适当担保的,中止履行的一方可以解除合同。

这是指暂时停止,而不是永远终止履行合同,为此,应注意以下两点:

当事人一方必须有对方不能履行合同的确切证据,方可中止履行自己的合同义务,而不能无根据地怀疑对方不能履行合同,无确切证据而擅自中止合同的一方应负违反合同的责任(如:特定的标的已经灭失或转移、对方丧失清偿能力、对方所属国家因发生战争或政府实行封锁禁运等,都有可能成为对方不能履行合同的确切证据);

一旦对方提供了适当履行担保时,暂时中止履行的一方就应继续履行合同。适当担保,是指银行或其他担保人担保,给付履约保证金(定金),抵押担保等。当对方提供上述形式的担保时,即可认为是适当担保,中止的一方应当继续履行自己的合同义务。

(2)什么是合同的变更?

变更合同,是一种法律行为,是指签约双方当事人在符合法律规定的条件下,就修改原订合同的内容所达成的协议。

《合同法》第七十七条规定:当事人协商一致,可以变更合同。法律、行政法规规定变更合同应当办理批准、登记等手续的,依照其规定。

(3)变更合同的条件是什么?

①发生了使合同基础发生变化的客观情况;

②合同变更应经当事人各方协商同意,任何一方不得擅自变更合同,擅自变更的合同无法律效力;

③变更合同应采取书面形式,口头协议变更应有相应的证据;

④按我国法律、法规的规定,须由国家批准成立的合同,其内容的重大变更还应经原批准机关批准。

如果合同变更前或变更时,可能存在或发生了给当事人一方造成损失的事实,合同变更后,受损害的一方仍可要求对方赔偿损失。

当事人如果对合同变更的内容约定不明确的,视为未变更。

(4)变更合同的程序有什么规定?

①变更合同也应贯彻协商的原则。当事人一方应向对方提出变更合同的要约(先作出意思表示);对方对要约的承诺与否(是否完全同意要约的内容);双方在没有达成新的协议之前,单方面变更合同属违约行为。

②变更合同的协议最好采用书面形式。新的协议未达成之前,原合同仍然有效(变更解除的电报)有关法律、行政法规所规定的其他免责条件。如:保险合同中投保方如果故意隐瞒被保险财产的真实情况,保险方有权解除合同而不负赔偿责任。又如:财产租赁合同中,如果承租方擅自将租赁的财产转租或进行非法活动,出租方有权解除合同而不负赔偿责任。

③合同约定的,变更或解除合同的免责条件。

 ## 70. 什么是不可抗力？出现不可抗力情形如何处理?

不可抗力事件是指当事人在订立合同时不能预见,对其发生和后果不能避免并不能克服的事件。

《合同法》规定:因不可抗力不能履行合同的,根据不可抗力的影响,部分或者全部免除责任,但法律另有规定的除外。当事人迟延履行后发生不可抗力的,不能免除责任。

当事人还可约定不可抗力的范围。

当事人一方因不可抗力不能履行合同的,应当及时通知对方,以减轻可能给对方造成的损失,并且在合理期限内提供有关机构出具的证明。

这里必须注意两点:①必须是订约后发生的事件;②必须是当事人在订约时不能预见、不能避免、不能克服的事件。

这些问题在国际交往中一般是要订约时采取列举方式。不可抗力的范围一般可包括两种:

一种是因自然原因引起的,如暴雨、冰雹、地震、海啸、雷击或台风等,各国法律一般都认这类严重自然灾害属不可抗力。

另一种是社会原因引起的,如战争、政府法律法令的颁布或改变,政府行政的干预等,除战争一般可列入不可抗力外,各国对社会原因引起的不可抗力范围规定差异很大,对罢工、政府干预等尤为突出。

鉴于各国立法上的差异,不可抗力事件的范围,可以由当事人在合同中约定。约定不可抗力条款应十分慎重,对具体情况进行具体分析,特别是在国际交往中,因社会制度、法律规定的不同,对约定不可抗力条款不可笼统草率从事。如罢工事件,一般地讲,某个企业的职工罢工就很难解释为当事人不能防止或不可避免。如果允许在合同中笼统地将罢工列入不可抗力事件,是不妥当的。

71. 合同的转让及其相关规定有哪些?

(1)什么是合同的转让?

是指合同的当事人一方将合同中享受的权利和承担的义务,全部或部分让与第三者的法律行为。

《合同法》第七十九条至第八十九条有如下规定:

①债权人可以将合同的权利全部或部分转让给第三人,但有下列情形之一的除外:根据合同性质不得转让;依照当事人约定不得转让;依照法律规定不得转让。

②债权人转让权利的,应当通知债务人。未经通知,该转让对债务人不发生效力。债权人转让权利的通知不得撤销,但经受让人同意的除外。

③债权人转让权利的,受让人取得与债权相关的从权利,但该从权利专属于债权人自身的除外。

④债务人接到债权转让通知后,债务人对让与人的抗辩,可以向受让人主张。

⑤债务人接到债权转让通知时,债务人对让与人享有债权,并且债务人的债权先于转让的债权到期或者同时到期的,债务人可以向受让人主张抵销。

⑥债务人将合同的义务全部或者部分转移给第三人的,应当经债权人同意。

⑦债务人转移义务的,新债务人可以主张原债务人对债权人的抗辩。

⑧债务人转移义务的,新债务人应当承担与主债务有关的从债务,但该从债务专属于原债务人自身的除外。

⑨法律、行政法规规定转让权利或者转移义务应当办理批准、登记等手续的,依照其规定。

⑩当事人一方经对方同意,可以将自己在合同中的权利和义务一并转让给第三人。

(2)转让合同的特征和条件是什么?

①特征。

主要是主体的变更。即原合同当事人一方或各方的权利和义务发生了整体转移,而合同客体(标的)并没有发生变化。

②条件和程序。

由于转让合同权利、义务,关系到当事人各方的经济利益并可能产生重大后果,因此,合同的转让必须在下列法定条件下进行:合同的权利和义务具有可转让性,即合同能够转让,而且转让后,合同约定的标的仍然能够实现;合同的一方当事人将其权利、义务转让给第三者必须取得其他各方的同意;合同的转让必须采取书面形式;凡我国法律、法规规定的应由国家批准的合同,其权利和义务的转让必须经原批准单位批准(原批准合同中已约定可转让的则不必再批)。

(3)可变更和转让合同的法定条件是什么?

①在不损害国家利益和社会公共利益的情况下,只要双方当事人经过协商同意,就可以变更或转让合同。

注意应有两个必备条件:必须经双方当事人协商同意,单方面是不行的;是限制性条件,就是不能因变更或转让合同而损害国家利益和社会公共利益。

②由于不可抗力致使合同的全部义务不能履行时,允许变更或转让合同。这主要是指:发生地震、台风、水灾、雷击、国家计划调整、事故等。

③由于另一方在合同约定的期限内没有履行合同,允许变更或转让合同。如认为不必要:主要是指由于对方的违约行为,使守约方继续履行合同,已经无法达到原来签约的预期目的,在生产经营上已经变得没有意义,甚至可

能会受到更大损失,如商业企业与生产企业间签订的季节性商品买卖合同夏令时装,由于生产企业延迟交货,错过销售旺季,已使商业企业应得的利润受到损失,如果再继续履行合同会损失更大——仓库保管、贷款利息等。所以,合同如继续履行已成为不必要,这时的责任方应是生产企业。

(4)不可变更或转让合同的其他条件是什么?

①合同不因一方当事人发生合并、分立而变更或转让。《合同法》第九十条规定:当事人订立合同后合并的,由合并后的法人或者其他组织行使合同权利,履行合同义务。当事人订立合同后分立的,除债权人和债务人另有约定的以外,分立的法人或者其他组织对合同的权利义务享有连带债权,承担连带债务。

②当事人一方法定代表人或承办人的变动,不能成为变更或转让合同的理由。

 ## 72. 合同的终止及相关规定有哪些?

(1)什么是合同的终止?

是指已经合法成立的合同,因法定原因终止其法律效力,合同规定的当事人的权利义务关系归于消灭。

合同的终止有三种情况:即履行终止、强行终止(裁决、判决终止)和协议终止。

履行终止:是指合同已按约定条件得到全面履行。

强行终止:是由仲裁机构裁决或法院判决终止合同。

协议终止:是由合同当事人各方协商同意终止合同。

由于合同的终止以致当事人一方遭受损失的,除可以免责的情况外,造成损失的一方负有赔偿责任。合同中约定的解决争议的条款、结算和清理条款,也不因合同的终止而失去效力。

(2)合同终止的条件是什么?

有下列情形之一的,合同的权利义务终止:①债务已经按照约定履行;②

合同解除;③债务相互抵销;④债务人依法将标的物提存;⑤债权人免除债务(债权人免除债务人部分或全部债务的,合同部分或全部终止);⑥债权债务同归于一人(但涉及第三人利益的除外);⑦法律规定或当事人约定终止的其他情形。

合同终止后,当事人应当遵循诚实信用的原则,根据交易习惯履行通知、协助、保密等义务。

 73. 解除合同的条件有哪些?

《合同法》对解除合同的限制十分严格,规定只有出现下列情形,才允许当事人解除合同:

(1)当事人可以在合同中约定解除合同的条件,解除合同的条件成就时;

(2)当事人经协商一致;

(3)因不可抗力致使不能实现合同目的;

(4)在履行期届满之前,当事人一方明确表示或者以自己的行为表明不履行主要债务;

(5)当事人一方迟延履行主要债务,经催告后在合理期限内仍未履行;

(6)当事人一方迟延履行债务或者有其他违约行为致使不能实现合同目的。

(7)法律规定或者当事人约定解除权行使期限,期限届满当事人不行使的,该权利消灭。法律没有规定或者当事人没有约定解除权行使期限,经对方催告后在合理期限内不行使的,该权利消灭;

(8)当事人一方主张解除的,应当通知对方。合同自通知到达对方时解除。对方有异议的,可以请求人民法院或者仲裁机构确认解除合同的效力。法律、行政法规规定解除合同应当办理批准、登记等手续的,依照其规定。

(9)合同解除后,尚未履行的,终止履行;已经履行的,根据履行情况和合同性质,当事人可以要求恢复原状、采取其他补救措施,并有权要求赔偿损失。

一般情况下,对于轻微违约不能解除合同。

行使解除权的方式:一是通过法院判决或仲裁机构裁决;二是单方面通知对方解除,但如果对方不同意解除,还要通过法院或仲裁机构。

并不是一方的任何违约行为都足以使对方有权解除合同的,只有当一方出现重违约、根本违约或违反合同条件时,对方才能解除合同。如果属部分违约,可协商部分解除,其余部分仍然有效。当然,解除合同不影响当事人要求赔偿的权利。

另外,如果属政府批成立的合同,其解除时还应报批准单位备案。

关于解除合同与损害赔偿能否同时并用问题,德国法规定:解除合同与赔偿不能并用。解除合同就不得再要求赔偿;要求赔偿不能再解除合同。

我国与大陆法系相同:解除合同与赔偿可同时并用。

 ## 74. 债务的抵销和标的物提存规定有哪些?

(1)何为债务的抵消?

①当事人互负到期债务,该债务的标的物种类、品质相同的,除按照合同性质或依照法规定不得抵销的以外,任何一方可以将自己的债务与对方的债务抵销。

②当事人主张抵销的,应当通知对方。通知自到达对方时生效。抵销不得附条件或者期限。

③当事人互负债务,标的物种类、品质不相同的,经双方协商一致,也可以抵销。

(2)标的物的提存条件是什么?

《合同法》第一百零一条规定:有下列情形之一,难以履行债务的,债务人可以将标的物提存:

①债权人无正当理由拒绝受领者;

②债权人下落不明;

③债权人死亡未确定继承人或者丧失民事行为能力未确定监护人;

④法律规定的其他情形。

标的物不适于提存或者提存费用过高的,债务人依法可以拍卖或者变卖标的物,提存所得的价款。

(3)提存标的物的规定是什么?

①标的物提存后,除债权人下落不明的以外,债务人应当及时通知债权人或者债权人的继承人、监护人;

②标的物提存后,毁损、灭失的风险由债权人承担。提存期间,标的物的孳息归债权人所有。提存费用由债权人承担;

③债权人可以随时领取提存物,但债权人对债务人负有到期债务的,在债权人未履行负债或者提供担保之前,提存部门根据债务人的要求应当拒绝其领取提存物;

④债权人领取存物的权利,自提存之日起五年内不行使而消灭,提存物扣除提存费用后归国家所有。

75. 违约责任的概念是什么?

(1)是指合同当事人、第三人由于自身的过错造成合同不能履行或者不能全面履行,依照法律规定和合同约定,必须承受的法律制裁。

违约行为大体可分为两种情况:

一是不能履行(由于种种原因,单方或双方责任引起);

二是不能完全履行(合同权利义务部分履行适当,部分不适当造成部分不能履行,此情况可为履行不当行为。此时违约方当事人承担部分责任)。

《合同法》规定:当事人不履行合同义务或者履行合同义务不符合约定的,应当承担继续履行,采取补救措施或者赔偿损失等违约责任。

(2)承担违约责任的条件是什么?

①要有不履行合同的事实(这是认定违约责任的前提条件),主要包括:当事人一方未支付价款或报酬的;当事人迟延支付价款或报酬的;当事人一方不履行非金钱债务或者履行非金钱债务不符合约定的;质量不符合约定的。

②不履行合同的事实,必须是由当事人一方或双方的过错引起的。当事人的过错,可为故意违约和过失违约两种:故意违约:是指当事人明知自己的

某一行为将给合同履行造成不良后果,却放任此种行为的发生(如收到货物无故拒付货款等);过失违约:是指当事人应当预见自己的某种行为可能给合同履行造成不良后果,但由于疏忽大意而没有预见;或者虽然已经预见到了,但因轻信此种后果可能避免,而没有采取必要的措施,致使后果发生,造成不履行或不能完全履行合同义务的事实。

但不论是故意还是过失违约,都要承担违约责任。

(3)不履行合同当事人应承担什么责任?

①未支付价款或报酬的,对方可要求其支付价款或者报酬;

②迟延支付价款或报酬的,应当支付该价款或者报酬的逾期利息;

③不履行非金钱债务或者履行不符合约定的,对方可以要求履行,但有下列情况之一的除外:法律上或者事实上不能履行;债务的标的不适于强制履行或者履行费用过高;债权人在合理期限内未要求履行。质量不符合约定的,应当按照当事人的约定承担违约责任,对违约责任约定不明确,受损害方根据标的物的性质以及损失的大小,可以合理选择要求修理、更换、重作、减价或者退货等。

(4)何为违约责任的形式?

是指合同当事人因违反合同约定或规定而承担违约责任的具体方式。

《合同法》规定:当事人可以约定一方违约时应当根据违约情况向对方支付违约金,也可以约定因违约产生的损失赔偿额的计算方法。

合同当事人的违约责任形式大体有三种。

即继续履行、采取补救措施和赔偿损失。当然,除此之外,违约责任还有其他形式,如违约金和定金责任。

继续履行的概念。继续履行也称强制实际履行,是指违约方根据对方当事人的请求继续履行合同规定的义务的违约责任形式。其特征为:①继续履行是一种独立的违约责任形式,不同于一般意义上的合同履行。具体表现在:继续履行以违约为前提;继续履行体现了法的强制;继续履行不依附于其他责任形式。②继续履行的内容表现为按合同约定的标的履行义务,这一点与一般履行并无不同。③继续履行以对方当事人(守约方)请求为条件,法院不得径行判决。

76. 什么是违约金?

(1)违约金的概念。

违约金是合同当事人在合同中预先约定的当一方不履行合同或不完全履行合同时,由违约一方支付给对方的一定金额的货币。

根据合同的种类及违约形式不同,承担违约责任的大、小也应视情况而定,与《合同法》配套的各行政法规对此应作出明确规定。

违约金既具有赔偿性又具有惩罚性。

违约金分为法定和约定两种。

法定违约金。是指法律上规定的当事人应当承付的违约金(是指双方当事人在订立合同时,在法律规定范围内协商确立的应由违约方承付的违约金)。

约定违约金。是指由双方当事人对违约金的适用和具体比例实行约定(约定的方式应参照有关法规的类似条款加以合理确定,一般可分为确定一定数额和一定伸缩幅度两种)。

是否采用违约金这一补救办法,必须是由合同当事人事先在合同中明确约定,否则,当事人一方无权要求违约方支付违约金。同时还规定,违约金视为违反合同的损失补偿,是一种补偿性的经济制裁措施。违约方支付违约金后,另一方不得再要求赔偿损失(赔偿需有证据,违约金不需举证)。

(2)违约金应如何支付?

①违约金的支付应体现合理性。

约定的违约金过分高于或低于违反合同所造成损失的,当事人可以依法请求仲裁机构或者法院予以适当增、减,从而保证支付违约金额同违约所造成的损失相符合,以体现违约补救的合理性。一般最高不高于合同标的额的30%。

当事人就迟延履行约定违约金的,违约方支付违约金后,还应当履行债务。

②违约金的计算办法及支付期限应明确约定。

为了避免在违约金交付问题上发生争议,合同当事人还应在合同的违约条款中,明确约定违约金的计算办法、支付期限及迟交时利息的计算办法等。

 77. 依法免除合同责任的条件有哪些?

(1)不可抗力。这是国际惯例普通承认的免责条件。遇有不可抗力发生,可部分或全部免其赔偿责任。

(2)由于一方违约使合同履行成为不必要时,无过错(受侵害)的一方变更或解除经济合同可不负赔偿责任,且有赔偿请求权。

(3)有关法律、行政法规所规定的其他免责条件。如:保险合同中投保方如果故意隐瞒被险财产的真实情况,保险方有权解除合同而不负赔偿责任。又如:财产租赁合同中,如果承租方擅自将租赁的财产转租或进行非法活动,出租方有权解除合同而不负赔偿责任。

(4)合同约定的,变更或解除合同的免责条件。

 78. 支付违约金和赔偿金应注意问题有哪些?

(1)违约方支付违约金或赔偿金后,如果对方坚持继续履行合同,应继续履行,如果确定已无能力履行,则应赔偿对方损失;

(2)支付违约金和赔偿金,应按财务管理规定的经费项目中开支,不得计入成本,接受违约金的一方,应首先将此款用于弥补企业因对方违约而造成的经济损失;

(3)任何一方当事人都不能用自行扣压对方货物及款项的办法来充抵违约金或赔偿金。违约责任不能单方确定,要经双方协商确定,或由仲裁机构及人民法院确定。

 79. 有名合同和无名合同有哪些?

(1)《中华人民共和国合同法——分则》(以下简称《合同法分则》)中共规定了哪些种类的合同?

合同法分则中共规定了15种合同。具体是:买卖合同,供电、水、气、热力合同,赠与合同,借款合同,租赁合同,融资租赁合同,承揽合同,建设工程合同,运输合同,技术合同,保管合同,仓储合同,委托合同,行纪合同,居间合同。

(2)合同法分则没有规定种类的合同,即为无名合同。

 ## 80. 买卖合同双方的权利义务有哪些?

(1)出卖人的权利是什么?

①出卖的标的物,应当属于出卖人所有或者出卖人有权处分。

②当事人可以在买卖合同中约定买受人未履行支付价款或者其他义务的,标的物的所有权属于出卖人。

③出卖具有知识产权的计算机软件、图纸等的标的物的,除法律另有规定或当事人另有约定的以外,该标的物的知识产权不属于买受人。

④出卖人按照约定的期限,交付标的物。约定交付期间的,出卖人可以在该交付期间内的任何时间交付。

⑤分期付款的买受人未支付到期价款的金额达到全部价款五分之一的,出卖人可以要求买受人支付全部价款或者解除合同。

⑥出卖人解除合同的,可以向买受人要求支付该标的物的使用费。

⑦试用买卖的当事人可以约定标的物的试用期间。对试用期间没有约定或者约定不明确的,由出卖人确定。

⑧出卖人享有标的物交付前产生的孳息。

(2)出卖人的义务是什么?

①出卖人应当履行向买受人交付标的物或者提取标的物的单证,并转移标的物所有权的义务。

②出卖人应当按照约定或者交易习惯向买受人交付提取标的物单证以外的有关单证和资料。

③出卖人应当按照约定的期限交付标的物。约定交付期间的,出卖人可以在该交付期间内的任何时间交付,但应当在交付前通知买受人。

④出卖人应当按照约定的地点交付标的物。

约定地点依法律规定仍不明确的,按下列规定办理:标的物需要运输的,出卖人应当将标的物交付给第一承运人以运交给买受人。标的物不需要运输,出卖人和买受人订立合同时,知道在某一地点的,出卖人应当在该地点交付标的物;不知道标的物在某一点的,应当在出卖人订立合同时的营业地交付标的物。

⑤标的物毁损、灭失的风险,交付前由出卖人承担;交付之后由买受人承担,但法律另规定或者当事人另有约定的除外。

⑥出卖人就交付的标的物,负有保证第三人不向买受人主张任何权利的义务(但买受人在订立合同时明知第三人对买卖的标的物享有权利的,或双方另有约定、法律另有规定的除外)。

⑦出卖人应当按照约定的质量标准交付标的物。出卖人提供有关标的物质量说明的,交付的标的物应当符合该说明的质量要求。

⑧出卖人应当按照约定的包装方式交付标的物。对包装方式没有约定,或约定不明确的,应当按照通用的方法包装,没有通用方式的,应当采取足以保护标的物的包装方式。

⑨出卖人在交接标的物前应当提供据以检验的必要技术资料。

⑩凭样品买卖的买受人不知道样品有隐蔽瑕疵的,即使交付的标的物与样品相同,出卖人交付的标的物的质量应当符合同种物的通常标准。

(3)买受人的权利是什么?

①标的物毁损、灭失的风险由买受人承担的,不影响因出卖人履行债务不符合约定,买受人要求其承担违约责任的权利。

②买受人有确切证据证明第三人可能就标的物主张权利的,可以中止支付相应的价款,但出卖人提供适当担保的除外。

③买受人对出卖人交付的标的物不符合质量要求致使不能实现合同目的的,买受人可以拒绝接受标的物或者解除合同。

④买受人对出卖人多交付的标的物,可以接收或者拒绝接收多交的部分。买受人接收多交的部分,按照合同的价格支付价款。

⑤标的物在交付之前产生的孳息,归出卖人所有,交付之后产生的孳息,

归买受人所有。

⑥试用买卖的买受人试用期内可以购买标的物,也可以拒绝购买。试用期届满,买受人未作表示的,视为购买。

⑦标的物为数物,其中一物不符合约定的,买受人可以就该物解除,但该物与他物分离使标的物的价值明显受损的,当事人可以就数物解除合同。

(4)买受人的义务是什么?

①因买受人的原因致使标的物不能按照约定的期限交付的,买受人应当自约定之日起承担标的物毁损、灭失的风险。

②出卖人出卖交由承运人运输途中的标的物,除当事人另有约定的以外,毁损、灭失的风险自合同生效时起,由买受人承担。

③当事人未约定交付地点或者约定不明确的,在出卖人负责运输时,出卖人已将标的物交付给第一承运人后,标的物毁损、灭失的风险由买受人承担。

④买受人明知出卖人按规定将标的物置于交付地点,而买受人违反约定没有接收的,标的物毁损、灭失的风险自违反约定之日起由买受人承担。

⑤买受人收到标的物时应当及时检验。

⑥买受人应当在发现或者应当发现标的物的数量或者质量不符合约定之日起三十日内通知出卖人。买受人怠于通知或者自标的物收到之日起两年内未通知出卖人的,视为标的物的数量或质量符合约定(当事人另有约定的,按照其约定)。

⑦买受人应当按照约定的数额、地点支付价款;对支付地点没有约定或约定不明确的买受人可以在下列地点支付:出卖人的营业地;交付标的物或者提取标的物单证的所在地。

⑧买受人应当按照约定的时间支付价款。对支付时间没有约定或者约定不明确的,买受人应在收到标的物或者提取标的物的单证的同时支付。

⑨买受人接收出卖人多交的标的物的,应按照合同的价格支付多交部分的价款;买受人拒绝接收多交的标的物的,应当及时通知出卖人。

81. 借款合同的概念是什么？民间借贷应注意些什么？

（1）借款合同是借款人向贷款人借款，到期返还借款并支付利息的合同。

借款合同又称借贷合同。按合同的期限不同，可以分为定期借贷合同、不定期借贷合同、短期借贷合同、中期借贷合同、长期借贷合同。按合同的行业对象不同，可以分为工业借贷合同、商业借贷合同、农业借贷合同、基本建设借贷合同、外汇借贷合同及其他有特殊用途的借贷合同。按合同的贷款用途不同还可分为超定额借贷合同、结算借贷合同、大修理借贷合同、物资供销借贷合同等。

我国借贷合同是国家银行（中国人民银行）、各专业商业银行（中国工商银行、中国农业银行、中国建设银行、中国银行、交通银行等）、信用社与具有独立承担民事责任的公民、法人、其他组织及国家银行与各专业商业银行之间借款的法律行为。

根据国家有关规定，除享有借贷权利的金融机构（银行、信用社）外，各经济单位之间一律不准相互借款，因此，不得签订借款合同。

（2）民间借贷合同属于实践合同。仅仅签订借款合同而无实际借款支付行为，合同未发生效力。

民间借贷合同应注意以下几点：

①要调查清楚借款方的情况。首先是借款人的借款用途，他是做什么的，尽量避免对方去投资高风险的行业；其次要看借款人的信用状况，一般可以要求他去人民银行拿份个人信用报告，上面会详细反映出这个人的基本资料及最近两年信用记录及在银行的负债情况，通过这份报告可以对借款人的信用状况有一个比较全面的了解；最后是借款人的还款来源。这个最好就是要求对方能提供个人的银行流水及收入证明。

②要有抵押物或者是担保方。抵押物一般是房产、汽车等，比较理想的情况是借款方有抵押物，然后另外有担保方能提供担保。

③对抵押借款合同进行公证，办理他项权证。对于房产做抵押的情况下，去公证处办理公证时要处理好合同的细节，不要有似是而非的语句，避免以后

出现不必要的麻烦,最好在办理之前先咨询下律师。

 ## 82. 赠与合同含义及相关规定有哪些?

(1)赠与合同的特征是什么?

①赠与是双方当事人的法律行为。

赠与合同必须是赠与人与受赠人之间意思表示一致的协议。如果仅有赠与人将自己的财产无偿地送予赠人的意思表示,赠与合同还不能成立,还必须有受赠人接受赠与的意思表示。

②赠与是无偿的合同。

赠与不以对价为基础。但合同法规定:赠与可以附义务。但附这种义务与所取得的利益,不是互为代价的。

③赠与合同生效是有条件的:赠与合同采用口头形式的,自财产交付时生效;赠与人采用书面形式作出赠与的意思表示,受赠人愿意接受该赠与的,赠与合同生效;赠与的财产需要办理登记等手续的,应当办理有关手续,未办理有关手续的,不得对抗善意第三人。

另需注意:赠与人可因受赠人忘恩、本人经济穷困、赠与后因生有子女等理由撤销赠与。

(2)怎样签订赠与合同?

签订赠与合同应具备的主要条款:①赠与合同当事人的名称或者姓名和住所;②赠与标的;③数量:④质量;⑤标的物价值;⑥履行的期限;⑦履行的地点和方式;⑧违约责任;⑨解决争议的方法;⑩赠与合同使用的文字等。

(3)赠与人的权利和义务是什么?

①赠与人的权利。

赠与财产有瑕疵的,赠与人不承担责任;

受赠人有下列情形之一的赠与人可撤销赠与:严重侵害赠与人或者赠与人的近亲属;对赠与人有扶养义务而不履行;不履行赠与合同约定的义务。赠与人的撤销权,自知道或者应当知道撤销原因之日起一年内行使。

因受赠人的违法行为致使赠与人死亡或者丧失民事行为能力的,赠与人的继承人或者法定代理人可以撤销赠与;赠与人的继承人或者法定代理人的撤销权,自知道或者应当知道撤销原因之日起六个月内行使。

撤销权人撤销赠与的,可以向受赠人要求返还赠与的财产;

赠与人的经济状况显著恶化,严重影响其生产经营或者家庭生活的,可以不再履行赠与义务。因赠与人故意或者重大过失致使前款情况发生,或者交付赠与的财产已满五年的,不得请求返还赠与的财产。

赠与可以附义务。

②赠与人的义务

对附义务的赠与,赠与的财产有瑕疵的,赠与人在附义务的限度内承担与出卖人相同的责任;

赠与人故意不告知瑕疵或者保证无瑕疵,造成受赠人损失的,应当承担损害赔偿责任。

(4)受赠人的权利和义务是什么?

①受赠人的权利。

具有救灾、扶贫等社会公益、道德义务性质的赠与合同或者经过公证的赠与合同,赠与人不交付赠与的财产的,受赠人可以要求交付;

因赠与人故意或者重大过失致使赠与的财产毁损、灭失、造成受赠人损失的,受赠人可要求赠与人承担损害赔偿责任。

②受赠人的义务。

赠与附义务的,受赠人应当按照约定履行义务。

赠与不得附条件,即使所附条件也属无效。

 ## 83. 租赁合同的概念是什么?

(1)什么是租赁合同?

租赁合同是出租人将租赁物交付承租人使用、收益,承担人支付租金的合同。

主要是指出租人和承租人之间为租赁一定财产而明确相互权利义务关系

的协议。随着商品经济的发展,社会分工越来越细,任何企业都不能包罗万象,因此,租赁企业也将日趋发展,租赁合同的签订将越来越普遍。

(2)租赁合同的特征是什么?

①租赁合同双方当事人约定的租赁期限不得超过二十年。超过二十年的,超过部分无效。

②租赁期间届满,当事人可以续订租赁合同,但约定的租赁期限自续订之日起不得超过二十年。

③租赁期限六个月以上的,应当采用书面形式。当事人未采用书面形式并且对租赁期限有争议的,视为不定期租赁。

(3)怎样签订租赁合同?

签订租赁合同应尽量使用全国统一示范文本,如使用自行印制的合同文本的,其租赁合同应具备以下主要条款:

①租赁合同双方当事人的名称或者姓名和住所。

②租赁标的名称。

③数量。

④质量:由于租赁财产一般使用的时间较长,这就必须考虑到因自然原因或因正常使用造成磨损或消耗,并规定合理的标准,作为返还和区分责任的依据。

⑤用途:承租人必须如实告诉对方租赁的目的和用途,以便按照租赁物品的正常性能使用。

⑥租赁期限:租赁期限可按年计算,也可按月、日甚至小时计算。

⑦维修和保养责任:一般情况下,大修应由出租人负责,日常保养和维修由承租人负责。

⑧租金的支付方式和限期:租金标准和期限如有统一标准的,按统一标准执行,没有统一标准的,由双方商定。

⑨违约责任:在租赁合同中,应明确违约责任的承担。规定违约责任,可促使当事人双方严格按合同规定或约定履行各自的义务,同时也便于当事人、仲裁机构、人民法院区分责任时有所遵循。

⑩合同纠纷解决方式;及其他约定事项。

(4)出租人权利和义务是什么?

①出租人的权利。

A. 出租人对承租人未按照约定的方法或者租赁物的性质使用租赁物,致使租赁物受到损耗的,可以解除合同并请求赔偿损失;

B. 承租人未经出人同意对租赁物进行改善或者增设他物的,出租人可以要求承租人恢复原状或者赔偿损失;

C. 承租人未经出租人同意转租的,出租人可以解除合同;

D. 出租人对承担人无正当理由未支付或者迟延支付租金的,可以要求承租人在合理的期限内支付。承租人逾期不支付的出租人可以解除合同。

②出租人的义务。

A. 出租人应当按照约定将租赁物交付承租人,并在租赁期间保持租赁物符合约定的用途;

B. 出租人应当履行租赁物的维修义务,但当事人另有约定的除外;

C. 出租人出卖租赁房屋的,应当在出卖之前的合理期限内通知承租人,承租人在同等条件下有优先购买权;

D. 出租人解除合同时应当在合理的期限之前通知承租人。

(5)承租人权利和义务是什么?

①承租人的权利。

承租人按照约定的方法或者租赁物的性质使用租赁物,致使租赁物受到损耗的,不承担损害赔偿责任;

承租人在租赁物需要维修时,可以要求出租人在合理期限内维修。出租人未履行维修义务的,承租人可以自行维修,维修费用由出租人负担。因维修租赁物影响承租人使用的,应当相应减少租金或者延长租期;

承租人经出租人同意,可以对租赁物进行改善或者增设他物。租赁合同解除后,承租人可以要求出租人就现存的增加价值部分偿还支出的费用;合同另有约定的除外;

承租人经出租人同意,可以将租赁物转租给第三人。承租人转租的,承租人与出租人之间的租赁合同继续有效,第三人对租赁物造成损失的,承租人应当赔偿损失;

在租赁期间因占有、使用租赁物获得的收益,归承租人所有,但当事人另有约定的除外;

因第三人主张权利,影响承租人对租赁物使用、收益的,承租人可以要求减少租金或者不支付租金;

因不可归责于承租人的事由,致使租赁物部分或者全部毁损、灭失的,承租人可以要求减少租金或者不支付租金;

租赁物危及承租人的安全或者健康的,即使承租人订立合同时明知该租赁物质量不合格,承租人仍然可以随时解除合同;

因不可归责于承租人的事由,致使租赁物部分或者全部毁损、灭失,不能实现合同目的的,承租人可以解除合同;

承租人在房屋租赁期间死亡的,与其生产共同居住的人可以按照原租赁合同租赁该房屋。

租赁期间届满,承租人继续使用租赁物,出租人没有提出异议的,原租赁合同继续有效,但租赁期限为不定期。

②承租人的义务。

承租人应当按照约定的方法使用租赁物。对租赁物的使用方法没有约定或约定不明确的,依照法律规定。法律规定仍不明确的,应当按照租赁物的性质使用;

承租人应当妥善保管租赁物。承租人未尽妥善保管义务,造成租赁物毁损、灭失的,应当承担损害责任;

承租人应当按照约定的期限支付租金。对支付期限没有约定或者约定不明确的,依照法律规定。法律规定仍不明确的,应当在租赁期限届满时支付,但租赁期限一年以上的,应当在每届满一年时支付,剩余期限不满一年的,应当在租赁期限届满时支付;

第三人主张权利的,承租人应当及时通知出租人;

租赁期间届满,承租人应当返还租赁物。返还的租赁物应当符合按照约定或者租赁物的性质使用后的状态(法律另有规定的除外)。

(6)违反租赁合同应承担什么责任?

①出租人的责任。

未按合同规定的时间和数量提供租赁物,应向承租人偿付违约金,承租人还有权要求在期限内继续履行合同或解除合同,并要求赔偿损失;

未按合同规定的质量标准提供租赁物,影响承租人使用的,应赔偿因此而造成的损失,并负责调整或修理,以达到合同规定的质量标准,否则承租人有权解除合同,并要求赔偿损失;

未按合同规定提价有关设备、附件等,致使承租人不能如期正常使用的,除按规定如数补齐外,还应偿付违约金;

按合同规定,派员使用租赁物,为承租人提供技术服务水平低、操作不当或有过错,致使不能提供正常服务时,应偿付违约金,违约金不足以补偿由此造成的经济损失时,应负责赔偿损失。

②承租人的责任。

按合同规定负责日常维修保养的,由于使用、维修保养不当,造成租赁物损坏、灭失的,负责修复或赔偿;

因擅自拆、改租赁物而造成损失的,必须负责赔偿;

未经出租人同意,擅自将租赁物转租或利用租赁物进行非法活动的,出租人有权解除合同;

未按规定时间和金额交纳租金,出租人有权解除合同,追索欠租,并应加罚利息;过期不还租赁物,除补交租金外,还应偿付违约金。

 ## 84. 代位权是什么?

(1)代位权的概念。

合同法中的代位权是指当债务人怠于行使其对第三人享有的到期债权而损害债权人的利益时,债权人为保全自己的债权,以自己的名义代位行使债务人对第三人的权利。它是属于合同保全的一种方法。

(2)代位权的特点。

代位权是债权人可以以自己的名义行使债务人权利的权利,它不同于代理权。代理人是以被代理人的名义实施民事法律行为的,代理人的权限是委托授权或者指定,法定的范围以内,产生的法律效果归属于被代理人,而代位权的法律效果是债权人债权的实现。

代位权不同于撤销权。两者均属于合同保全的基本方法。代位权的行使是为了防止债务人的财产不当减少,而撤销权的行使针对的是债务人的作为行为,是为了恢复债务人的财产。

代位权不同于代位申请执行权。《最高人民法院关于适用〈中华人民共和国民事诉讼法〉若干问题的意见》第三百条规定:"被执行人不能清偿债务,但对第三人享有到期债权的,人民法院可依申请执行没有异议但未在此通知指定的期限内履行的,人民法院可以强制执行。"两者的区别为:第一,性质不同。代位权是法定的债权的权能,后者是一种强制执行手段。第二,代位权的客体范围不同于代位申请执行的客体范围。代位权的客体为债务人对第三人的权利,但非财产权利,主要在于保护权利人无形利益的财产权,禁止扣押的权利及不得转让的权利除外。后者的客体仅为债务人对第三债务人的已到期债权。第三,适用条件不同。代位申请执行权适用于案件已审结进入了执行程序,被执行人不能清偿债务,且对第三人享有到期债权,第三人对债务无异议但又在指定的期限不履行。

代位权不同于代位求偿权。代位求偿权散见于《中华人民共和国保险法》(以下简称《保险法》)、《中华人民共和国海商法》等法律规范中。《保险法》第四十四条规定:"因第三者对保险标的的损害而造成保险事故的,保险人自向被保险人赔偿保险金之日起,在赔偿金额范围内代位行使被保险人对第三者的权利,代位权是债权的从权利,随债权的产生,保证人及负清偿债务责任的债务人才对原债务人或负清偿债务责任的债务人产生代位追偿权。因而,代位追偿是主权利,二者性质并不相同。另外二者目的不同。代位权是以行使他人权利为内容的管理权,目的是为保全债务人的财产;而后者是请求权,目的是为填补因替其他债务人清偿债务而造成的损失。

(3)代位权行使要件。

债权人对债务人的债权合法,这是行使代位要的首要条件。如果系赌博之债,买卖婚姻之债或者超过诉讼时效,债权人就不能行使代位权。同样,债务人对次债务人的债权也必须是合法债权。

债务人怠于行使到期债权,对债权人造成损害是构成代位权要的实质要件。《最高人民法院关于适用〈中华人民共和国合同法〉若干问题的解释》(以下简称《合同法解释》)第十三条规定:"合同法第七十三条规定的债务人不履行其对债权人的到期债务,又不以诉讼方式或者仲裁方式向次债务人主张其享有的具有金钱给付内容的到期债权,致使债权人的到期债权未能实现。"显然债务人只有以诉讼或者仲裁的方式向债务人主张权利,才不构成"怠于",而债务人本人或委托代理人主张权利甚至请示民间调解委员会或行政机关处理,都属于"怠于"之列。同时该条还采用推定的方法即只要债务人未履行其对债权人的债务,债权人的债未能实现,便可视为债权人造成了损害。

债务人的是有金钱给付内容的债权已到期,是行使代位权的内容时间界限。《合同法解释》对债务人怠于行使到期债权的内容作了缩小解释,即债务人对次债务人享有的权利应当有直接的财产给付内容。但是有财产性质的权利也可能以成为代位权的标的,如债务人对他人享有的担保物权。

债务人的债权不是专属于债务人自身的债权。所谓专属于债务人自身的债权,往往是与债务人的人格权,身份权相关的债权。《合同法解释》第十二条规定:"专属于债务人自身的债权,是指基于扶养关系、赡养关系、继承关系产生的给付请求权和劳动报酬、退休金、养老金、抚恤金、安置费、人寿保险、人身损害赔偿请求权等权利。这些债权不局限于金钱给付且往往涉及家庭,伦理等内容与债务人的生活密切相关不可分离,必须由债务人亲自行使。

85. 双务合同履行中的抗辩权是什么?

双务合同履行的抗辩权,是在符合法定条件时,当事人一方对抗对方当事人的履行请求权,暂时拒绝履行其债务的权利。它包括同时履行抗辩权、先履行抗辩权和不安抗辩权。

(1)同时履行抗辩权必须符合以下构成条件。

第一,须由同一双务合同互负债务。这就是说,双方当事人之间的债务是根据一个合同产生的。如果双方的债务基于两个甚至多个合同产生,即使双方在事实上具有密切联系,也不产生同时履行抗辩权。同时,双方当事人所负的债务之间必须具有对价或牵连关系。

第二,须双方所负的债务均已届清偿期。如果债务都不存在,或合同已被确认为无效或被撤销,或债务虽然存在但双方的债务并未同时到期,也不能发生同时履行抗辩。

第三,须对方未履行债务。原告向被告请求履行债务时,原告自己已负有的与对方债务有牵连关系的债务未履行,被告因此可以主张同时履行债务。

第四,须对方的对等履行是可能履行的,同时履行是以能够履行为前提的,如果一方已经履行,而另一方因过错不能履行其所负的债务(如标的物遭毁损灭失等),则只能按照债不履行的规定请求补救,而不能发生同时履行抗辩问题。如果因不可抗力发生履行不能,则双方当事人将被免责。

此外,正当行使同时履行抗辩权,要求一方在行使该权利时,须按照诚实信用原则的要求,针对对方违约情况而拒绝履行自己的相应的义务,换言之,拒绝履行的义务应与对方的不履行或不完全履行的义务之间大体相当,具有某种牵连性或对价性,保持一种利益平衡的状况。在一方迟延履行的情况下,另一方要行使同时履行抗辩权,必须充分考虑对方的违约情况,如果一方在履行期限到来后不履行,另一方只能相应地同时推迟自己的履行义务的期限,而不得拒绝以后的履行。只有在迟延履行的后果较为严重,且接受履行对另一方已无利益时,方能拒绝履行。

(2)不安抗辩权。

不安抗辩权,是指先给付义务人在有证据证明后给付义务人经营状况严重恶化,或者转移财产、抽逃资金以逃避债务,或者谎称有履行能力的欺诈行为,以及其他丧失或者可能丧失履行债务能力的情况时,可中止自己的履行;后给付义务人接收到中止履行的通知后,在合理的期限内未恢复履行能力或者未提供适当担保的,先给付义务人可以解除合同。

不安抗辩权成立的条件:

第一,双方当事人因同一双务合同而互负债务。在双务合同中,一方当事人承担债务的目的,通常是为了取得对方当事人的对等给付。这就使双务合同当事人之间的债务具有双务性。一方的权利是另一方的义务,一方的义务也是另一方的权利。不安抗辩权只能在双务合同中发生,在单务合同中不能适用。

第二,双方当事人约定一方应先履行义务,只有负有先履行义务的一方当事人才能行使不安抗辩权。不安抗辩权,是依照合同负有先履行义务的当事人,在对方当事人有不能为对待给付的现实危险时,暂时中止自己给付的行为。这种暂停给付的发生前提之一,是权利人负有先履行义务。不安抗辩权的"不安",在于权利人依照合同约定先履行义务,先履行义务必然要承担对待履行不能实现的风险,当这种风险具有现实性时,当事人可以将自己的给付暂时保留。

第三,后给付义务人的履行能力明显降低,有不能为对待给付的现实危险。不安抗辩权保护先给付义务人是有条件的,不允许在后给付义务人有履行能力的情况下行使这种权利。只能在有不能对待给付的现实危险,危及先给付一方当事人的债权实现时,才能行使不安抗辩权。

第四,后履行义务人在财产状况显著恶化等情况发生时没有为履行义务提供担保。不安抗辩权具有留置担保的性质。如果后履行义务人提供了担保,不安抗辩权则归于消灭。不安抗辩权设置的主要目的是平衡合同当事人双方的利益,维护公平和平等的原则。避免发生单方给付,而先给付人却收不到对方的对待给付的后果,促使公平原则具体实现。

(3)先履行抗辩权。

先履行抗辩权,是指当事人互负债务,有先后履行顺序的,先履行一方未履行之前,后履行一方有权拒绝其履行请求。先履行一方履行债务不符合债的本旨的,后履行一方有权拒绝其相应的履行请求。先履行抗辩权的成立要件:

第一,须双方当事人互负债务。关于互负债务是否指两个债务处于互为对等给付的地位,有肯定说与否定说之争。

第二,两个债务须有先后履行顺序,至于该顺序是当事人约定的,还是法律直接规定的,在所不问。如果两个对立的债务无先后履行顺序,就适用同时履行抗辩权,而不成立先履行抗辩权。

第三,先履行一方未履行或其履行不符合债的本旨。先履行一方未履行,既包括先履行一方在履行期限届至或届满前未予履行的状态,又包含先履行一方于履行期限届满时尚未履行的现象。先履行一方的履行不符合债的本旨,是指先履行一方虽然履行了债务,但其履行不符合当事人约定的或法定的标准要求,应予补救。履行债务不符合债的本旨,在这里指迟延履行、不完全履行(包括加害给付)、部分履行和不能履行等形态。

(4)加害给付及其特征。

第一,债务人的给付即履行行为不符合合同的规定。加害给付只能在履行有效合同义务的过程中发生,也就是说,合同已经成立并生效,债务人根据有效合同实施了履行行为,但此种履行行为不符合合同的规定。

第二,债务人的不适当履行行为造成了对债权人的履行利益以外的其他权益的损害。所谓履行利益,是指在债务人依据合同规定履行时,债权人从中所得到的利益。所谓履行利益以外的其他利益,学理上称为固有利益或维护利益,是指债权人享有的不受债务人和其他人侵害的现有财产和人身利益。

第三,加害给付是一种同时侵害债权人的相对权和绝对权的不法行为。债权人享有的履行利益实际上是债权人享有的债权,它是一种相对权,并应受到合同法的保护。而债权人享有的履行利益以外的其他利益,主要是债权人享有的绝对权,应受到侵权法的保护。加害给付是产生违约责任和侵权责任竞合的主要原因。

(5)关于受领迟延的概念和构成要件。

受领迟延是指债权人对于债务人的履行应当受领而不为或不能履行。

其构成要件为:①须有债权存在。②须债务人的履行需要债权人的协助。③须债务已达履行期。④须债务人已经实行或提出履行。⑤债权人不为或不能受领。⑥债权人的迟延受领无正当理由。

受领迟延具有以下几个法律后果:①债务人义务减轻,仅对故意或重大过失负责。②停止支付利息。③债务人得请求保管标的物的必要费用及赔偿因实行履行行为造成的损失。④债务人得自行消灭其债务。

 ## 86. 合同撤销权和除斥期间是什么?

(1)合同撤销权,即可撤销合同的撤销权,是指撤销权人因合同欠缺一定生效要件,而享有的以其单方意思表示撤销已成立的合同的权利。相对于绝对无效合同而言,可撤销合同属相对无效合同,其在有撤销权的一方行使撤销权之前,合同对当事人仍有效力,故其相对无效。在行使撤销权后,合同无效溯及合同成立之时,自始不发生效力。合同撤销权是不同于债权人的撤销权,合同解除权的民事制度。

(2)除斥期间是指法律规定某种民事实体权利存在的期间。权利人在此期间内不行使相应的民事权利,则在该法定期间届满时导致该民事权利的消灭。具有如下特点:①除斥期间一般是不变期间,不因任何事由而中止、中断或者延长。②除斥期间消灭的是权利人享有的实体民事权利本身,如追认权、撤销权、解除权等。③除斥期间规定的是权利人行使某项权利的期限,以权利人不行使该实体民事权利作为适用依据。④除斥期间是自相应的实体权利成立之时起算。

故而,合同法所约定的撤销权"自债权人知道或者应当知道撤销事由之日起一年内行使",该一年的期间为法定的期间,而非除斥期间,其后面规定的五年期间为除斥期间。

第五章　侵权责任法

87. 侵权责任的归责原则有哪些?

(1)过错责任原则。

《中华人民共和国侵权责任法》(以下简称《侵权责任法》)规定:"行为人因过错侵害他人民事权益,应当承担侵权责任。"这就是说,造成损害是否要承担赔偿责任,要看行为人是否有过错,有过错有责任,无过错就无责任。承担过错责任要满足以下条件:一是行为人实施了某一行为。这里的"行为"包括作为和不作为;二是行为人有过错。这里的"过错"包括故意和过失;三是受害人的民事权益受到损害;四是侵权行为与损害后果之间具有因果关系。

(2)过错推定责任原则。

《侵权责任法》规定:"根据法律规定推定行为人有过错,行为人不能证明自己没有过错的,应当承担侵权责任。"过错推定实质上就是从侵害事实中推定行为人有过错,免除了受害人对过错的举证责任,加重了行为人的证明责任,行为人不能证明自己没有过错的,就要承担责任。过错推定责任是对行为人的一种较重的责任,不宜被滥用,要由法律对适用范围作严格限定。例如对机动车交通事故责任的认定,就采用过错推定责任。

(3)无过错责任原则。

《侵权责任法》规定:"行为人损害他人民事权益,不论行为人有无过错,法律规定应当承担侵权责任的,依照其规定。"这就是说,在法律规定适用无过错原则的案件中,法官在判断被告应否承担侵权责任时,只要查明被告的行为与原告的损害之间存在因果关系,即可判决被告承担责任。

(4)承担侵权责任的方式主要有哪些?

承担侵权责任的方式主要有:①停止侵害;②排除妨碍;③消除危险;④返还财产;⑤恢复原状;⑥赔偿损失;⑦赔礼道歉;⑧消除影响、恢复名誉。

以上承担侵权责任的方式,可以单独适用,也可以合并适用。

88. 什么叫共同侵权行为？共同侵权行为应如何追究侵权责任？

(1)所谓共同侵权行为,是指二人以上共同不法侵害他人权益造成损害的行为

构成共同侵权行为需要满足四个要件。

一是主体的复数性。必须是二人以上,行为人可以是自然人,也可以是法人;

二是共同实施了侵权行为。这里的"共同"可以是共同故意,也可以是共同过失;

三是侵权行为与损害后果之间具有因果关系;

四是受害人具有损害。

(2)对于共同侵权行为的责任追究,相关规定有哪些?

①二人以上共同实施侵权行为,造成他人损害的,应当承担连带责任。

②教唆、帮助他人实施侵权行为的,应当与行为人承担连带责任。教唆、帮助无民事行为能力人、限制民事行为能力人实施侵权行为的,应当承担侵权责任;该无民事行为能力人、限制民事行为能力人的监护人未尽到监护责任的,应当承担相应的责任。

③二人以上实施危及他人人身、财产安全的行为,其中一人或者数人的行为造成他人损害,能够确定具体侵权人的,由侵权人承担责任;不能确定具体侵权人的,行为人承担连带责任。

④二人以上分别实施侵权行为造成同一损害,每个人的侵权行为都足以造成全部损害的,行为人承担连带责任。

⑤二人以上分别实施侵权行为造成同一损害,能够确定责任大小的,各自承担相应的责任;难以确定责任大小的,平均承担赔偿责任。

对于连带责任,《侵权责任法》规定:"法律规定承担连带责任的,被侵权人有权请求部分或者全部连带责任人承担责任","连带责任人根据各自责任大小确定相应的赔偿数额;难以确定责任大小的,平均承担赔偿责任"。也就是

说,连带责任是一个整体责任,无论被侵权人是向一个还是数个连带责任人请求承担责任,都不影响被请求的连带责任人对外承担全部责任。连带责任人对外承担了赔偿责任后,需要在内部确定各自的责任,支付超出自己赔偿数额的连带责任人,有权向其他连带责任人追偿。

 89. 损害赔偿的相关规定有哪些?

（1）人身侵害赔偿。

人身侵害赔偿是指行为人侵犯他人的生命健康权益,造成致伤、致残、致死等后果,承担金钱赔偿责任的一种民事法律救济制度。《侵权责任法》规定:"侵害他人造成人身损害的,应当赔偿医疗费、护理费、交通费等为治疗和康复支出的合理费用,以及因误工减少的收入。造成残疾的,还应当赔偿残疾生活辅助具费和残疾赔偿金。造成死亡的,还应当赔偿丧葬费和死亡赔偿金","因同一侵权行为造成多人死亡的,可以以相同数额确定死亡赔偿金"。

（2）财产损害赔偿。

《侵权责任法》规定:"侵害他人财产的,财产损失按照损失发生时的市场价格或者其他方式计算。"也就是说,因侵权行为导致财产损失的,要以财产损失发生的那个时间,这个财产在市场上的价格为计算标准。如果是完全毁损、灭失的,要按照该物在市场上所对应的标准全价计算;如果该物已经使用多年的,其全价应当是市场相应的折旧价格。如果该财产没有在市场上流通,没有对应价格的,可以其他方式计算,如家传的古董,没有市场价格,就可以按照有关部门的评估价格计算。

《侵权责任法》还规定:"侵害他人人身权益造成财产损失的,按照被侵权人因此受到的损失赔偿;被侵权人的损失难以确定,侵权人因此获得利益的,按照其获得的利益赔偿;侵权人因此获得的利益难以确定,被侵权人和侵权人就赔偿数额协商不一致,向人民法院提起诉讼的,由人民法院根据实际情况确定赔偿数额。"

（3）精神损害赔偿。

　　精神损害赔偿是受害人因人格利益或身份利益受到损害或者遭受精神痛苦而获得的金钱赔偿。

　　《侵权责任法》规定:"侵害他人人身权益,造成他人严重精神损害的,被侵权人可以请求精神损害赔偿。"人身权益包括生命权、健康权、姓名权、名誉权、肖像权、隐私权、监护权等。

　　对如何确定精神损害赔偿金,法律没作出统一规定,应当由法官根据具体案情,对侵权人的主观过错、被侵权人遭受精神痛苦的程度、侵权人的经济状况等因素进行综合考虑后确定。

　　(4)见义勇为者的损害应由谁来承担责任?

　　在日常生活中,见义勇为而使自己的利益受到损害的情况为数不少。为了弘扬社会主义良好风尚,鼓励和支持舍己为人的高尚行为,《侵权责任法》规定:"因防止、制止他人民事权益被侵害而使自己受到损害的,由侵权人承担责任。侵权人逃逸或者无力承担责任,被侵权人请求补偿的,受益人应当给予适当补偿。"

 ## 90. 受害人和行为人对损害的发生都没有过错的如何处理?

　　(1)侵权责任的承担是以行为人有过错为基本构成要件的。行为人对损害发生没有过错的,除法律规定承担无过错责任的外,一般不承担责任。但在现实生活中,有些损害的发生尽管行为人无过错,但毕竟由其引起,如果严格按无过错即无责任的原则处理,受害人就要自担损失,这不仅有失公平,也不利于和谐人际关系的建立。为此,《侵权责任法》规定:"受害人和行为人对损害的发生都没有过错的,可以根据实际情况,由双方分担损失。"

　　(2)在什么情况下,侵权人可以不承担责任或减轻责任?

　　《侵权责任法》规定,在下列情况下,侵权人可以减轻或不承担责任:

　　①被侵权人对损害的发生也有过错的,可以减轻侵权人的责任。

　　②损害是因受害人故意造成的,行为人不承担责任。

　　③损害是因第三人造成的,第三人应当承担侵权责任。

④因不可抗力造成他人损害的,不承担责任。法律另有规定的,依照其规定。

⑤因正当防卫造成损害的,不承担责任。正当防卫超过必要的限度,造成不应有的损害的,正当防卫人应当承担适当的责任。

⑥因紧急避险造成损害的,由引起险情发生的人承担责任。如果危险是由自然原因引起的,紧急避险人不承担责任或者给予适当补偿。紧急避险采取措施不当或者超过必要的限度,造成不应有的损害的,紧急避险人应当承担适当的责任。

 91. 对侵权责任主体有哪些特殊规定?

(1)无民事行为能力人、限制民事行为能力人造成他人损害的,由监护人承担侵权责任。监护人尽到监护责任的,可以减轻其侵权责任。有财产的无民事行为能力人、限制民事行为能力人造成他人损害的,从本人财产中支付赔偿费用。不足部分,由监护人赔偿。

(2)完全民事行为能力人对自己的行为暂时没有意识或者失去控制造成他人损害有过错的,应当承担侵权责任;没有过错的,根据行为人的经济状况对受害人适当补偿。完全民事行为能力人因醉酒、滥用麻醉药品或者精神药品对自己的行为暂时没有意识或者失去控制造成他人损害的,应当承担侵权责任。

(3)用人单位的工作人员因执行工作任务造成他人损害的,由用人单位承担侵权责任。劳务派遣期间,被派遣的工作人员因执行工作任务造成他人损害的,由接受劳务派遣的用工单位承担侵权责任;劳务派遣单位有过错的,承担相应的补充责任。

(4)个人之间形成劳务关系,提供劳务一方因劳务造成他人损害的,由接受劳务一方承担侵权责任。提供劳务一方因劳务自己受到损害的,根据双方各自的过错承担相应的责任。

(5)网络用户、网络服务提供者利用网络侵害他人民事权益的,应当承担侵权责任。网络用户利用网络服务实施侵权行为的,被侵权人有权通知网络服务提供者采取删除、屏蔽、断开链接等必要措施。网络服务提供者接到通知后未及时采取必要措施的,对损害的扩大部分与该网络用户承担连带责任。网络服务提供者知道网络用户利用其网络服务侵害他人民事权益,未采取必要措施的,与该网络用户承担连带责任。

(6)宾馆、商场、银行、车站、娱乐场所等公共场所的管理人或者群众性活动的组织者,未尽到安全保障义务,造成他人损害的,应当承担侵权责任。因第三人的行为造成他人损害的,由第三人承担侵权责任;管理人或者组织者未尽到安全保障义务的,承担相应的补充责任。

(7)无民事行为能力人在幼儿园、学校或者其他教育机构学习、生活期间受到人身损害的,幼儿园、学校或者其他教育机构应当承担责任,但能够证明尽到教育、管理职责的,不承担责任。

(8)限制民事行为能力人在学校或者其他教育机构学习、生活期间受到人身损害,学校或者其他教育机构未尽到教育、管理职责的,应当承担责任。

(9)无民事行为能力人或者限制民事行为能力人在幼儿园、学校或者其他教育机构学习、生活期间,受到幼儿园、学校或者其他教育机构以外的人员人身损害的,由侵权人承担侵权责任;幼儿园、学校或者其他教育机构未尽到管理职责的,承担相应的补充责任。

 92. 什么叫产品责任?产品责任的责任主体应如何认定?

(1)产品责任,是指产品存在缺陷发生侵权,造成他人损害,生产者、销售者等应当承担的侵权责任。

《侵权责任法》对产品责任的责任主体的认定是:

①因产品存在缺陷造成他人损害的,生产者应当承担侵权责任。

②因销售者的过错使产品存在缺陷,造成他人损害的,销售者应当承担侵权责任。销售者不能指明缺陷产品的生产者也不能指明缺陷产品的供货者的,销售者应当承担侵权责任。

③因产品存在缺陷造成损害的,被侵权人可以向产品的生产者请求赔偿,

也可以向产品的销售者请求赔偿。产品缺陷由生产者造成的,销售者赔偿后,有权向生产者追偿。因销售者的过错使产品存在缺陷的,生产者赔偿后,有权向销售者追偿。因运输者、仓储者等第三人的过错使产品存在缺陷,造成他人损害的,产品的生产者、销售者赔偿后,有权向第三人追偿。

(2)对有缺陷产品的警示、召回等补救措施是怎样规定的?

《侵权责任法》规定:"产品投入流通后发现存在缺陷的,生产者、销售者应当及时采取警示、召回等补救措施。未及时采取补救措施或者补救措施不力造成损害的,应当承担侵权责任。"

"警示"是指对产品有关的危险或产品的正确使用方式等注意事项给予说明、提示,使使用者在使用该产品时注意产品存在的危险或者潜在可能发生的危险,防止或者减少损害。"召回"是指产品的生产者、销售者发现其生产或者销售的产品存在缺陷,对已经流入市场的缺陷产品进行换货、退货、更换零配件等,及时防止或者减少缺陷产品所造成的危害。

(3)对产品责任的惩罚性赔偿是怎样规定的?

《侵权责任法》规定:"明知产品存在缺陷仍然生产、销售,造成他人死亡或者健康严重损害的,被侵权人有权请求相应的惩罚性赔偿。"

惩罚性赔偿是加害人给受害人超过其实际损害数额的金钱赔偿,具有补偿、惩罚、遏制等功能。需要说明的是,并非缺陷产品造成的任何损害都适用惩罚性赔偿。惩罚性赔偿的适用有两个条件:第一,侵权人明知产品存在缺陷。第二,缺陷产品造成被侵权人死亡或者健康受到严重损害。

 ## 93. 机动车交通事故责任的认定?

《侵权责任法》对机动车交通事故责任的认定作如下规定:

(1)机动车发生交通事故造成损害的,依照道路交通安全法的有关规定承担赔偿责任。这就是说,对机动车交通事故的处理还应适用道路交通安全法的有关规定。

(2)因租赁、借用等情形机动车所有人与使用人不是同一人时,发生交通事故后属于该机动车一方责任的,由保险公司在机动车强制保险责任限额范围内予以赔偿。不足部分,由机动车使用人承担赔偿责任;机动车所有人对损害的发生有过错的,承担相应的赔偿责任。

(3)当事人之间已经以买卖等方式转让并交付机动车但未办理所有权转移登记,发生交通事故后属于该机动车一方责任的,由保险公司在机动车强制保险责任限额范围内予以赔偿。不足部分,由受让人承担赔偿责任。

(4)以买卖等方式转让拼装或者已达到报废标准的机动车,发生交通事故造成损害的,由转让人和受让人承担连带责任。

(5)盗窃、抢劫或者抢夺的机动车发生交通事故造成损害的,由盗窃人、抢劫人或者抢夺人承担赔偿责任。保险公司在机动车强制保险责任限额范围内垫付抢救费用的,有权向交通事故责任人追偿。

(6)机动车驾驶人发生交通事故后逃逸,该机动车参加强制保险的,由保险公司在机动车强制保险责任限额范围内予以赔偿;机动车不明或者该机动车未参加强制保险,需要支付被侵权人人身伤亡的抢救、丧葬等费用的,由道路交通事故社会救助基金垫付。道路交通事故社会救助基金垫付后,其管理机构有权向交通事故责任人追偿。

94. 医疗损害责任的归责原则是什么?

(1)《侵权责任法》规定:"患者在诊疗活动中受到损害,医疗机构及其医务人员有过错的,由医疗机构承担赔偿责任。"这就是说,医疗损害责任原则上适用过错责任,即由原告对医疗机构及其医务人员的过错承担举证责任,医疗机构及其医务人员有错的,才承担赔偿责任。

由于诊疗行为专业性很强,患者可能并不了解相关医学知识,令其证明医疗机构及医务人员在实施诊疗行为过程中,主观上是否有过错,难度很大,为此,《侵权责任法》规定了三种推定医疗机构有过错的情形,患者只要能证明医疗机构及其医务人员具有任何一种情形,即可直接推定医疗机构具有过错。三种情形是:①违反法律、行政法规、规章及其他有关诊疗规范的规定。②隐匿或者拒绝提供与纠纷有关的病历资料。③伪造、篡改或者销毁病历资料。

需要说明的是,根据这三种情形推定医疗机构有过错时,医疗机构有权提出反证,证明自己没有过错或者该过错与损害后果之间没有因果关系。

(2)对保护患者的知情同意权是怎样规定的?

《侵权责任法》规定,医务人员在诊疗活动中应当向患者说明病情和医疗措施。需要实施手术、特殊检查、特殊治疗的,医务人员应当及时向患者说明医疗风险、替代医疗方案等情况,并取得其书面同意;不宜向患者说明的,应当向患者的近亲属说明,并取得其书面同意。医务人员未尽到这一义务,造成患者损害的,医疗机构应当承担赔偿责任。

同时也规定了例外情形:"因抢救生命垂危的患者等紧急情况,不能取得患者或者其近亲属意见的,经医疗机构负责人或者授权的负责人批准,可以立即实施相应的医疗措施。"

(3)对医务人员应当履行的诊疗义务是怎样规定的?

《侵权责任法》规定:"医务人员在诊疗活动中未尽到与当时的医疗水平相应的诊疗义务,造成患者损害的,医疗机构应当承担赔偿责任。"

"相应的诊疗义务"主要是指诊疗行为应当符合法律、行政法规、规章及诊疗规范的有关要求。此外,医务人员还有通过谨慎的作为或者不作为避免患者受到损害的义务。判断是否尽到诊疗义务应当以诊疗行为发生时的诊疗水平为参照。

(4)因药品、医疗器械等缺陷造成患者损害的如何处理?

《侵权责任法》规定:因药品、消毒药剂、医疗器械的缺陷,或者输入不合格的血液造成患者损害的,患者可以向生产者或者血液提供机构请求赔偿,也可以向医疗机构请求赔偿。患者向医疗机构请求赔偿的,医疗机构赔偿后,有权向负有责任的生产者或者血液提供机构追偿。

(5)在什么情况下,医疗机构不承担赔偿责任?

《侵权责任法》规定:"患者有损害,因下列情形之一的,医疗机构不承担赔偿责任:①患者或者其近亲属不配合医疗机构进行符合诊疗规范的诊疗;②医务人员在抢救生命垂危的患者等紧急情况下已经尽到合理诊疗义务;③限于当时的医疗水平难以诊疗。

在上述情形中,医疗机构及其医务人员也有过错的,应当承担相应的赔偿责任。

95. 环境污染如何进行侵权责任认定?

(1)《侵权责任法》规定:

①因污染环境造成损害的,污染者应当承担侵权责任。

②两个以上污染者污染环境,污染者承担责任的大小,根据污染物的种类、排放量等因素确定。

③因第三人的过错污染环境造成损害的,被侵权人可以向污染者请求赔偿,也可以向第三人请求赔偿。污染者赔偿后,有权向第三人追偿。

(2)因环境污染发生纠纷,应当由谁负举证责任?

《侵权责任法》规定,因污染环境发生纠纷,污染者应当就法律规定的不承担责任或者减轻责任的情形及其行为与损害之间不存在因果关系承担举证责任。

96. 从事高度危险作业造成他人损害的侵权责任如何承担?

(1)从事高度危险作业造成他人损害的,应当承担侵权责任。

(2)民用核设施发生核事故造成他人损害的,民用核设施的经营者应当承担侵权责任,但能够证明损害是因战争等情形或者受害人故意造成的,不承担责任。

(3)民用航空器造成他人损害的,民用航空器的经营者应当承担侵权责任,但能够证明损害是因受害人故意造成的,不承担责任。

(4)占有或者使用易燃、易爆、剧毒、放射性等高度危险物造成他人损害的,占有人或者使用人应当承担侵权责任,但能够证明损害是因受害人故意或者不可抗力造成的,不承担责任。被侵权人对损害的发生有重大过失的,可以减轻占有人或者使用人的责任。

(5)从事高空、高压、地下挖掘活动或者使用高速轨道运输工具造成他人损害的,经营者应当承担侵权责任,但能够证明损害是因受害人故意或者不可抗力造成的,不承担责任。被侵权人对损害的发生有过失的,可以减轻经营者的责任。

(6)遗失、抛弃高度危险物造成他人损害的,由所有人承担侵权责任。所有人将高度危险物交由他人管理的,由管理人承担侵权责任;所有人有过错的,与管理人承担连带责任。

(7)非法占有高度危险物造成他人损害的,由非法占有人承担侵权责任。所有人、管理人不能证明对防止他人非法占有尽到高度注意义务的,与非法占有人承担连带责任。

(8)未经许可进入高度危险活动区域或者高度危险物存放区域受到损害,管理人已经采取安全措施并尽到警示义务的,可以减轻或者不承担责任。

承担高度危险责任,法律规定赔偿限额的,依照其规定。

 97. 饲养的动物造成他人损害的,应如何承担损害责任?

《侵权责任法》规定:

(1)饲养的动物造成他人损害的,动物饲养人或者管理人应当承担侵权责任,但能够证明损害是因被侵权人故意或者重大过失造成的,可以不承担或者减轻责任。

(2)违反管理规定,未对动物采取安全措施造成他人损害的,动物饲养人或者管理人应当承担侵权责任。

(3)禁止饲养的烈性犬等危险动物造成他人损害的,动物饲养人或者管理人应当承担侵权责任。

(4)动物园的动物造成他人损害的,动物园应当承担侵权责任,但能够证明尽到管理职责的,不承担责任。

(5)遗弃、逃逸的动物在遗弃、逃逸期间造成他人损害的,由原动物饲养人或者管理人承担侵权责任。

(6)因第三人的过错致使动物造成他人损害的,被侵权人可以向动物饲养人或者管理人请求赔偿,也可以向第三人请求赔偿。动物饲养人或者管理人赔偿后,有权向第三人追偿。

98. 因建筑物等物件引起的侵权责任应如何承担?

《侵权责任法》规定了物件引起的致人损害案件的赔偿责任,这种责任承担的是推定过错责任,判断标准在于行为人需主张并证明无过错,或非侵权责任人。

《侵权责任法》规定:

(1)建筑物、构筑物或者其他设施及其搁置物、悬挂物发生脱落、坠落造成他人损害,所有人、管理人或者使用人不能证明自己没有过错的,应当承担侵权责任。所有人、管理人或者使用人赔偿后,有其他责任人的,有权向其他责任人追偿。

(2)建筑物、构筑物或者其他设施倒塌造成他人损害的,由建设单位与施工单位承担连带责任。建设单位、施工单位赔偿后,有其他责任人的,有权向其他责任人追偿。因其他责任人的原因,建筑物、构筑物或者其他设施倒塌造成他人损害的,由其他责任人承担侵权责任。

(3)从建筑物中抛掷物品或者从建筑物上坠落的物品造成他人损害,难以确定具体侵权人的,除能够证明自己不是侵权人的外,由可能加害的建筑物使用人给予补偿。

(4)堆放物倒塌造成他人损害,堆放人不能证明自己没有过错的,应当承担侵权责任。

(5)在公共道路上堆放、倾倒、遗撒妨碍通行的物品造成他人损害的,有关单位或者个人应当承担侵权责任。

(6)因林木折断造成他人损害,林木的所有人或者管理人不能证明自己没有过错的,应当承担侵权责任。

(7)在公共场所或者道路上挖坑、修缮安装地下设施等,没有设置明显标志和采取安全措施造成他人损害的,施工人应当承担侵权责任。窨井等地下设施造成他人损害,管理人不能证明尽到管理职责的,应当承担侵权责任。

99. 交通事故死亡赔偿标准计算方法是什么?

(1)定型化赔偿模式来确定死亡赔偿金的赔偿标准和赔偿年限,具体为:一次性死亡赔偿金是按最多20年计算的,死亡赔偿是固定的,受害人是60周岁以上的,年龄每增加一岁减少一年,75周岁以上的,按5年计算。死亡赔偿金赔偿的对象是余命,但又不完全是余命,如果年龄太小,赔偿20年就完了,年龄大一点的就是年龄每增加一岁就减少一年。死亡赔偿金是对亲人的补偿,并非精神抚慰金,其计算公式如下所示。

①城镇居民。

死亡赔偿金=上一年度城镇居民人均可支配收入×N[N:60周岁以下为20年(含);60周岁以上:N=(20−实际年龄+60);75周岁以上为5年]

死亡赔偿金按照受诉法院所在地上一年度城镇居民人均可支配收入标准。

精神抚慰金:5万~10万元(这是大致的赔偿范围,并不绝对)。

②农村居民。

死亡赔偿金=上一年度农村居民人均可支配收入×N[N:60周岁以下为20年(含);60周岁以上:N=(20−实际年龄+60);75周岁以上为5年]

死亡赔偿金按照受诉法院所在地上一年度农村居民人均纯收入标准。

精神抚慰金:5万~10万元(这是大致的赔偿范围,需要法官酌定)。

(2)死亡赔偿金的计算标准,是结合受害人的身份来确定,赔偿标准订了二等。

第一等;城市居民按照受诉法院所在地上一年度城镇居民人均可支配收入赔偿;

第二等,农村居民,是按照受诉法院所在地上一年度农村居民人均纯收入标准来计算。

普遍的做法是以户籍为准,城镇户籍的,死亡赔偿金按照城镇居民人均可支配收入标准计算,农村户籍的,以农村居民人均纯收入标准计算。在同一个事件中受害,用不同的标准来赔偿,应该说有问题,但这是规定。户籍在农村,但在城市工作或者居住、生活满一年以上的,应该按城市居民的赔偿标准计算。

(3)就高不就低的特殊赔偿原则。

在特殊情形下的死亡赔偿金和残疾赔偿金的标准。死亡赔偿金和残疾赔偿金不一致的计算方法,受害人举证证明其住所地或者经常居住地城镇居民人均可支配收入或者农村居民人均纯收入高于受诉法院所在地标准的,残疾赔偿金或者死亡赔偿金可以按照其住所地或者经常居住地的相关标准计算,如果低的可以按照受诉法院所在地的标准赔偿,尽可能地给受害人多赔偿一些。

(4)实际赔偿的金额的确定及一次性赔偿原则。

实际赔偿的金额的确定,是按照上述计算标准进行计算;然后根据在建通事故中,行为人和受害人在事故中的过错程度,法院参照交警部门出具的事故责任认定书,并结合庭审中的事实和理由,划分行为人和受害人的责任;根据责任的划分比例,采用系数乘以上述计算的赔偿金额。也就是说,受害人应当承担的责任的系数计算得出的金额,应从总得赔偿金额中减除;最后得出的金额,就是实际赔偿金额。

为了纠纷经过处理后能够实现定争止纷的效果,同时也为了不使纠纷处于一种长期不稳定的状态,对于交通事故死亡赔偿一般采用一次性赔偿办法。也就是死者亲属,在事故处理结束后;不能以同一事故要求再行赔偿。

(5)选定受诉法院。

赔偿金是按照受诉法院地的标准计算,因此受诉法院地的选择与死亡赔偿金的数额有密切联系。按照《民事诉讼法》的法院管辖规定,交通事故案件中有管辖权的法院一般为:被告住所地法院、交通事故发生地法院,当事人在起诉前可查阅当地统计部门的统计数据,选择标准高的法院所在地法院管辖更为有利,在选择受诉法院时同时需考虑诉讼的成本,如路途远近、赔偿标准的差异比例、在当地诉讼是否方便、地方性保护等因素予以综合考虑。

(6)死亡赔偿金的性质及分配。

由于交通事故致人的非正常死亡,不但造成该公民生命的丧失,同时也给死者亲属及家庭造成了极大的伤害,这种伤害不仅表现在物质上的极大损失,而且精神上的创伤及痛苦更是无法用语言表达的。但是人死不能复生,一个人的生命是无论用多少金钱也换不来的。对死者亲属的精神伤害和物质损失又是客观存在的。我国法律在处理交通事故中规定了死亡赔偿金,还是考虑到上述因素,从实际出发,对死者亲属精神上受到的痛苦以金钱补偿的形式进行安慰。这不仅是一种抚慰,而且在道义上也是对肇事者不法行为的谴责。它反映了法律对生命权的保护得到了加强,也是对生命权予以重视的表现。

同时,有的死者生前或以后是家庭经济的主要来源,其死亡造成家庭经济收入水平下降也是客观存在的,给予一定的死亡补偿费,也兼有一定的经济补偿的性质。

由于死亡赔偿金兼有精神抚慰和经济补偿的双重性质,对于该款项的分配,应当依照立法上设立该款项的目的,并结合我国现实生活的实际情况来确定领受人的范围和分割原则。

领受人应确定在死者的配偶和直系亲属的范围之内,因为他们所受到的精神创伤及物质损失是最大的,同时由于死者的非正常死亡,造成了家庭的残缺,对于生活、工作等方面影响最大的,也是死者的配偶和直系亲属。

至于具体的分配比例,只能确定一个原则,由公安机关或人民法院按照实际情况灵活掌握,应以安定死者家属的生活为主,精神补偿为辅。死者的配偶及与死者死亡时共同生活的直系亲属应当多得,与死者死亡时没在一起共同生活的直系亲属可以给予适当的补偿即可。

第六章　劳动及劳动合同法

100. 单位在新职工到岗后一个月内签订劳动合同可以吗？

(1)《中华人民共和国劳动合同法》(以下简称《劳动合同法》)第十条规定："已建立劳动关系,未同时订立书面劳动合同的,应当自用工之日起一个月内订立书面劳动合同。"

上述条款强制性地规定:单位在建立劳动关系之日起最迟应在"一个月"内订立书面劳动合同。因此,这实际上是有限度地放宽了订立劳动合同的时间要求,规定已建立劳动关系,未同时订立书面劳动合同的,如果在自用工之日起一个月内订立了书面劳动合同,其行为即不违法。

但如果用人单位自用工之日起超过一个月不满一年未与劳动者订立书面劳动合同的,则应当向劳动者每月支付两倍的工资(《劳动合同法》第八十二条)。这是对用人单位在自用工之日一个月内未订立书面劳动合同的处罚措施。

(2)用人单位自用工之日起超过一年仍未与劳动者签劳动合同怎么办?

针对不少用工单位不与劳动者订立劳动合同的问题,《劳动合同法》第十四条规定,用人单位自用工之日起超过一个月不满一年未与劳动者订立书面劳动合同的,视为用人单位已与劳动者订立无固定期限劳动合同,并应在此前的11个月中向劳动者每月支付二倍的工资。这是对未在"一年"内与职工订立书面劳动合同的用人单位的严厉处罚措施,是《劳动合同法》的一大亮点,《劳动合同法》也因此有更强、更实用的操作性。

需要注意的是,虽然已经视为用人单位与劳动者签订了无固定期限劳动合同,但并不代表用人单位已经与劳动者签订了劳动合同。实践中很多用人单位无视法律的规定,仍然不与劳动者订立劳动合同。

对于这种情况《劳动合同法》第八十一条第二款规定:"用人单位违反本法规定不与劳动者订立无固定期限劳动合同的,应当向劳动者支付二倍的月工资。"

101. 劳动合同中对劳动报酬约定不清如何处理？

《劳动合同法》第十八条规定："劳动合同对劳动报酬和劳动条件等标准约定不明确，引发争议的，用人单位与劳动者可以重新协商；协商不成的，适用集体合同规定；没有集体合同或者集体合同未规定劳动报酬的，实行同工同酬；没有集体合同或者集体合同未规定劳动条件等标准的，适用国家有关规定。"

由此可以看出，如果因劳动合同的关键条款约定不明引发了争议，《劳动合同法》还提出了指引性的解决办法。这在一定程度上也减少劳动争议的仲裁、诉讼解决压力，无论对于劳动者权益的保障，还是缓解司法部门因讼累造成的工作压力方面，都是大有裨益的。

102. 劳动合同分为哪几种类型？

劳动合同分为固定期限劳动合同、无固定期限劳动合同和以完成一定工作任务为期限的劳动合同。

（1）固定期限劳动合同，是指用人单位与劳动者约定合同终止时间的劳动合同。比如一年、两年、三年，期限是明确的。

（2）以完成一定工作任务为期限的劳动合同，是指用人单位与劳动者约定以某项工作的完成为合同期限的劳动合同。这种合同在工程建设方面比较多，工程结束合同也就结束了。

（3）无固定期限劳动合同，是指用人单位与劳动者约定无确定终止时间的劳动合同。这里需要说明，"无固定期限劳动合同"并不是"铁饭碗""终身制"。有些用人单位不愿意签无固定期限劳动合同，认为一旦签了，就要对劳动者长期、终身负责，如果劳动者偷懒，用人单位毫无办法；有的劳动者也认为无固定期限劳动合同就意味着终身捆绑在企业中，丧失了选择的机会，实际上这是一种误解。只要出现《劳动合同法》规定的情形，不论用人单位还是劳动者，都有权依法解除劳动合同。订立无固定期限劳动合同，可以更有利于促进劳动关系的稳定。

103. 连续订立两次固定期劳动合同,第三次就可签无固定期合同吗?

(1)《劳动合同法》规定,连续订立二次固定期限劳动合同,且劳动者没有下列情形发生,再续订劳动合同,应当订立无固定期限劳动合同:

①在试用期间被证明不符合录用条件的;

②严重违反用人单位的规章制度的;

③严重失职,营私舞弊,给用人单位造成重大损害的;

④劳动者同时与其他用人单位建立劳动关系,对完成本单位的工作任务造成严重影响,或者经用人单位提出,拒不改正的;

⑤因以欺诈、胁迫的手段或者乘人之危,使对方在违背真实意思的情况下订立或者变更劳动合同的情形致使劳动合同无效的;

⑥被依法追究刑事责任的;

⑦劳动者患病或者非因工负伤,在规定的医疗期满后不能从事原工作,也不能从事由用人单位另行安排的工作的;

⑧劳动者不能胜任工作,经过培训或者调整工作岗位,仍不能胜任工作的。

(2)"第三次签合同即可签无固定期合同"的规定是否限制用人单位的自主权?

根据《劳动合同法》第十八条规定,用人单位在与劳动者签订一次固定期限劳动合同后,再次签订固定期限的劳动合同时,就意味着下一次只要劳动者提出或者同意续订劳动合同,就必须签订无固定期限的劳动合同。

企业为了避免签订无固定期限的劳动合同,但又能同时保持用工的稳定性,防止因频繁更换劳动力而加大用工成本,就会延长每一次固定期限劳动合同的期限,从而解决了合同短期化的问题。

有人认为,这一项规定限制了用人单位的用工自主权。这种认识是错误的。因为劳动合同是由双方当事人协商一致订立的,劳动合同的期限长短、订立次数都由双方协商一致确定,选择什么样的劳动者的决定权仍掌握在企业手中。

　　无固定期劳动合同也不是"终身制"的,在法律规定的条件或是双方协商约定的条件出现时,用人单位可以解除劳动合同。

 ## 104. 试用期相关规定有哪些?

　　(1)如果单位只签一年劳动合同,试用期不能超过二个月。

　　根据《劳动合同法》第十九条规定,劳动合同期限不同,试用期的长短也不同:劳动合同期限三个月以上不满一年的,试用期不得超过一个月;劳动合同期限一年以上不满三年的,试用期不得超过两个月;三年以上固定期限和无固定期限的劳动合同,试用期不得超过六个月。

　　《劳动合同法》同时规定,同一用人单位与同一劳动者只能约定一次试用期。而且在以完成一定工作任务为期限的劳动合同中或者劳动合同期限不满三个月的,不得约定试用期。

　　(2)试用期是否包含在劳动合同期限内?

　　试用期包含在劳动合同期限内。

　　劳动合同仅约定试用期的,试用期不成立,该期限为劳动合同期限。

　　现实生活中,有些用人单位往往对于试用期内的劳动者不签订正式的劳动合同,而经常会等到劳动者"转正"以后,再签订劳动合同。

　　即使在试用期内不签订劳动合同,试用期的期限仍然是计入劳动合同期限内的。

　　(3)劳动者试用期的工资有最低标准吗?

　　《劳动合同法》首次对试用期的工资进行了规范:劳动者在试用期的工资不得低于本单位相同岗位最低档工资或者劳动合同约定工资的80%,并不得低于用人单位所在地的最低工资标准。

　　(4)在试用期内,用人单位能随意解除劳动合同吗?

　　在试用期中,除非劳动者发生以下情形之一,否则,用人单位不得解除劳动合同:

①在试用期间被证明不符合录用条件的;

②严重违反用人单位的规章制度的;

③严重失职,营私舞弊,给用人单位造成重大损害的;

④劳动者同时与其他用人单位建立劳动关系,对完成本单位的工作任务造成严重影响,或者经用人单位提出,拒不改正的;

⑤因以欺诈、胁迫的手段或者乘人之危,使对方在违背真实意思的情况下订立或者变更劳动合同的情形致使劳动合同无效的;

⑥被依法追究刑事责任的;

⑦劳动者患病或者非因工负伤,在规定的医疗期满后不能从事原工作,也不能从事由用人单位另行安排的工作的;

⑧劳动者不能胜任工作,经过培训或者调整工作岗位,仍不能胜任工作的。

此外,即使劳动者符合上述情形之一,用人单位需要在试用期与劳动者解除劳动合同的,应当向劳动者说明理由。

(5)试用期期间单位应该给职工缴纳社会保险吗?

单位应当为试用期内的劳动者缴纳社会保险。

根据《劳动合同法》规定,试用期包含在劳动合同期限内。既然试用期属于劳动合同期限的范围,员工就有权享受各项社会保险,即养老保险、工伤保险、医疗保险等。

如果单位没有在职工试用期期间缴纳社会保险,可以在正式签订劳动合同之后为职工补缴。

 105. 单位提供什么样的培训才能与职工签订服务期条款?

(1)约定服务期的培训是有严格的条件的;而非随意性的。

①用人单位提供专项培训费用。这笔专项培训费用的数额应当是比较大的,这个数额到底多高,《劳动合同法》没有规定一个具体的数额,可由各地方予以细化。

②对劳动者进行的是专业技术培训。包括专业知识和职业技能。比如从国外引进一条生产线、一个项目，必须有能够操作的人，为此，把劳动者送到国外去培训，回来以后干这个活，这个培训就是本条所指的培训。

③培训的形式可以是脱产的、半脱产的，也可以是不脱产的。不管是否脱产，只要用人单位在国家规定提取的职工培训费用以外，专门花费较高数额的钱送劳动者去进行定向专业培训的，就可以与该劳动者订立协议，约定服务期。

(2)单位对职工进行职业培训可以约定服务期吗？

用人单位对劳动者进行必要的职业培训不可以约定服务期，也就是说不包括职业培训。

《中华人民共和国劳动法》(以下简称《劳动法》)第六十八条规定，用人单位应当建立职业培训制度，按照国家规定提取和使用职业培训经费，根据本单位实际，有计划地对劳动者进行职业培训。从事技术工种的劳动者，上岗前必须经过培训。劳动者有接受职业技能培训的权利。

法律之所以规定服务期，是因为用人单位使劳动者接受培训的目的，在于劳动者回来后为单位提供劳动，劳动者服务期未满离职，使用人单位期待落空。通过约定服务期，可以平衡双方利益。

(3)劳动者违反服务期约定要支付违约金吗？

《劳动合同法》第二十二条规定，劳动者违反服务期约定的，应当按照约定向用人单位支付违约金。违约金的数额不得超过用人单位提供的培训费用。用人单位要求劳动者支付的违约金不得超过服务期尚未履行部分所应分摊的培训费用。

用人单位与劳动者约定违约金主要包含两层意思：第一，劳动者违反服务期约定应当向用人单位支付违约金，体现了合同中的权利义务对等原则。第二，用人单位与劳动者约定违约金时不得违法，即约定违反服务期违约金的数额不得超过用人单位提供的培训费用。劳动者违约所支付的违约金不得超过服务期尚未履行部分所应分摊的培训费用，这体现了该法对劳动者的保护。

106. 用人单位要求劳动者签订"竞业限制"的相关协议,必须给予补偿吗?

(1)单位与劳动者签订"竞业限制"协议以后,约定了劳动者在"竞业限制"方面的义务,因此,单位应对签订了"竞业限制"条款的劳动者给予一定的补偿。

根据《劳动合同法》第二十三条第二款规定:单位与劳动者签订"竞业限制"条款的同时,要约定在解除或者终止劳动合同后,在竞业限制期限内按月给予劳动者经济补偿。

补偿金的数额由双方约定。用人单位未按照约定在劳动合同解除后向劳动者支付竞业限制经济补偿的,竞业限制条款失效。

(2)劳动者违反"竞业限制"约定要支付违约金吗?

劳动者一旦违反"竞业限制"约定,应当按照约定向用人单位支付违约金。

《劳动合同法》第二十三条第二款规定,用人单位要与劳动者约定,在解除或者终止劳动合同后,在竞业限制期限内按月给予劳动者经济补偿。

同时,劳动者违反竞业限制约定的,应当按照约定向用人单位支付违约金。

(3)什么人可以签订"竞业限制"协议?

根据《劳动合同法》规定,竞业限制的义务主体只能是用人单位的高级管理人员、高级技术人员和其他负有保密义务的人员,用人单位不得与上述人员以外的其他劳动者约定竞业限制,否则该约定就是无效的。

在"竞业限制"协议中,竞业限制的范围、地域、期限由用人单位与劳动者约定,竞业限制的约定不得违反法律、法规的规定。

(4)"竞业限制"的期限最长几年?

按照《劳动合同法》规定,在解除或者终止劳动合同后,符合签订竞业限制条件的人员到与本单位生产或者经营同类产品、从事同类业务的有竞争关系的其他用人单位,或者自己开业生产或者经营同类产品、从事同类业务的竞业限制期限,最长不得超过两年,而且该期限应是连续计算的。

(5)劳动者在哪些情况下需要承担违约责任?

违约金作为承担违约责任的主要形式,一向是用人单位绑住劳动者的"紧箍咒"。

但按照《劳动合同法》的规定,在用人单位和劳动者的劳动合同约定中,严格限定了违约金的约定条件,规定单位只有在"培训服务期"和"竞业限制"这两种情形下,才能设定违约金。

也就是说,除非劳动者在约定的培训服务期满前离职,或违反了保密协议、竞业限制的约定,否则劳动者无须向单位支付任何违约金。

 ## 107. 什么样的劳动合同无效?

所谓无效劳动合同,是指所订立的劳动合同不符合法定条件,不能发生当事人预期的法律后果的劳动合同。

(1)《劳动合同法》规定,下列劳动合同无效或者部分无效:

①以欺诈、胁迫的手段或者乘人之危,使对方在违背真实意思的情况下订立或者变更劳动合同的;

②用人单位免除自己的法定责任、排除劳动者权利的;

③违反法律、行政法规强制性规定的。

劳动合同部分无效,不影响其他部分效力的,其他部分仍然有效。

(2)劳动合同无效后,单位还应当向劳动者支付劳动报酬吗?

对于劳动合同无效或者部分无效被认定以后的处理,《劳动法》并没有进一步作出明确的规定。

《劳动合同法》则明确规定,劳动合同被确认无效后,劳动者已付出劳动的,用人单位应当向劳动者支付劳动报酬。

劳动报酬的数额,参照本单位相同或者相近岗位劳动者的劳动报酬确定。

(3)无效劳动合同由谁确认?

按照《劳动法》的规定,劳动合同的无效应由劳动争议仲裁机构或者法院确认。

此前劳动部在《关于贯彻执行〈中华人民共和国劳动法〉若干问题的意见》中规定"劳动合同的无效由法院或劳动争议仲裁委员会确认,不能由合同双方当事人决定"。

按照《劳动合同法》的规定,在用人单位和劳动者对劳动合同的无效或者部分无效有争议的,交由劳动争议仲裁机构或者人民法院确认。

而对于双方无争议的无效合同或者无效的合同条款,是否必须由上述机关进行确认,《劳动合同法》并未作出明确的、强制性的规定。

 ## 108. 劳动者遭欠薪有快速解决途径吗?

(1)《劳动合同法》对保障劳动者及时足额取得劳动报酬作出?了强制规定:"用人单位应当按照劳动合同约定和国家规定,向劳动者及时足额支付劳动报酬。"而且规定"用人单位拖欠或者未足额支付劳动报酬的,劳动者可以依法向当地人民法院申请支付令,人民法院应当依法发出支付令。"

申请支付令是《劳动合同法》的一大亮点,为劳动者讨薪提供了更便捷、快速的途径。

(2)什么是"支付令"?

"支付令"一词来源于我国的《民事诉讼法》,该法第一百八十九条规定:债权人请求债务人给付金钱、有价证券,符合两个条件就可以向有管辖权的基层人民法院申请支付令:①债权人与债务人没有其他债务纠纷;②支付令能够送达债务人。

"支付令申请书"应当写明请求给付金钱或者有价证券的数量和所根据的事实、证据。"支付令"是债权人向法院申请讨回债务的最简便的方法。

对于一些事实清楚的欠薪案件,劳动者申请支付令解决,较之通过传统的途径——申请仲裁、起诉、上诉等,既提高了效率又节省了司法资源。

《劳动合同法》赋予劳动者申请支付令的权利,相比《劳动法》更具操作性,将更有力地维护劳动者的工资报酬权。

(3)如何申请支付令?

支付令申请书应向有管辖权的基层人民法院提交。

具体而言,关于劳动报酬的支付令申请书,应向用人单位所在地的基层人民法院提交(这里"用人单位所在地"应为用人单位注册登记所在地,而非与注册登记地不一致的实际经营、办公所在地)。

(4)支付令多长时间能"送达"欠薪单位?

根据《民事诉讼法》第一百九十条规定:债权人提出申请后,人民法院应当在5日内通知债权人是否受理。

人民法院受理申请后,经审查债权人提供的事实、证据,对债权债务关系明确、合法的,应当在受理之日起15日内向债务人发出支付令;申请不成立的,裁定予以驳回。

劳动者因薪水被拖欠申请支付令,也适用上述期限的规定。

(5)欠薪单位收到支付令后提出异议怎么办?

按照《民事诉讼法》规定:债务人应当自收到支付令之日起15日内清偿债务,或者向人民法院提出书面异议。

人民法院收到债务人提出的书面异议后,应当裁定终结督促程序,支付令自行失效。至此,关于通过支付令偿还债务的督促程序全部结束,债权人只能通过另行向法院起诉,来维护自己的权益。

原《民事诉讼法》规定"书面异议"是否合理法院并没有审查义务,只要债务人从"形式"上提出了书面异议,法院就必须裁定终结督促程序,此前签发的支付令也就自行失效。

但新《民事诉讼法》第二百一十七条规定如下:人民法院收到债务人提出的书面异议后,经审查,异议成立的,应当裁定终结督促程序,支付令自行失效。

说明法院现在不仅是需要做形式审查,也要做实质性的审查,即需要审查异议是否成立。

(6)如果欠薪单位收到支付令既不提出异议又不履行怎么办?

如债务人收到支付令超过15日,既不提出异议也不履行支付令的,债权人则可以向人民法院申请强制执行(关于申请强制执行的规定,参照《民事诉讼法》关于执行程序的规定）。

同样,如果欠薪单位收到支付令既不提出异议又不履行,劳动者就可以向法院申请执行。

(7)支付令失效后劳动者可以直接起诉到法院吗?

根据2006年10月1日施行的《最高人民法院关于审理劳动争议案件适用法律若干问题的解释(二)》(法释〔2006〕6号)第三条规定:"劳动者以用人单位的工资欠条为证据直接向人民法院起诉,诉讼请求不涉及劳动关系其他争议的,视为拖欠劳动报酬争议,按照普通民事纠纷受理。"

由此可见,如果申请的支付令一旦因用人单位提出书面异议而失效,只要劳动者手里有证据,就可以直接向人民法院起诉,而不用在此前先去申请劳动仲裁。

(8)小额欠薪适用小额诉讼一审终审的快捷程序相关规定。

新《民事诉讼法》第一百六十二条规定:基层人民法院和它派出的法庭审理符合本法第一百五十七条第一款规定的简单的民事案件,标的额为各省、自治区、直辖市上年度就业人员年平均工资百分之三十以下的,实行一审终审。

 ## 109. 单位能强迫劳动者加班吗?

(1)《劳动合同法》第三十一条规定:用人单位应当严格执行劳动定额标准,不得强迫或者变相强迫劳动者加班。

此外,《劳动法》第四十一条规定:用人单位由于生产经营需要,经与工会和劳动者协商后可以延长工作时间,一般每日不得超过1小时。

因特殊原因需要延长工作时间的,在保障劳动者身体健康的条件下延长工作时间每日不得超过3小时,但是每月不得超过36小时。

《劳动法》第三十八条规定:用人单位应当保证劳动者每周至少休息一日。

(对企业违反法律、法规强迫劳动者延长工作时间的,劳动者有权拒绝。

(2)加班费怎么计算?

《劳动合同法》第三十一条规定:用人单位安排加班的,应当按照国家有关规定向劳动者支付加班费。具体参照以下方式处理：

①在日标准工作时间以外延长工作时间的，按照不低于小时工资基数的150％支付加班工资；

②在休息日工作的，应当安排其同等时间的补休，不能安排补休的，按照不低于日或者小时工资基数的200％支付加班工资；

③在法定休假日工作的，应当按照不低于日或者小时工资基数的300％支付加班工资。

（3）补休代替加班费合法吗？

职工正常工作时间为每日工作8小时，每周工作40小时。

《劳动法》规定，休息日安排劳动者工作又不能安排补休的，支付不低于工资200％的工资报酬。

由此可见，休息日安排劳动者工作，企业可以首先安排补休。

在无法安排补休时，才支付不低于工资200％的加班费。休息日一般是指双休日。

当企业能够安排职工补休时，职工应当服从。这既保护了劳动者的休息权，又利于职工的身体健康，也使职工及时恢复体力投入新的工作，有利于安全生产。

法定节假日加班，不能安排补休的，单位必须按照日工资基数的300％支付加班工资。

（4）加班费应以什么为基数计算？

根据规定，加班费应以在岗职工的工资总额为基数计算。有些单位仅以职工基本工资来计算加班费是不正确的。

工资总额包括基本工资、奖金、津贴和补贴等所有劳动者的收入。

（5）未经批准自愿加班能索要加班费吗？

根据《劳动法》规定，企业可以制订与国家法律不相抵触的加班制度，对符合加班制度的加班情况支付不低于法定标准的加班工资。

可见，用人单位支付加班工资的前提是"用人单位根据实际需要安排劳动者在法定标准工作时间以外工作"，劳动者自愿加班的，用人单位依据以上规定可以不支付加班工资。

(6)职工最低工资标准内能包含加班费吗?

职工的最低工资标准不应包含加班费。

劳动和社会保障部颁布的《最低工资规定》规定:"在劳动者提供正常劳动的情况下,用人单位应支付给劳动者的工资在剔除下列各项以后,不得低于当地最低工资标准:(一)延长工作时间工资……"据此,延长工作时间工资(即加班费)不能作为最低工资的组成部分。

110. 协商解除劳动合同,由谁先提出?

(1)《劳动合同法》第三十六条规定,用人单位与劳动者协商一致,可以解除劳动合同。

协商解除劳动合同的条件同变更劳动合同的条件一样,只要双方协商一致就可以提前解除劳动合同。

但是,哪一方首先提出解除的请求后果完全不一样的,劳动者首先提出解除请求的,用人单位可以不支付经济补偿金;用人单位首先提出解除劳动合同的,要向劳动者支付经济补偿金。

(2)劳动者有辞职自主权吗?

《劳动合同法》第三十七条规定:劳动者提前30日以书面形式通知用人单位,可以解除劳动合同。

这里,劳动者是否需要合适的理由没有明确规定。也就是说,该条规定实际上确认了劳动者合法的自主辞职权。劳动者根据自身情况或者个人发展需要,需要解除劳动合同的,只要提前30日以书面形式通知用人单位,即可以解除劳动合同。

当然,如果劳动者因个人原因解除劳动合同违反了劳动合同中的相关约定,构成违约,则还应承担相应的违约责任(比如关于服务期的约定)。

(3)试用期内可以随时"走人"吗?

劳动者在试用期内提前三日通知用人单位,可以解除劳动合同。

这里,劳动者是否需要合适的理由、是否必须以书面形式提出,法律没有明确规定。

(4)劳动者行使辞职自由权时,如何保留证据?

劳动者在履行提前通知义务(书面形式)时,一定要保留用人单位签收的证据,以证明确在30日前曾向用人单位提交过书面辞职的通知。

如果用人单位拒绝签收,最好可以提供其他证据证明已经书面通知了用人单位(如快递详情单等)。

否则,发生纠纷时,用人单位反过来说职工未履行提前通知义务擅自离职,那就被动了。

(5)强行给员工"放假"不发工资,劳动者可以辞职吗?

根据《劳动合同法》第三十八条规定,单位未按照劳动合同约定提供劳动保护或者劳动条件的,劳动者可以解除劳动合同。

如果单位安排劳动者工作的环境和工作条件恶劣,存在安全隐患或漏洞,有可能给劳动者的安全带来威胁;或者劳动者的工作环境与劳动合同约定的内容不符,劳动者都可以以此理由提出解除劳动合同。

用人单位随意强行给员工"放假"或"停工",无疑剥夺了劳动者的工作权利,让劳动者失去赖以工作的基本条件,因此可视为未提供劳动条件。

(6)单位拖欠工资,劳动者可以辞职吗?

《劳动合同法》规定,未及时足额支付劳动报酬的,劳动者可以解除劳动合同。单位拖欠劳动者的劳动报酬,有两种表现形式:

①未及时发放工资。所谓"及时",根据《工资支付暂行规定》,工资必须在用人单位与劳动者约定的日期支付。

②未足额发放工资。所谓"足额",是指严格按照双方在劳动合同中约定的工资报酬总额发放。

(7)单位不缴社保,劳动者可以辞职吗?

用人单位和劳动者必须依法参加社会保险。如果单位不为劳动者缴纳社会保险费,办理应有的社会保险,即侵害了劳动者的利益。

而一旦发生这种情况,劳动者是可以主动提出解除劳动合同的。

此外,《劳动合同法》还将社会保险规定为劳动合同的必备条款,明确规定参加社会保险、缴纳社会保险费是用人单位与劳动者的法定义务,双方都必须履行。

(8)单位规章制度损害劳动者权益,劳动者可以辞职吗?

根据《劳动合同法》规定,用人单位在制定、修改或者决定有关劳动报酬、工作时间、休息休假、劳动安全卫生、保险福利、职工培训、劳动纪律及劳动定额管理等直接涉及劳动者切身利益的规章制度或者重大事项时,应当与工会或者职工代表平等协商确定。

此外,单位规章制度和重大事项要经过公示并告知劳动者。

因此,当用人单位的规章制度违反法律、法规的规定,损害劳动者权益时,劳动者可以解除劳动合同。

(9)单位欺诈导致合同无效,劳动者可以辞职吗?

如果单位违反诚信原则,用欺诈、胁迫的手段或者乘人之危,使劳动者在违背真实意思的情况下订立或者变更劳动合同,致使劳动合同无效时,劳动者是可以解除劳动合同的。

所谓"欺诈"是指一方当事人故意告知对方当事人虚假的情况,或者故意隐瞒真实的情况,诱使对方当事人作出错误意思表示的行为。

所谓"胁迫"是指以给公民及其亲友的生命健康、荣誉等造成损害为要挟、迫使对方作出违背真实意思表示的行为。

 ## 111. 用人单位辞退职工,哪些情形下可以不支付经济补偿?

(1)如果劳动者存在过错,用人单位可以随时通知劳动者解除劳动合同,这也叫过失性解除劳动合同。

在这种情况下,用人单位如果提出解除劳动合同,可以不支付经济补偿金。

根据《劳动合同法》第三十九条规定,劳动者有下列六种情形之一的,用人单位可以解除劳动合同：

①在试用期间被证明不符合录用条件的。

②严重违反用人单位的规章制度的。

③严重失职，营私舞弊，给用人单位造成重大损害的。

④劳动者同时与其他用人单位建立劳动关系，对完成本单位的工作任务造成严重影响，或者经用人单位提出，拒不改正的。

⑤以欺诈、胁迫的手段或者乘人之危，使对方在违背真实意思的情况下订立或者变更劳动合同，致使劳动合同无效的。

⑥被依法追究刑事责任的。

(2)在试用期间不符合录用条件，单位可以解除合同吗？

职工在试用期间被证明不符合录用条件，用人单位可以解除劳动合同。

这里，用人单位需向劳动者说明其不符合录用条件的理由和依据，也就是说，需要证明劳动者不符合录用条件。

因此，录用条件的科学设置成为用人单位在试用期解除劳动合同的关键。

(3)严重违反单位的规章制度，单位可以解除合同吗？

职工严重违反用人单位的规章制度，用人单位可以解除劳动合同。

劳动者严重违反用人单位的规章制度，用人单位解除劳动合同的，需要用人单位事先在规章制度中明确规定哪些情况属于"严重情形"，且可以解除劳动合同。

只有在劳动者严重违反劳动纪律或用人单位规章制度的情况下，用人单位才可以以此理由与劳动者解除劳动合同。

需要注意的是，当用人单位以劳动者"严重违反单位的规章制度"为由与劳动者解除劳动合同时，其前提必须为该"规章制度"是经过合法程序制定，并提前曾向劳动者公示或者告知，是合法、有效、对劳动者具有约束力的。

(4)职工严重违纪时，无固定期劳动合同也可以被解除吗？

根据《劳动合同法》规定，严重违反用人单位的规章制度，用人单位就可以解除劳动合同，这其中当然也包括无固定期的劳动合同。因此，签了"无固定期劳动合同"的职工也要遵守单位的规章制度。一旦严重违反了单位的规章制度,同样会被用人单位解除无固定期的劳动合同。

(5)严重失职给单位造成重大损害,单位可以解除劳动合同吗?

职工严重失职,营私舞弊,给用人单位造成重大损害,用人单位可以解除劳动合同。

因劳动者的严重失职、营私舞弊给单位造成的"重大损害",单位应通过规章制度进行书面形式量化,比如达到10000元则为"重大损害",方可以作为"重大损害"的标准予以解除劳动合同。

否则,一旦劳动者持有异议,裁判者可能会因无相关依据而导致对损害程度产生不同的认识和判断,从而影响到对单位解除合同是否合理的裁判。

(6)劳动者"兼职",单位可以解除劳动合同吗?

劳动者同时与其他用人单位建立劳动关系,对完成本单位的工作任务造成严重影响,或者经用人单位提出,拒不改正的,用人单位可以解除劳动合同。

劳动者与其他单位建立劳动关系(以下简称"兼职"),用人单位解除劳动合同的,需要具备以下条件之一:①兼职对完成本单位工作任务造成严重影响;②用人单位对兼职提出反对意见,劳动者拒不改正。这两个条件都需要用人单位提供相应的证据予以证明。

需要注意的是,单位以职工兼职提出解除劳动合同的情形,仅限于劳动者与用人单位之间属于全日制的劳动合同关系,而且无论其所"兼职"的是全日制劳动关系还是非全日制劳动关系,用人单位均可适用上述规定。

(7)劳动者提供虚假资料,用人单位可以解除劳动合同吗?

根据《劳动合同法》规定,以欺诈、胁迫的手段或者乘人之危,使对方在违背真实意思的情况下订立或者变更劳动合同,致使劳动合同无效的,用人单位可以解除劳动合同。

劳动者如通过提供虚假资料(例如假文凭、假证件、假就业经历等)骗取用人单位信任,与用人单位签订劳动合同,一经用人单位发现,单位则完全可以依据上述规定与之解除劳动合同而不视为违约。

当然,需要注意的是,当用人单位欲以上述理由解除与职工的劳动合同时,需要提供相应的证据。

(8)劳动者被判刑,单位可以解除劳动合同吗?

根据《劳动合同法》规定,劳动者被依法追究刑事责任后,用人单位可以解除劳动合同。

根据《刑事诉讼法》规定,任何人非经法院判决,不得认定为有罪。

因此,用人单位欲以上述理由解除与职工的劳动合同时,需要有劳动者被追究刑事责任的事实存在,比如,劳动者已被法院作出有罪判决并生效。

需要说明的是,当职工被依法追究刑事责任后,用人单位可以解除劳动合同,但并不等于是自动解除或必须解除劳动合同。是否要解除劳动合同,决定权在于用人单位。

(9)解除劳动合同的起始时间如何计算?

单位在行使解除劳动合同的权利时要注意:向职工送达解除劳动合同决定的当天是双方解除劳动关系的时间。

(10)协商一致解除劳动合同,单位还支付经济补偿金吗?

根据《劳动合同法》规定,用人单位与劳动者协商一致,由用人单位向劳动者提出解除劳动合同的,用人单位应当向劳动者支付经济补偿金。

可见,即使在协商一致的情况下,由用人单位提出解除劳动合同的,单位应当支付经济补偿金;而由劳动者提出解除劳动合同的,单位则可以不支付经济补偿金。

但是,在其他情况下,如果系由用人单位的过错原因,由劳动者被迫提出解除劳动合同的,用人单位仍应支付经济补偿金。

112. 什么是医疗期?

(1)根据《企业职工患病或非因工负伤医疗期规定》,医疗期是指企业职工因患病或非因工负伤停止工作治病休息不得解除劳动合同的时限。

职工因患病或非因工负伤,需要停止工作医疗时,根据本人实际参加工作年限和在本单位工作年限,给予3个月到24个月的医疗期:

①实际工作年限10年以下的:在本单位工作年限5年以下的为3个月;5

年以上的为6个月。

②实际工作年限10年以上的:在本单位工作年限5年以下的为6个月,5年以上10年以下的为9个月;10年以上15年以下的为12个月;15年以上20年以下的为18个月;20年以上的为24个月。

(2)医疗期期满被辞退,单位除给经济补偿外,还给医疗补助费吗?

劳动者患病或者非因工负伤,经劳动鉴定委员会确认不能从事原工作,也不能从事用人单位另行安排的工作而解除劳动合同的,用人单位解除劳动合同时,除应按其在本单位的工作年限,每满1年发给相当于1个月工资的经济补偿金外,同时还应发给不低于6个月工资的医疗补助费。

患重病和绝症的还应增加医疗补助费,患重病的增加部分不低于医疗补助费的50%,患绝症的增加部分不低于医疗补助费的100%。

(3)劳动者不能胜任工作被辞退,单位给补偿吗?

根据《劳动合同法》规定,劳动者不能胜任工作,经过培训或者调整工作岗位,仍不能胜任工作的;用人单位提前30日以书面形式通知劳动者本人或者额外支付劳动者1个月工资后,可以解除劳动合同。

单位以不能胜任为由解除劳动合同需要满足3个条件:

①劳动者被证明不能胜任工作;

②在劳动者不能胜任工作后,单位要为其进行培训或者调整工作岗位;

③之后仍然不能胜任工作。

(4)单位在哪些情形下可以进行经济性裁员?

《劳动法》规定,用人单位只有在濒临破产进行法定整顿期间或者生产经营状况发生严重困难时才可以裁员。《劳动合同法》除延续《劳动法》以上规定外,补充增加了三种单位可以裁员的情形:

①企业转产、重大技术革新或者经营方式调整,经变更劳动合同后,仍需裁减人员的;

②其他因劳动合同订立时所依据的客观经济情况发生重大变化,致使劳动合同无法履行的;

③为了与《中华人民共和国企业破产法》(以下简称《企业破产法》)的规定

衔接,《劳动合同法》修正了《劳动法》中"用人单位濒临破产进行法定整顿期间可以裁员"的规定,而规定单位在"依照《企业破产法》规定进行重整"时可以裁员。

(5)裁员多少人以上要提前30日公告?

按照《劳动法》规定,用人单位裁减人员的,不管裁减多少人,都应当提前30日向工会或者全体职工说明情况,听取工会或者职工的意见,并向劳动行政部门报告。

《劳动合同法》放宽了用人单位裁减人员的程序要求,规定用人单位需要裁减人员20人以上或者裁减不足20人但占企业职工总数百分之十以上的,才应当按照以上规定的程序执行。而如果用人单位裁减人员不足20人且占企业职工总数不足百分之十的,无须按照以上规定的程序执行。

(6)劳动者在何种情形下不能被列为裁员对象?

劳动者有下列情形之一,单位不得裁员:

①从事接触职业病危害作业的劳动者未进行离岗前职业健康检查,或者疑似职业病病人在诊断或者医学观察期间的;

②在本单位患职业病或者因工负伤并被确认丧失或者部分丧失劳动能力的;

③患病或者非因工负伤,在规定的医疗期内的;

④女职工在孕期、产期、哺乳期的;

⑤在本单位连续工作满十五年,且距法定退休年龄不足五年的;

⑥法律、行政法规规定的其他情形。

(7)用人单位通过怎样的程序才能实施经济性裁员?

①用人单位提前30日向工会或者全体职工说明情况;

②听取工会或者职工的意见;

③裁减人员方案经向劳动行政部门报告。

(8)用人单位必须进行经济性裁员时,哪些人员应当优先留用?

用人单位裁员时,以下人员应当优先留用:

①与本单位订立较长期限的固定期限劳动合同的;

②与本单位订立无固定期限劳动合同的;

③家庭无其他就业人员,有需要扶养的老人或者未成年人的。

当然,《劳动合同法》的规定也并非尽善尽美。比如,在用人单位裁员时,应当优先留用的人员中,其中有"与本单位订立较长期限的固定期限劳动合同的",多长时间可以算做"较长期限"?法律并未明定。

(9)企业重整裁员,单位需支付经济补偿吗?

企业依照《企业破产法》规定进行重整,需要裁减人员20人以上或者裁减不足20人但占企业职工总数百分之十以上的,用人单位应提前30日向工会或者全体职工说明情况,听取工会或者职工的意见后,裁减人员方案经向劳动行政部门报告,可以裁减人员。

在这种情况下裁减人员,用人单位应当向劳动者支付经济补偿。

(10)被裁减人员有哪些权利?

根据《劳动合同法》规定,用人单位依法进行经济性裁减人员后,在6个月内重新招用人员的,应当首先通知此前被裁减的人员,并在同等条件下优先招用被裁减的人员。因此,对于被裁减人员来说,在用人单位裁员后6个月内重新对外招聘时,有权首先获得单位通知,并在同等条件下优先被录用。

113. 什么是劳务派遣?

(1)劳务派遣是一种新型的用工方式,《劳动合同法》第一次通过法律的形式对劳务派遣用工形式进行确认和规范。

劳务派遣亦称人才租赁,即用工单位向劳务派遣机构提出所需人员的标准和工资待遇,由派遣机构通过市场招聘等方式搜索合格人员,把筛选合格的人送交用工单位。

劳务派遣单位是本法所称用人单位,应当履行用人单位对劳动者的义务,比如与被派遣劳动者订立劳动合同等。因此,在劳务派遣中,劳务派遣单位与劳动者是劳动关系,实际用工单位与劳动者只是劳务关系。

简单地说,劳务派遣的特点就是劳务派遣企业"招人不用人",用人单位

"不招人用人"。

(2)成立劳务派遣公司注册资本最低是多少?

《劳动合同法》第五十七条规定:劳务派遣单位应当依照《中华人民共和国公司法》(以下简称《公司法》)的有关规定设立,注册资本不得少于50万元。

(3)劳务派遣合同最低签多少年?

劳务派遣单位应当与被派遣劳动者订立两年以上的固定期限劳动合同,按月支付劳动报酬。被派遣劳动者在无工作期间,劳务派遣单位应当按照所在地人民政府规定的最低工资标准,向其按月支付报酬。

劳务派遣单位不得克扣用工单位按照劳务派遣协议支付给被派遣劳动者的劳动报酬。这是对用人单位影响较大的变化之一。

此外,劳务派遣单位和用工单位不得向被派遣劳动者收取费用。

(4)劳务派遣协议应当约定什么内容?

劳务派遣单位派遣劳动者应当与接受以劳务派遣形式用工的单位(以下称用工单位)订立劳务派遣协议。劳务派遣协议应当约定派遣岗位和人员数量、派遣期限、劳动报酬和社会保险费的数额与支付方式及违反协议的责任。

用工单位应当根据工作岗位的实际需要与劳务派遣单位确定派遣期限,不得将连续用工期限分割订立数个短期劳务派遣协议。

(5)用工单位应当对派遣员工履行什么义务?

根据《劳动合同法》第六十二条规定:用工单位应当履行下列义务:

①执行国家劳动标准,提供相应的劳动条件和劳动保护;

②告知被派遣劳动者的工作要求和劳动报酬;

③支付加班费、绩效奖金,提供与工作岗位相关的福利待遇;

④对在岗被派遣劳动者进行工作岗位所必需的培训;

⑤连续用工的,实行正常的工资调整机制。

⑥用工单位不得将被派遣劳动者再派遣到其他用人单位。

(6)谁该为劳务派遣人员缴纳各项社会保险?

《劳动合同法》规定:劳务派遣协议应当约定派遣人员的社会保险费的数

额与支付方式及违反协议的责任。

可见,由哪一方为劳务派遣人员缴纳各项社会保险是由劳务派遣公司和实际用工单位协商确定的。但不管如何约定,劳务派遣单位或用工单位都必须为劳务派遣人员缴纳各项社会保险费,不能互相推脱,侵犯劳务派遣人员的权益。

(7)劳务派遣公司克扣用工单位付给劳务人员的工资合法吗?

《劳动合同法》对此有明确的规定:"劳务派遣单位不得克扣用工单位按照劳务派遣协议支付给被派遣劳动者的劳动报酬。"

因此,从《劳动合同法》发生此情况,劳务派遣人员可以到劳务派遣单位所在地的劳动监察部门举报。

(8)劳务派遣公司转包劳务人员合法吗?

劳务转包是一些自身规模小、地方分支机构不健全的劳务派遣公司,通过跟所谓"合作伙伴"、"外包联盟"等相互合作互为代理,从而层层转包劳动者的现象,劳务转包带来了大量潜在的劳动纠纷。

《劳动合同法》第六十二条明确规定:用工单位不得将被派遣劳动者再派遣到其他用人单位。这条规定即表明,坚决禁止转包劳动者。

(9)被派遣劳动者权益受损时由谁承担责任?

在劳务派遣用工形式的发展中,用工单位处于主导地位,为了防止劳务派遣单位或用工单位违反法律规定给被派遣劳动者造成损害,同时也为了促使用工单位与规范的劳务派遣单位合作、督促劳务派遣单位依法履行义务,《劳动合同法》规定,在被派遣劳动者合法权益受到侵害时,用工单位与劳务派遣单位承担连带赔偿责任。这样能最大限度地保护劳动者权益。

关于这一点《最高人民法院关于审理劳动争议案件适用法律若干问题的解释(二)》中已有规定:劳动者因履行劳动力派遣合同起诉,争议内容涉及接受单位的,以派遣单位和接受单位为共同被告。

(10)何种情形下被派遣劳动者可以解除劳动合同?

被派遣劳动者可以依照《劳动合同法》第三十六条、第三十八条的规定与劳务派遣单位解除劳动合同。

《劳动合同法》第三十六条规定:用人单位与劳动者协商一致,可以解除劳动合同。

《劳动合同法》第三十八条规定:用人单位有下列情形之一的,劳动者可以解除劳动合同:

①未按照劳动合同约定提供劳动保护或者劳动条件的;

②未及时足额支付劳动报酬的;

③未依法为劳动者缴纳社会保险费的;

④用人单位的规章制度违反法律、法规的规定,损害劳动者权益的;

⑤因用人单位用欺诈、胁迫的手段或者乘人之危,使劳动者在违背真实意思的情况下订立或者变更劳动合同,致使劳动合同无效的;

⑥法律、行政法规规定劳动者可以解除劳动合同的其他情形。

用人单位以暴力、威胁或者非法限制人身自由的手段强迫劳动者劳动的,或者用人单位违章指挥、强令冒险作业危及劳动者人身安全的,劳动者可以立即解除劳动合同,不需事先告知用人单位。

注:劳务派遣单位是本法所称用人单位。

(11)何种情形下用工单位可以将劳动者退回劳务派遣单位?

根据《劳动合同法》规定,被派遣劳动者有本法第三十九条和第四十条第一项、第二项规定情形的,用工单位可以将劳动者退回劳务派遣单位,劳务派遣单位依照本法有关规定,可以与劳动者解除劳动合同。

第三十九条规定:劳动者有下列情形之一的,用人单位可以解除劳动合同:

①在试用期间被证明不符合录用条件的;

②严重违反用人单位的规章制度的;

③严重失职,营私舞弊,给用人单位造成重大损害的;

④劳动者同时与其他用人单位建立劳动关系,对完成本单位的工作任务造成严重影响,或者经用人单位提出,拒不改正的;

⑤因以欺诈、胁迫的手段或者乘人之危,使对方在违背真实意思的情况下订立或者变更劳动合同情形致使劳动合同无效的;

⑥被依法追究刑事责任的。

(12)用工单位能开除所接收的派遣员工吗?

在劳务派遣中,实际用工单位不能直接开除和辞退被派遣员工,而是要明确将被派遣员工退回劳务派遣公司。同时,用工单位也不能接受被派遣员工辞职,即使该员工在退回派遣公司的同时与劳务派遣公司解除劳动合同,也应注意是从劳务派遣公司辞职,而不是从实际用人单位辞职。

此外,劳务派遣员工与派遣公司的劳动合同必须交一份至实际用工单位存档备查。用工单位在使用派遣员工前,必须先确认派遣员工与派遣公司是否签订有劳动合同,避免用工单位自身与劳动者形成事实劳动关系。

(13)被派遣员工与用工单位的劳动者同工同酬吗?

劳务派遣单位跨地区派遣劳动者的,被派遣劳动者享有的劳动报酬和劳动条件,按照用工单位所在地的标准执行。

被派遣劳动者享有与用工单位的劳动者同工同酬的权利。用工单位无同类岗位劳动者的,参照用工单位所在地相同或者相近岗位劳动者的劳动报酬确定。

(14)被派遣员工有权参加工会吗?

《劳动合同法》第六十四条规定:被派遣劳动者有权在劳务派遣单位或者用工单位依法参加或者组织工会,维护自身的合法权益。

参加工会是每一个劳动者的合法权益,任何人不能剥夺,劳务派遣员工也一样。

(15)哪些岗位适合劳务派遣用工方式?

企事业单位用工,一般应以直接招聘录用员工为主,并签订劳动合同,建立正式劳动关系。劳务派遣作为一种特殊的用工形式和劳动关系,并不适合所有企事业用人单位,只适合一些特殊用人单位或特殊岗位。

因此,《劳动合同法》限定了劳务派遣岗位的范围:劳务派遣一般在临时性、辅助性或者替代性的工作岗位上实施。但具体哪些岗位可认定为临时性、辅助性或者替代性的工作岗位,《劳动合同法》并没有列举。

目前,有些企业的保安、保洁、绿化养护等特殊岗位用人,银行、保险公司因编制所限使用编外人员,一般由劳务公司派遣劳务人员。

(16)劳务派遣与劳务中介的区别是什么?

劳务派遣不同于劳务中介,其根本区别在于劳务派遣组织必须与劳务派遣人员签订劳动合同,建立劳动关系。劳务派遣组织与劳务人员是企业和员工的关系,其相互关系调整适用《劳动法》。

劳务中介组织主要是通过向企业和劳动者提供劳务信息服务收取一定的劳务中介费用。劳动者与劳务中介组织不签订劳动合同,所以也不存在劳动关系,其相互间的关系不受《劳动法》及相关法律保护。

(17)针对假派遣现象,劳动者如何保护自己?

有的企业本来已雇用了员工并与员工形成了劳动关系,但为了逃避给员工上保险等责任,就让员工与从未接触过的某中介公司或某劳务派遣公司签合同,这就是假派遣现象。

针对假派遣的现象,劳动者应学会利用《劳动合同法》保护自己的权益。如果用人单位在工作了一段时间后让劳动者再签订合同,劳动者一定要弄清楚是否是劳务派遣合同,如果不愿意被转成派遣工,可以拒绝单位并解除劳动关系,单位应依法支付经济补偿金;如果愿意被转成派遣工,则一定要弄清楚今后的工资、社保、福利如何发放,劳务派遣公司有无担责能力。

 ## 114. 非全日制用工相关规定有哪些?

(1)《劳动合同法》第六十八条对非全日制用工作了定义:规定非全日制用工是指以小时计酬为主,劳动者在同一用人单位一般平均每日工作时间不超过4小时,每周工作时间累计不超过24小时的用工形式。

日常生活中,我们通常将非全日制用工称为"小时工"。

(2)"小时工"与用工单位之间是劳动关系吗?

与《劳动法》相比,《劳动合同法》则对劳动关系的概念进行了全新的诠释。它规定从事非全日制用工的劳动者与用人单位之间的关系仍为劳动关系,双方可以订立劳动合同。因此,从一定程度上讲,"小时工"的法定化,突破了《劳动法》意义上劳动关系只能在一对一的劳动者和用人单位之间建立的规定。

（3）"小时工"可以兼职吗？

从事非全日制用工的劳动者可以与一个或者一个以上用人单位订立劳动合同；但是，后订立的劳动合同不得影响先订立劳动合同的履行。《劳动合同法》从法律上确认了劳动者可以同时与一个以上的用人单位建立劳动关系的合法性。而全日制用工的劳动者只能与一个用人单位订立劳动合同。

（4）"小时工"可以与其他单位建立全日制用工关系吗？

根据《劳动合同法》规定，作为"小时工"的劳动者，可以与一个以上的用人单位同时建立劳动关系，订立劳动合同。这里，与其他单位建立的劳动关系是全日制用工下的劳动关系还是非全日制用工下的劳动关系，法律并未进一步作出规定。

（5）"小时工"订立口头协议行吗？

《劳动合同法》第六十九条规定，非全日制用工双方当事人可以订立口头协议。因此，作为"小时工"可以与用人单位通过口头约定的方式，建立和确定双方之间的劳动关系。而与此不同的是，全日制用工下的用人单位则应与劳动者订立书面的劳动合同。

（6）"小时工"有试用期吗？

《劳动合同法》第七十条规定，非全日制用工双方当事人不得约定试用期。因此，作为"小时工"，即使同时与多个单位建立非全日制用工的劳动关系，各单位均不得与劳动者约定试用期。

（7）"小时工"的工伤保险由谁缴费？

需要明确的是，"小时工"的工伤保险费要由用人单位支付。

劳动和社会保障部《关于非全日制用工若干问题的意见》第12条中规定："用人单位应当按照国家有关规定为建立劳动关系的非全日制劳动者缴纳工伤保险费。从事非全日制工作的劳动者发生工伤，依法享受工伤保险待遇。"

（8）"小时工"的最低工资标准是多少？

"小时工"执行的是小时最低工资标准。《劳动合同法》第七十二条规定：非全日制用工小时计酬标准不得低于用人单位所在地人民政府规定的最低小时工资标准。

(9)"小时工"的养老和医疗保险由谁缴费?

"小时工"最低工资标准包括用人单位及劳动者本人应缴纳的养老、医疗、失业保险费。

可以理解为:"小时工"的养老、医疗、失业保险费需要自己缴纳,用人单位是不负担的,因为保险费用已随每小时的工资支付了。

(10)"小时工"加班有加班费吗?

在全日制用工情况下,用人单位依法安排劳动者在标准工作时间以外工作的,应当按照标准支付劳动者加班工资:

对于从事非全日制工作的劳动者来说,由于其实行的是小时工资制,可以不执行一般规定,但用人单位安排其在法定休假日工作的,其小时工资不得低于规定的非全日制从业人员法定节假日小时最低工资标准。

(11)"小时工"工作期间,出了意外事故怎么办?

"小时工"在工作期间一旦因工作原因发生意外事故,受到人身伤害,如果确定为工伤,劳动者就可依法享受用人单位此前为其办理的工伤保险待遇。如果有明确的侵权人,同时可以向侵权人索赔。

(12)用人单位终止用工,可以不向劳动者支付经济补偿吗?

《劳动合同法》第七十一条规定,非全日制用工双方当事人任何一方都可以随时通知对方终止用工。如终止用工,用人单位不向劳动者支付经济补偿。

(13)"小时工"劳动报酬结算,支付周期最长是多少天?

《劳动合同法》第六十九条规定,非全日制用工劳动报酬结算支付周期最长不超过15日。而全日制用工的,工资应当至少每月支付一次。

第七章　工伤保险

115. 工伤的概念是什么?

(1)工伤是职业伤害的简称,职业伤害包括工业事故伤亡和职业病。职业伤害是由生产工作环境中的不安全或危险因素直接或间接引起的事故造成的身体伤害。最初工伤不包括职业病,随着时间的推移,逐步将职业病纳入工伤范畴。

(2)何为工伤保险?

工伤保险是国家通过立法,对在保险范围内的劳动者,因工作意外事故和职业病遭受意外伤害,丧失劳动能力的,提供医疗救治、职业康复、经济补偿和基本生活保障;对因工伤死亡的,对其遗属提供遗属抚恤等物质帮助的社会保险制度。

(3)工伤保险的范围?

《中华人民共和国工伤保险条例》(以下简称《工伤保险条例》)第二条规定:中华人民共和国境内的企业、事业单位、社会团体、民办非企业单位、基金会、律师事务所、会计师事务所等组织和有雇工的个体工商户(以下称用人单位)应当依照本条例规定参加工伤保险,为本单位全部职工或者雇工(以下称职工)缴纳工伤保险费。中华人民共和国境内的企业、事业单位、社会团体、民办非企业单位、基金会、律师事务所、会计师事务所等组织的职工和个体工商户的雇工,均有依照本条例的规定享受工伤保险待遇的权利。

 ## 116. 职工在什么情况下受伤应当认定为工伤?

(1)职工在什么情况下应当认定为工伤?

《工伤保险条例》第十四条规定,职工有下列情形之一的,应当认定为工伤:

(一)在工作时间和工作场所内,因工作原因受到事故伤害的;

(二)工作时间前后在工作场所内,从事与工作有关的预备性或者收尾性工作受到事故伤害的;

(三)在工作时间和工作场所内,因履行工作职责受到暴力等意外伤害的;

（四）患职业病的；

（五）因工外出期间，由于工作原因受到伤害或者发生事故下落不明的；

（六）在上下班途中，受到非本人主要责任的交通事故或者城市轨道交通、客运轮渡、火车事故伤害的；

（七）法律、行政法规规定应当认定为工伤的其他情形。

从中可以看出，如劳动者上下班途中步行或者骑车自行摔倒受伤，是难以确定为交通事故的，自然也不能认定为工伤。

（2）职工在什么情况下受伤视同工伤？

《工伤保险条例》第十五条规定，职工有下列情形之一的，视同工伤：

（一）在工作时间和工作岗位，突发疾病死亡或者在48小时之内经抢救无效死亡的；

（二）在抢险救灾等维护国家利益、公共利益活动中受到伤害的；

（三）职工原在军队服役，因战、因公负伤致残，已取得革命伤残军人证，到用人单位后旧伤复发的。

职工有前款第（一）项、第（二）项情形的，按照本条例的有关规定享受工伤保险待遇；职工有前款第（三）项情形的，按照本条例的有关规定享受除一次性伤残补助金以外的工伤保险待遇。

（3）职工在什么情况下受伤不得认定为工伤？

《工伤保险条例》第十六条规定。

职工符合本条例第十四条、第十五条的规定，但是有下列情形之一的，不得认定为工伤或者视同工伤：（一）故意犯罪的；（二）醉酒或者吸毒的；（三）自残或者自杀的。

 117. 职工因工致残被定为一至四级伤残的应享受什么待遇？

（1）职工因工伤致残被鉴定为一级至四级伤残的应享受什么待遇？

《工伤保险条例》第三十五条规定，职工因工致残被鉴定为一级至四级伤

残的,保留劳动关系,退出工作岗位,享受以下待遇:

(一)从工伤保险基金按伤残等级支付一次性伤残补助金,标准为:一级伤残为27个月的本人工资,二级伤残为25个月的本人工资,三级伤残为23个月的本人工资,四级伤残为21个月的本人工资;

(二)从工伤保险基金按月支付伤残津贴,标准为:一级伤残为本人工资的90%,二级伤残为本人工资的85%,三级伤残为本人工资的80%,四级伤残为本人工资的75%。伤残津贴实际金额低于当地最低工资标准的,由工伤保险基金补足差额;

(三)工伤职工达到退休年龄并办理退休手续后,停发伤残津贴,按照国家有关规定享受基本养老保险待遇。基本养老保险待遇低于伤残津贴的,由工伤保险基金补足差额。职工因工致残被鉴定为一级至四级伤残的,由用人单位和职工个人以伤残津贴为基数,缴纳基本医疗保险费。

(2)职工因工致残造成五至六级伤残的应享受什么待遇?

《工伤保险条例》第三十六条规定,职工因工致残被鉴定为五级至六级伤残的,享受以下待遇:

(一)从工伤保险基金按伤残等级支付一次性伤残补助金,标准为:五级伤残为18个月的本人工资,六级伤残为16个月的本人工资;

(二)保留与用人单位的劳动关系,由用人单位安排适当工作。难以安排工作的,由用人单位按月发给伤残津贴,标准为:五级伤残为本人工资的70%,六级伤残为本人工资的60%,并由用人单位按照规定为其缴纳应缴纳的各项社会保险费。伤残津贴实际金额低于当地最低工资标准的,由用人单位补足差额。

经工伤职工本人提出,该职工可以与用人单位解除或者终止劳动关系,由工伤保险基金支付一次性工伤医疗补助金,由用人单位支付一次性伤残就业补助金。一次性工伤医疗补助金和一次性伤残就业补助金的具体标准由省、自治区、直辖市人民政府规定。

(3)职工因工致残造成七至十级伤残的应享受什么待遇?

《工伤保险条例》第三十七条规定,职工因工致残被鉴定为七级至十级伤残的,享受以下待遇:

（一）从工伤保险基金按伤残等级支付一次性伤残补助金,标准为:七级伤残为13个月的本人工资,八级伤残为11个月的本人工资,九级伤残为9个月的本人工资,十级伤残为7个月的本人工资;

（二）劳动、聘用合同期满终止,或者职工本人提出解除劳动、聘用合同的,由工伤保险基金支付一次性工伤医疗补助金,由用人单位支付一次性伤残就业补助金。一次性工伤医疗补助金和一次性伤残就业补助金的具体标准由省、自治区、直辖市人民政府规定。

 118. 新工伤保险政策遵循哪些基本原则?

（1）新工伤保险政策的基本原则。

①无过失责任原则:指在各种工伤事故中只要不是受害者本人故意行为所致,就可以按照规定的项目和标准对当事人进行伤害补偿。也就是说对受害人而言,只要认定为工伤,不直接追究雇主或雇员是否存在过错,只要事故中有受伤害者就可以得到补偿。

②损害补偿原则:只有发生了人身伤害,基金才给予赔偿。

③个人不缴费原则:工伤是劳动者在创造社会财富时鲜血和生命的额外付出,所以理应由国家、社会和单位(或雇主)负担工伤保险费。

④严格区别工伤和非工伤原则:为了保证有限的资金用到真正因工伤造成人身伤害的参保人身上,必须严格区分伤害是否是工伤造成。

⑤预防、补偿和康复相结合的原则:工伤保险的补偿,不仅限于医疗费用,康复及亲属的损失也部分列入其中。

（2）工伤保险与人身意外伤害保险的实施方式有什么不同?

工伤保险是社会保险管理机构依据国家有关法律,强制企业必须参加的社会保险,不管企业雇主和职工是否愿意,都必须无条件参加。而商业保险公司的人身意外伤害保险的实施方式是自愿的,保险人与被保险人双方在自愿的基础上签订保险合同,遵循契约自由的原则,可以中途变更保险合同。

119. 因工死亡人员供养亲属包括范围有哪些？

(1)因工死亡人员供养亲属范围。

因工死亡人员供养亲属,是指该职工的配偶、子女、父母、祖父母、外祖父母、孙子女、外孙子女、兄弟姐妹等。

子女包括婚生子女(包括遗腹子女)、非婚生子女(包括遗腹子女)、养子女和有抚养关系的继子女;

父母包括生父母、养父母和有抚养关系的继父母;

兄弟姐妹包括同父母的兄弟姐妹、同父异母或者同母异父的兄弟姐妹、养兄弟姐妹、有抚养关系的继兄弟姐妹。

(2)《工伤保险条例》相关条例。

第三十九条规定,职工因工死亡,其近亲属按照下列规定从工伤保险基金领取丧葬补助金、供养亲属抚恤金和一次性工亡补助金:

(一)丧葬补助金为6个月的统筹地区上年度职工月平均工资;

(二)供养亲属抚恤金按照职工本人工资的一定比例发给由因工死亡职工生前提供主要生活来源、无劳动能力的亲属。标准为:配偶每月40%,其他亲属每人每月30%,孤寡老人或者孤儿每人每月在上述标准的基础上增加10%。核定的各供养亲属的抚恤金之和不应高于因工死亡职工生前的工资。供养亲属的具体范围由国务院社会保险行政部门规定;

(三)一次性工亡补助金标准为上一年度全国城镇居民人均可支配收入的20倍。

伤残职工在停工留薪期内因工伤导致死亡的,其近亲属享受本条第一款规定的待遇。

一级至四级伤残职工在停工留薪期满后死亡的,其近亲属可以享受本条第一款第(一)项、第(二)项规定的待遇。

第四十条规定,伤残津贴、供养亲属抚恤金、生活护理费由统筹地区社会保险行政部门根据职工平均工资和生活费用变化等情况适时调整。调整办法由省、自治区、直辖市人民政府规定。

第四十一条规定,职工因工外出期间发生事故或者在抢险救灾中下落不明的,从事故发生当月起3个月内照发工资,从第4个月起停发工资,由工伤保险基金向其供养亲属按月支付供养亲属抚恤金。生活有困难的,可以预支一次性工亡补助金的50%。职工被人民法院宣告死亡的,按照本条例第三十九条职工因工死亡的规定处理。

第四十二条规定,工伤职工有下列情形之一的,停止享受工伤保险待遇:(一)丧失享受待遇条件的;(二)拒不接受劳动能力鉴定的;(三)拒绝治疗的。

第八章　房地产相关法

120. 关于商品房买卖中订购书的相关规定有哪些?

(1)商品房订购书的概念。

商品房订购书也称认购书,是指商品房买卖双方在签署正式的买卖合同之前所签署的合同文件,其主要内容包括定金条款、买卖特定商品房及在满足约定条件时签署正式买卖合同的合意等。

(2)订购书的法律性质。

从法律性质上分析,商品房认购书是一种预约合同。预约是指当事人双方约定负有将来缔结契约义务的契约,或谓当事人一方或双方预先约定将来订立具有特定内容之契约的契约。其将来应订立之契约则称为本契约或本约。商品房认购书的内容,是约定双方有义务在一定期限内洽谈购房合同,这种意思表示是明确的,具备合同法规定的合同成立的要件,因此商品房认购书本身就是一种合同。从法律性质上分析,商品房认购书是一种预约合同。订购书为预约,则双方在订购书中约定将要签署的正式的商品房买卖合同则为本约。

(3)商品房订购书与购房合同。

①商品房认购书与购房合同的关系。

商品房认购书不是购房合同的从合同。商品房认购书约定的是一种行为义务,并不依赖于将来可能洽谈的购房合同的效力。将来双方不洽谈购房合同,也不会导致商品房认购书的无效,不影响双方应当履行的善意洽谈义务的存在,所以它是一种独立的合同,而不是购房合同的从合同。

②具备商品房买卖合同的主要内容的商品房认购书的法律性质。

在商品房认购书具备购房合同主要内容的前提下,如果开发商收受了购房款的,应当把商品房认购书认定为购房协议。

这种观点得到了司法解释的支持。《商品房买卖司法解释》第五条规定"商品房的认购、订购、预订等协议具备《商品房销售管理办法》第十六条规定的商品房买卖合同的主要内容,并且出卖人已经按照约定收受购房款的,该协议应当认定为商品房买卖合同。"司法解释的观点表明,虽然《商品房销售管理办法》规定商品房销售应当订立书面购房合同,但书面购房合同并非买卖关系的生效条件。如果具备了主要内容,并且买房人收受了购房款,就应当将商品房认购书视为购房合同。

 121. 商品房预售相关规定有哪些?

(1)商品房预售合同的概念。

商品房预售合同是指房地产开发经营企业与承购人就转移在约定时间内建成的商品房所有权及商品房暂用范围内的土地使用权,支付商品房价金等事宜所达成的书面协议。预售是目前我国房地产市场商品房交易的主要形式。

(2)商品房预售合同的法律性质和特征。

①商品房预售合同的法律性质。

商品房预售合同虽名为预售,但不是买卖预约,而是本约,是买卖合同,只是房屋交付期在约定的将来的某一时间。买卖双方关于房屋面积、价金、付款方式、交房期限、违约责任等问题均明确约定,无须将来另行订立买卖合同,即可直接依约履行并办理房屋产权过户,达到双方交易目的。

②商品房预售合同的特征。

第一,商品房预售合同的标的物在签约时尚不存在。一般的房屋买卖合同的标的物是现成的物,而商品房预售合同的标的物是正在建造的、在未来约定的时期内竣工的商品房。

第二,商品房预售人在未来约定的时间交付商品房,而商品房预购人则预付商品房价金。

第三,商品房预售人应当按照国家有关规定将预售合同报县级以上人民政府房产管理部门和土地管理部门备案。

(3)商品房预售合同登记的法律性质及效力。

①商品房预售合同登记的法律性质。

商品房预售合同登记是不动产登记的一种,性质属于预告登记。所谓预告登记是为保全一项以将来发生不动产物权变动为目的的请求权而为的登记,是德国中世纪民法创立的制度。一般的不动产登记登记的权利是不动产物权,如所有权、抵押权等,而预告登记登记的权利是请求权,该请求权的内容是在将来请求发生物权变动。一经预告登记,预购人的请求权便取得了对抗第三人的效力,故预告登记使合同债权具有物权性质,是一种典型的债权物权化。

②商品房预售登记的效力。

第一,优先购买权。通过预先登记,预购人取得了优先于其他人而购买特定的商品房的权利。从而将物权的公示手段用于对债权的保护,使该项请求权具有了对抗第三人的效力。

第二,期待权。通过预售登记,将使预购人取得对未来房屋所有权转移的期待权。《中华人民共和国城市房地产管理法》(以下简称《城市房地产管理法》)第四十四条第二款的规定:"商品房预售人应当按照国家有关规定将预售合同报县级以上人民政府房产管理部门和土地管理部门登记备案。"我国法律通过预售合同登记对开发商预售行为的合法性进行审查,以维护预购人的利益。

(4)商品房预售合同转让。

①商品房预售合同转让的概念

商品房预售合同转让是指商品房预购人将购买的未竣工的预售商品房再行转让他人的行为。《城市房地产管理法》第四十五条规定:"商品房预售的,商品房预购人将购买的未竣工的预售商品房再行转让的问题,由国务院规定。"这一规定实际上是对商品房的预售合同转让的认可。

②商品房预售合同转让的法律性质。

我国预售合同转让的法律性质是债权转让和权利义务转让。预购人已全部履行合同义务所做的转让是债权转让,债权人应通知债务人。预购人只部分履行合同义务所做的转让,则是权利义务转让,事先应征得预售人同意。预购人没有履行预售合同的任何义务时,预购人无权转让该预售合同,即预售合同中不存在债务转让。因为债务转让必须征得预售人的同意,预售人不可能同意预购人单纯的牟利转让;即使不以牟利为目的,预售人对预售合同享有请求解除权,并要求预购人承担缔约上的过失责任,预购人不能通过转让预售合同逃避应负的法律责任,同时我国法律严禁倒卖合同、买空卖空的行为,更不允许利用预售合同进行变相的期货交易。

 122. 商品房买卖按揭相关规定有哪些?

(1)商品房买卖按揭的涵义。

所称的"按揭"据称是从我国香港地区传入大陆的,它是英文"mortgage"广东话的谐音。是指购房人将与出卖人之间签订的商品房买卖合同的标的抵押于银行,银行将一定数额的款项贷给购房人,并以购房人的名义将款项交与房地产商的法律行为。

(2)商品房买卖按揭的法律特征。

①主体包括三方:购房者、房地产销售商及按揭银行。

②按揭法律关系的内容有三点,即购房者与房地产销售商之间的买卖合同关系、购房者与按揭银行之间的借款合同关系和购房者与按揭银行之间的担保法律关系。

③按揭法律关系的标的物与担保合同的标的物具有同一性,这是按揭的最大法律特征。

④按揭权人实现按揭权可采取两种方式,一种是折价或以拍卖变卖标的物所得价款优先受偿;另一种是在合同中约定回购条款,由房地产销售商向银行回购标的物,并以回购款优先偿还银行贷款。

⑤还可以出现:购房人、银行与保险公司之间的保险关系。购房人在将所购房屋抵押给银行时,必须就抵押物(所购房屋)在借款期间投保财产险,并指定银行为第一受益人。

(3)房屋按揭的若干实务问题。

①按揭中房屋买卖合同和借款合同之间的关系。

商品房买卖合同与按揭借款合同之间不是主合同与从合同的关系,具体分析如下:

首先,购房人选择按揭付款方式后,必须按照开发商的要求与指定的按揭银行签订借款合同,由按揭银行向购房人发放贷款并应购房人的委托直接将贷款划给开发商。由于按揭银行是与开发商存在约定的特定银行,购房人不能与其他银行做按揭,借款的目的就是为了支付购房款,开发商和按揭银行之间存在一对一的销售和融资合作关系,相互依存。因此说,借款合同在发生上对商品房买卖合同具有一定的依附性。其次,当商品房借款合同被宣布无效或者被撤销以后,并没有使借款合同被宣布无效或被撤销的情形出现,商品房借款合同在效力上对商品房买卖合同不具有从属性。最后,商品房买卖合同订立以后,当出卖人将符合合同约定的商品房交付予买受人时便完成其义务,商品房买卖合同因履行完毕而消灭,但按揭借款合同并未消灭,所以,商品房借款合同在消灭上与买卖合同不具有从属性。

通过以上分析可得出结论,商品房借款合同并不是商品房买卖合同的从合同,商品房买卖合同与按揭借款合同之间具有紧密联系又相互独立的合同关系。

②按揭借款合同与房屋抵押合同之间的关系。

抵押合同与借款合同之间的关系属于《担保法》规定的主从合同关系,抵押合同属于借款合同的从合同,借款合同无效、被撤销、解除的,抵押合同也随之无效、被撤销或解除。因借款合同解除导致抵押合同解除的,依照《担保法》司法解释第十条的规定,主合同解除后,担保人对债务人应当承担的民事责任仍应承担担保责任,作为抵押物的房屋仍不免除物上担保责任。

我国担保法规定房屋抵押权的成立以办理房屋抵押登记为生效要件,由于借款合同和抵押合同可能签订在期房阶段,也可能签订在现房阶段,购房人作为抵押人在抵押时可能尚未占有房屋,或者未取得房屋的产权证,因此,按揭贷款中的抵押登记性质上属于抵押预告登记,也叫"预登记",待购房人产权证办妥后,再进行房屋他项权登记。购房人在抵押房屋的同时,还要将商品房销售合同正本交付银行,在日后办下房产证后,房产证也交押于银行。买卖合同与房产证是购房人拥有房屋产权的重要凭证,将这些重要凭证交付银行占有,近似于英美法系中"权利凭证占有式按揭"。

123. 商品房买卖中开发商的法律责任相关规定有哪些?

(1)房地产广告和宣传资料与开发商的法律责任。

在房地产销售中,广告和销售宣传资料对购房人起着非常重要的作用。在许多情况下,开发商的商品房销售广告承诺的条件较多,而在实际签订合同时又借口仅是宣传而已,并不将广告中所宣传的许多条件写在合同中,以广告对其不构成约束力为由推脱责任。

建设部公布的《商品房销售管理办法》第十五条规定:"房地产开发企业、房地产中介服务机构发布的商品房销售广告和宣传资料所明示的事项,当事人应当在商品房买卖合同中约定。"这就意味着广告中的主要条件就是未来房屋买卖合同中开发商的义务,如果开发商在销售合同中未列明其在广告中所告知的条件,开发商就要承担一定的责任。商品房《解释》第三条明确规定:如果开发商对开发规划范围内的房屋及相关设施所做的说明和允诺具体确定,并对购房人是否订立买卖合同,或者对房屋价格的确定有重大影响的,应视为合同内容。哪怕这样的说明和允诺没有写到合同中,对开发商也有法律上的约束力。此条所指的"相关设施",应当是指《商品房销售管理办法》第十六条规定的"供水、供电、供热、燃气、通信、道路、绿化等配套基础设施和公共设施"。只要开发商在广告中对上述内容作了具体说明或允诺,但实际不能做到或有所改变的,都属违约,应承担相应的违约责任。

虚假售楼广告,曾使不少购房人利益蒙受重大损失。所谓虚假广告实际上是广告主不准备真正兑现,而是以此作为一种商业手段而达到其营利目的所做的不真实的、甚至是欺骗性的、误导性的宣传。借助虚假广告致使购房者与其签订合同的开发商,实际上是对购房者的利益实施的一种侵权行为。购房者可以要求开发商予以赔偿或退房等。在这一民事法律关系中,侵权一方要返还不当得利,并对被侵权方的损失予以赔偿,所以,如果开发商发布虚假广告是要最终承担法律责任的。

(2)已售出的房产,在未办理产权证前,又抵押给第三人的法律责任。

由于现在房地产开发规模较大,所需资金也较大,很少有开发商能够独立支付全部建设资金,有个别开发商为筹集资金,将已售出的房产再次抵押给银行以获得贷款,这种做法可能侵害购房者的利益。依照我国法律规定,在房产售出后,只要将房屋的买卖合同按照有关国家规定在房地产管理部门进行了登记,该项房地产交易即告成立,涉及的房屋也就从开发商手中转移到了购房者手中。如果此时开发商再将房屋进行抵押,无疑是将自身没有所有权的财产进行抵押处置,这是侵犯购房者所有权的行为。负有法律责任的开发商应承担因此给购房者造成的损失。

(3)房屋不能按期交付的法律责任。

开发商逾期交房的情况大致有:开发商根本不具备房地产开发的主体资格,其所开发的房地产项目并未取得政府有关主管部门的正式批准;房屋尚未完工;房屋本身虽已完工,但合同中约定了相关配套设施不能同时交付使用;未通过政府部门的验收等。逾期交房作为明显而严重的违约行为,开发商需要承担买卖合同及法律规定的违约责任。首先是需向买方支付违约金。如果在宽展期内,开发商需按日支付违约金;如果超出宽展期开发商仍无法交付,而客户又要求解约、退房的,开发商需要退还客户已交全部房款,以及合同约定的违约金。如合同约定的是定金罚则,则开发商需向买方双倍返还定金,并支付全部款项的利息。

(4)开发商因自身原因,不能按期取得房产证的法律责任。

开发商须交付房屋并保证房屋所有权能够依法转移给买受人,这是开发商最基本的一项义务。开发商可能由于如下原因导致产权证不能办理:土地使用手续不合法;未支付全部土地使用权出让金;违规建房;不能提供规定的资料等。《商品房买卖解释》第十八条对这一问题作了明确规定:因开发商原因,购房人未能按期取得房产证的,开发商应承担违约责任。其支付违约金或赔偿金的数额,按照购房人已付购房款总额,以银行逾期贷款利息为标准计算。该条还规定了购房人应当取得房产证的期限,分为三种情况:购房合同约定有期限的,按合同约定;合同没有约定且为预售的,为房屋交付使用之日起90日内;合同没有约定且为现售的,为合同订立之日起90日内。只要在以上期限内,因开发商原因办不下房产证的,购房人即可按前述办法,要求开发商支付违约金。如果开发商在商品房买卖合同约定或者《城市房地产开发经营管理条例》第三十三条规定的办理房屋所有权登记的期限届满后超过一年,由于自身原因,导致买受人无法办理房屋所有权登记,买受人有权要求解除合同和赔偿损失。

 ### 124. 商品房有质量问题如何处理?

根据《最高人民法院关于审理商品房买卖合同纠纷案件适用法律若干问题的解释》(以下简称《解释》)。

(1)房屋主体结构质量不合格的,购房人有权拒收、解除合同和要求赔偿损失。

相关司法解释规定:"因房屋主体结构质量不合格不能交付使用,或者房屋交付使用后,房屋主体结构质量经核验确属不合格,买受人请求解除合同和赔偿损失的,应予支持。"这里的所谓主体结构质量不合格包括两种情况:

一是房屋交付前未经验收或经验收不合格。依据现行法律规定,房屋建成后交付使用前,建设单位应组织勘察、设计、施工、监理等各方对工程质量一起进行验收,验收合格的应该签署质量合格文件;并申请规划、公安消防、环保部门对房屋进行检查,出具认可文件或者准许使用文件;最后由建设单位向工程所在地的建设行政主管部门备案,取得房屋建设工程竣工验收备案表。

《中华人民共和国建筑法》(以下简称《建筑法》)第六十一条规定:"交付竣工验收的建筑工程,必须符合规定的建筑工程质量标准,有完整的工程技术经济资料和经签署的工程保修书,并具备国家规定的其他竣工条件。建筑工程竣工经验收合格后,方可交付使用;未经验收或者验收不合格的,不得交付使用。"

《城市房地产管理法》第二十七条规定:"房地产开发项目的设计、施工,必须符合国家的有关标准和规范。房地产开发项目竣工,经验收合格后,方可交付使用。"

因此,购房人在办理商品房交接入住手续时,应要求出卖人出示该商品房的《建筑工程竣工验收备案表》,查验该工程是否经验收合格。如果出卖人不能出示该商品房的《建筑工程竣工验收备案表》,说明该工程未经验收或者验收不合格,购房人有权拒绝收房,由此引起的延期交房责任由出卖人承担。如果出卖人超过约定的期限房屋仍然未能验收合格,购房人可以解除合同并要求赔偿损失。

(2)房屋交付使用后,不论是否在保修期内,房屋主体结构质量经核验确属不合格。这里的所谓主体结构质量不合格,是指房屋地基基础工程和主体结构工程不合格。房屋地基基础工程和主体结构工程是建筑工程的基础和主体,如果一栋楼房在地基基础工程和主体结构方面出现质量问题,即使其他部分施工质量再好也难以保证整个楼房的质量和安全。因此,《建筑法》第六十条第一款规定:"建筑物在合理使用寿命内,必须确保地基基础工程和主体结构质量。"商品房交付使用后,购房人认为主体结构质量不合格的,可以依照有关规定委托工程质量检测机构重新核验,确属主体结构质量不合格的,购房人有权退房,给购房人造成损失的,房地产开发企业应当依法承担赔偿责任。但这里必须提醒购房人注意,委托核验的工程质量检测机构必须具备相应的资质,且委托哪个机构来检测买卖双方须经协商达成一致,如双方协商不成应申请法院指定检测机构,否则单方委托的检测机构如果得不到另一方的认可,其检测结果则没有法律效力。

(3)不论是否在保修期内,因房屋质量问题严重影响正常居住使用的,购房人可以请求解除合同和赔偿损失。

相关司法解释规定:"因房屋质量问题严重影响正常居住使用,买受人请求解除合同和赔偿损失的,应予支持。"

这种情形既不是明显的主体结构质量不合格,又不完全属于保修的一般质量问题,而是介于两种情形之间的情形,其中"严重影响正常居住使用"如何理解和把握,法律没有作出具体规定,应该属于法官自由裁量的范畴。因此,在这种情况下购房人提出索赔请求时更要慎之又慎。是否属于"严重影响正常居住使用"的情况,司法实践中要通过实地勘察或鉴定进行综合评定:

一是看房屋质量问题是否能够通过修复解决,如果通过修复能够解决,一般应要求出卖人承担修复责任,并可要求赔偿损失。

二是经修复后是否仍然存在威胁购房人人身、财产安全的因素,如果该房屋经修复后仍然不能保证购房人的人身和财产安全,购房人就要理直气壮地提出解除合同,并要求出卖人赔偿损失。

三是经多次维修房屋仍然存在严重质量缺陷,无法正常使用,严重干扰和影响了购房人的生活,可提出解除合同和赔偿损失的请求,由法官根据实际情况予以裁决。

(4)在保修期内,在保修范围内的一般质量问题,购房人有权要求出卖人承担修复责任。

《解释》第十三条第二款规定:"交付使用的房屋存在质量问题,在保修期内,出卖人应当承担修复责任;出卖人拒绝修复或者在合理期限内拖延修复的,买受人可以自行或者委托他人修复。修复费用及修复期间造成的其他损失由出卖人承担。"

这里所说的质量问题指的就是一般质量问题。所谓一般质量问题,是指房屋地基基础工程和主体结构工程之外的、未严重影响购房人正常居住使用的质量问题,包括屋顶、墙壁漏水、渗水问题,室内地坪空鼓、开裂、起沙问题,墙皮、面砖、油漆等饰面脱落问题,厕所、厨房、盥洗室、阳台地面泛水、积水、漏水问题,电线漏电、灯具坠落、管道堵塞、暖气不热问题等等。

《建筑法》第六十条第二款规定:"建筑工程竣工时,屋顶、墙面不得留有渗漏、开裂等质量缺陷;对已发现的质量缺陷,建筑施工企业应当修复。"

国务院《建设工程质量管理条例》第四十条规定:"在正常使用条件下,建设工程的最低保修期限为:(一)基础设施工程、房屋建筑的地基基础工程和主体结构工程,为设计文件规定的该工程的合理使用年限;(二)屋面防水工程、有防水要求的卫生间、房间和外墙面的防渗漏,为5年;(三)供热与供冷系统,为2个采暖期、供冷期;(四)电气管线、给排水管道、设备安装和装修工程,为2年。其他项目的保修期限由发包方与承包方约定。建设工程的保修期,自竣工验收合格之日起计算。"

建设部《商品房销售管理办法》第三十二条规定:"销售商品住宅时,房地产开发企业应当根据《商品住宅实行质量保证书和住宅使用说明书制度的规定》(以下简称《规定》),向买受人提供《住宅质量保证书》、《住宅使用说明书》。"第33条规定:"房地产开发企业应当对所售商品房承担质量保修责任。当事人应当在合同中就保修范围、保修期限、保修责任等内容作出约定。保修期从交付之日起计算。商品住宅的保修期限不得低于建设工程承包单位向建设单位出具的质量保修书约定保修期的存续期;存续期少于《规定》中确定的最低保修期限的,保修期不得低于《规定》中确定的最低保修期限。非住宅商品房的保修期限不得低于建设工程承包单位向建设单位出具的质量保修书约定保修期的存续期。在保修期限内发生的属于保修范围的质量问题,房地产开发企业应当履行保修义务,并对造成的损失承担赔偿责任。因不可抗力或者使用不当造成的损坏,房地产开发企业不承担责任。"

一般来说,房屋交付前对比较明显的或者已知的质量问题,购房人应在房屋交付时要求出卖人给以修复。因为购房人在接受房屋时,一般要对房屋进行必要的验收,这也是购房人应该行使的注意义务,经验收后确信没有质量问题再办理入住手续。如果发现房屋有质量问题,应立即找开发商,要求对有质量问题的地方予以书面确认并加盖公章,在对方解决好该问题后再办理入住手续。如果在短时间内解决不了,应要求开发商承担延期交房的责任,并索要书面凭证。房屋交付使用后在保修期内出现的一般质量问题,在未严重影响正常居住使用的情况下,购房人有权要求出卖人修复。因此增加的费用,应当由出卖人承担。出卖人拒绝修复或者在合理期限内拖延修复的,购房人可自行或者委托他人修复,修复费用及修复期间造成的其他损失等,应由出卖人承担。

除注意区分上述三种情形外,购房人要想索赔成功,还要注意保存和搜集证据,因为在法院审理中,要求出卖人赔偿损失需要购房人提供证据证明。一是房屋出现质量问题的证据;二是出卖人拒绝修复或者在合理期限内拖延修复的证据;三是购房人自行修复或者委托他人修复的证据;四是购房人发生损失的证据。如果不能提供上述证据,就会因举证不能得不到法律的支持,从而无法达到索赔的目的。

(5)过了保修期,可自行维修,亦可通过质检追究责任。

在过了保修期的情况下,则是根据物业的产权性质来判断,若发生在单个业主家中,属于业主的专有部分,业主可通过自行聘请维修人员或要求物管方提供特约服务来对其进行维修;如果发生在房屋的共有部分,则可要求物管方对其进行维修,费用由相应业主按各自拥有的权属份额共同承担,涉及大修、中修、更新、改造的,还需使用已建立的房屋专项维修资金。

也就是说,在保修期外出现房屋质量问题,虽然通过自行聘请维修人员来进行维修,但如果情况比较严重,可经过相关质量检测单位检测后再判断责任方,追究责任。如果是涉及主体结构一类,危及业主人身安全的质量问题,则属于终身保修范畴,经过工程质量检测机构核验,并作出定论后,可要求退房,如果因此而造成人员和财产损失,可要求相应赔偿,包括装修费用等损失,都可一并由开发商支付。

(6)购房者要避免房屋质量困扰,在签合同时房屋质量赔偿一定要写进合同。

房地产开发企业在交付销售的新建商品住宅时,必须提供《住宅质量保证书》和《住宅使用说明书》。这两书可以作为商品房购销合同的补充约定,其中具体的保修期限也可以由双方协商约定,因为法律规定的时间年限是最低限度,购房者可以根据自己的情况,向开发商要求加长某些部位的保修时间。而那些购买所谓"尾房"的消费者,更要切记将保修期限的起始日期约定清楚。

建设部《关于加强住宅工程质量管理的若干意见》中规定"建设单位(含开发企业,下同)是住宅工程质量的第一责任者,对建设的住宅工程的质量全面负责。"因此,开发商首先要对房屋质量负责。

该《意见》还规定:"开发企业应在房屋销售合同中明确因住宅工程质量原因所产生的退房和保修的具体内容及保修赔偿方式等相关条款。保修期内发生住宅工程质量投诉的,由开发企业负责查明责任,并组织有关责任方解决质量问题。暂时无法落实责任的,开发企业也应先行解决,待质量问题的原因查明后由责任方承担相关费用。"因此,因住宅工程质量原因所造成的退房、保修及保修赔偿方式等,都应在开发企业的房屋买卖合同中以条款形式明确规定。签合同时,购房者注意要在合同中约定解决质量问题的具体办法。现在通用的《商品房买卖合同》里没有明确的约定入住时如果出现房屋质量问题的解决办法,而只是约定了保修责任,这对购房人来说解决不了什么实际问题,所以在签订补充条款时要尽可能的约定该项内容。

入住后出现了房屋质量问题,业主应首先采取主动积极的态度,与开发商协商。如果协商不能解决,业主可以向消费者协会、建委等部门投诉或直接向法院提起诉讼。最重要的是消费者在发现房屋质量问题以后,一定要注意保留证据。首先,一定在保管好当初的合同、材料清单、付款发票等书面凭证,如拍摄相关照片,并书面记录质量问题的严重程度。造成的损失情况等,可请质量监督部门对原因和损失数额作出鉴定,作为支持赔偿的证据,尽可能请物业服务公司、邻居或居委会有关人员签名证实。其次,应以挂号信的形式向开发商发出书面通知,要求开发商前来修复,并告之其损失情况。每次修复情况,包括修复时间,具体人员采取的措施及修复效果等都作好书面的记录并请相关人员签名,在开发商、质量监督站及业主处分别备案;返修完毕后,由开发商聘请有资质的监理单位,与设计、施工单位、业主代表或业主自己邀请的专家,联合验收。最后,可以据此向开发商据实索赔。

公民、法人或其他组织关于土地、房屋等权益发生了争议,可以选择以下解决途径:

①自行协商解决:争议发生后,争议各方通过自行协商解决纠纷;

②非诉讼调解:泛指不通过诉讼、仲裁解决当事人之间民事争议的一种方式,在我国通常是指在有关部门主持下,争议双方自愿达成协议解决纠纷;

③仲裁:争议各方根据签订的仲裁协议,向协议选定的仲裁机关申请仲裁。生效的仲裁裁决,一方若不履行,另一方可向人民法院申请强制执行;

④诉讼:争议各方将争议的房地产纠纷向有管辖权限人民法院提起诉讼。

 125. 房地产登记相关规定有哪些?

(1)有哪些情形的房地产不予或暂缓登记?

有下列情形之一的,登记机关可作出暂缓登记的决定:

①产权纠纷尚未解决的;

②涉及违法用地、违章建筑事项,未经处理或正在处理之中的;

③受理申请后发现申请文件需要修正或补正的;

④房地产权利受到司法机关或市政府没收、查封等限制的;

⑤法律、法规、市政府规章规定应暂缓登记的其他事由。

(2)房地产转让时,同时转让的有哪些权益?

房地产转让时,转让人对同宗土地上的道路、绿地、休憩地、空余地、电梯、楼梯、连廊、走廊、天台或其他公用设施所拥有的权益同时转移;房地产首次转让合同对停车场、广告权益没有特别约定的,停车场、广告权益随房地产同时转移;有特别约定的,经房地产登记机关初始登记,由登记的权利人拥有。

(3)怎样申请房地产登记?

申请房地产登记,应当按照规定的时间向房地产所在地规划国土分局提交申请书及有关文件,经审查,申请人的申请符合规定的,登记机关应在规定时间内核准登记,并发给房地产权利证书。

(4)房地产的登记种类有哪些,办文时间需多少天?

房地产登记种类分为初始登记、转移登记、抵押登记、变更登记和其他登记。其中初始登记办文时间为90天,转移登记办文时间为30天,抵押登记15天,变更登记办文时间30天。

(5)房地产登记的权利人名称是如何确定的?

房地产登记的权利人名称根据如下办法确定:

①企业法人,为该企业法人工商登记时的法定名称;

②国家机关、事业单位,为该机关、单位的法定名称或政府确认的名称;

③非法人组织,为该组织依法登记的名称或政府批准的名称;

④个人,为合法身份证明上的姓名;

⑤共有人,为各权利人的名称或姓名。

(6)申请房地产登记,可否委托他人办理?

申请房地产登记,申请人可以委托他人代理。由代理人办理申请的,应向登记机关提交经公证的委托书。

(7)哪些房地产登记需由有关当事人共同申请?

房地产的买卖、抵押、分割、交换、赠与等房地产登记由有关当事人共同申请。

(8)哪些房地产登记可由当事人单独申请?

下列情形的房地产登记,当事人可以单独申请:

①土地使用权或建筑物、附着物所有权的初始登记;

②因继承或遗赠取得房地产的转移登记;

③因人民法院已经发生法律效力的判决、裁定和调解而取得房地产权利的有关登记;

④变更登记;

⑤因土地使用年期届满的注销登记;

⑥因房地产权利证书灭失、破损而重新申领、换领房地产证书等其他登记。

(9)法律规定共同申请,一方当事人不配合,另一当事人该怎么办?

应由当事人共同申请登记的,一方申请,另一方不申请或虽申请但不提供登记文件的,登记机关可责成不申请登记或不提供登记文件的一方限期办理登记手续。限期内仍不办理的,可处以一千元以上五千元以下罚款。登记机关经审查认为符合登记条件,可径为登记。

(10)采取欺骗手段骗取房地产登记的,应承担什么责任?

利用欺骗手段获得核准登记的,由登记机关撤销核准登记,没收其非法所得,并处以非法所得一倍以下的罚款。情节严重构成犯罪的,由司法机关依法追究刑事责任,造成他人损失的,应负赔偿责任。

(11)未成年人是否可以作为权利人办理《房地产证》?

未成年人可以作为权利人办理《房地产证》,但办理时须提交其监护关系证明和监护人身份证明,并在《房地产证》上备注其法定监护人姓名。由于未成年人为没有民事行为能力或限制民事行为能力的人,因此在处分该房地产时必须符合有关法律规定。

126. 房地产二级市场产权登记相关规定有哪些?

(1)查阅产权档案有什么规定?

可以查阅房地产权档案的组织或个人为:①产权证书上记载的权利人;

②依法行使有关权力的司法机关、行政机关工作人员；③受权利人委托代理房地产有关事务的律师及有关人员；④作为抵押权人的银行、拍卖行授权的工作人员。

（2）什么情形属于房地产变更登记？

下列情形属于房地产变更登记：①房地产使用用途改变的；②权利人姓名或名称发生变化的；③房地产←落名称或房地产名称发生变化的；④建筑物、附着物倒塌、拆除的。

（3）申请变更登记应提交什么文件，办理变更登记时需缴纳什么费用？

①《房地产变更登记申请书》；

②房地产权利证书；

③改变房地产用途的，应提交土地主管部门同意改变用途的批准文件及土地使用合同书，需补交地价的，还应提交付清地价款证明；改变权利人姓名或名称的，应提交行政主管机关批准的文件；个人的提交公安部门证明；企业法定代表人变更一般不需办理变更登记，待权属发生转移时，同时提交变更证明即可；

④建筑物、附着物倒塌、拆除的应提交有关部门证明。

变更登记每项交纳登记费20元。

（4）哪些情况下需办理二级市场房地产转移登记？

①向开发商购买的商品房（包括合法的合作建房、集资建房、拆迁赔偿房）；

②企事业单位房改出售给本单位职工的福利房、微利房；

③市、区住宅局出售的福利房、微利房。

（5）购买二级市场商品房后，何时可以申请办理《房地产证》？

只有商品房项目办理了房地产初始登记后，小业主才能顺利地领取《房地产证》。也就是说，只有开发商按要求将商品房项目有关初始登记材料上报登记部门，按规定交纳有关税费并经登记部门按程序审批核准后，初始登记才算结束，小业主才能办证。因此，并不是开发商一提交商品房项目的资料后，小业主就可以申请办理《房地产证》。

(6)如何办理二级市场转移登记手续?

办理二级市场转移登记需提交下列资料:①《房地产转移登记申请书》;②身份证明;③房地产买卖合同;④付款发票和付清房款证明。

办理二级市场转移登记一般由开发商统一办理,也可以自行到产权登记部门办理。

 ## 127. 三级市场房地产登记相关规定有哪些?

(1)什么情况属于三级市场转移登记?

凡房地产已办理二级市场产权登记并领取产权证后又发生转移的,称为三级市场转移登记。如房地产买卖、赠与、交换、继承,人民法院判决、裁定的强制性转移等等。

(2)三级市场转移登记需提交什么资料?

三级市场转移登记需提交:①《房地产转移登记申请书》;②转让、受让双方身份证明;③《房地产证》或其他产权证书;④房地产买卖合同。

(3)拍卖的房地产过户需提交哪些资料?

通过法院拍卖的需提交:①《房地产转移登记申请书》;②竞授人身份证明;③拍卖成交确认书、付清拍卖款证明;④法院判决、裁定或调解书、协助执行通知书;⑤原产权证书,人民法院在办案中未能收回原产权证的,需以法院名义在地方有广泛影响的报纸上登载的原产权证作废公告作废;⑥若所拍卖的房地产是行政划拨、减免地价的,需提交用地补充协议和付清地款证明。

由业主自行委托拍卖行拍卖的需提交:①《房地产转移登记申请书》;②竞授人身份证明;③拍卖成交确认书、付清拍卖款证明;④原产权证书;⑤委托拍卖的公证书。

拍卖房地产过户税费按三级市场转让计算。

(4)如何办理房地产交换?需缴纳哪些费用?

房地产交换是指当事人将各自拥有的房地产相互转移给对方的法律行为。当事人双方签订换房协议公证书(福利房需原产权单位和房改审批部门的同意),并提交房地产转移登记申请书、身份证明、原产权证书;对商品房交换的房屋有差价的,应当就差价部分按三级市场转让交纳税费。

(5)什么叫房地产赠与? 如何办理过户手续?

房地产赠与是指当事人一方将自己拥有的房地产无偿地转让给他人的法律行为。按规定,赠与应在不动产所在地公证处办理赠与合同公证,并提交经公证的亲属关系证明书、房地产转移登记申请书、身份证明及原产权证书办理过户手续。境外当事人提交的证明材料按规定需经司法部认可的律师认证或我国驻当地大使馆(领使馆)公证。

(6)如何办理继承的房地产登记? 需缴纳哪些费用?

需提交下列资料:①《房地产转移登记申请书》;②不动产所在地公证处出具的《继承权公证书》;③身份证明;④《房地产证》或其他产权证书。

128. 房地产抵押登记相关规定有哪些?

(1)什么叫房地产抵押?

房地产抵押是指债务人或第三人(抵押人)以其合法拥有的房地产作为担保物向债权人(抵押权人)提供债务履行担保的行为。房地产按揭属于房地产抵押的一种形式,一般特指用所购房屋作为担保贷款购房的行为。

(2)办理房地产抵押登记需提供哪些资料?

需提供:①《房地产抵押登记申请书》;②房地产权利证书;③身份证明;④经公证的借款合同和抵押合同。

非法人企业、组织的房地产抵押需提交其产权部门同意抵押的批准文件。

(3)为什么抵押登记要先缴纳土地使用费?

抵押人在办理房地产抵押登记之前应先向规划国土部门交纳土地使用费后方可办理。具体要求是:①抵押人属单位的,所有用途的抵押物都应交纳土地使用费后才办理抵押登记;②抵押人属个人的,其自用性质的住宅可以暂不交纳土地使用费,其他用途的抵押物亦必须先交纳土地使用费后方可办理抵押登记。

(4)三级市场的房地产转让按揭,应如何办理抵押登记?

有两种办法:①先由买卖双方签订《房地产买卖合同公证书》,办理受让方的《房地产证》,由受让方按房地产抵押登记的规定办理现房抵押登记;②买卖双方签订《房地产买卖合同公证书》,同时提交按揭登记资料。

产权登记部门先办转让,后办按揭登记(同时由一人操作完成,避免由时间差造成银行方面的损失),转让及按揭登记完成后,领发已盖有抵押专用章的《房地产买卖合同公证书》。

(5)哪些房地产不能办理抵押登记?

①权属来源是限制抵押的(包括福利房、微利房、私人建房等);

②根据城市规划,市区政府决定收回土地使用权的;

③司法机关、行政机关依法裁定、决定查封或者以其他形式限制房地产权利的;

④共有房地产,未经其他共有人书面同意的;

⑤权属有争议的;

⑥法律、法规或市政府规定禁止抵押的;

⑦除乡(镇)、村企业厂房等建筑物占用范围的集体土地使用权利依法承包并经发包方同意抵押的荒山、荒沟、荒丘、荒滩等荒地的集体土地使用权之外的其他集体土地使用权。

(6)第三者担保的抵押登记应如何办理?

第三者担保的抵押贷款在提交资料时,除按一般现楼抵押贷款提交资料外,还应提交第三者(通常是借款人)的有关身份证明,同时在房地产抵押合同中应明确写明抵押人与借款人。

(7)土地来源属行政划拨或减免地价款的房地产能否办理抵押登记?

凡土地来源属行政划拨或减免地价的企业土地,在未向政府缴纳地价或未缴足地价前,不能单独以土地进行抵押登记;若土地上的建筑物已合法登记,可以同意单独以房屋作抵押,在处分抵押物时,必须委托当地不动产拍卖行进行拍卖或变卖,不动产拍卖行负责扣发应补交的土地价款。凡行政、事业单位的房地产,不得擅自为企业提供抵押担保。

(8)注销房地产抵押登记应提交什么资料?

应提交:

①抵押权人属金融机构的,应由金融机构出具注销抵押登记申请;

②抵押权人属企业的,应由企业提交身份证明和出具注销抵押登记申请;

③抵押权人属个人的,应由提交经公证的注销抵押登记申请并亲自到收文窗口交件;

④注销抵押应与申请注销的抵押物证件同时提交(即房地产证或房地产买卖合同书,办事人应有授权委托书、身份证等)。

 ### 129. 如何理解物业服务企业协助维护秩序?

根据《物业管理条例》第二条本条例所称物业管理,是指业主通过选聘物业管理企业,由业主和物业管理企业按照物业服务合同约定,对房屋及配套的设施设备和相关场地进行维修、养护、管理,维护相关区域内的环境卫生和秩序的活动。

法规原则性的规定物业服务活动的具体内容是由合同约定的,同时列举了包括"维护相关区域内的环境卫生和秩序的活动"。那么如何理解呢?

其一是物业服务可以包括维护相关区域内的秩序的活动;其二是虽然物业相关区域内的秩序的活动包括了一些防盗、防犯罪等治安案件的内容,但其安全防范的义务主要来源物业服务公司与业主双方的物业服务合同,属于私法范畴。而治安是指社会的秩序安宁的维护,属于公法范畴。二者的含义是不一样的,归责原则也不相同。其三是由于物业服务企业不具有公权力,因此即便有合同约定,但是在此活动中应该处于一种协助的位置。

《物业管理条例》第三十六条第二款规定:"物业管理企业未能履行物业合同的约定,导致业主人身、财产安全受到损害的,应当依法承担相应的法律责任。"虽然此条款规定只是原则性的;但是其同样强调这一活动应由合同约定,同时如果物业管理企业未能履行物业合同的约定,导致业主人身、财产安全受到损害的,才可能被要求承担相应的责任。那么即使出现物业管理企业未能履行物业合同的约定,但是这种违约行为与业主人身、财产安全受到损害,没

有因果关系,不存在因力,也不能直接归责于物业服务企业;因而在此具有侵权归责原则的属性。理解如下:

第一,物业保安服务不是一般意义上的治安。

在物业服务中,保安服务是基于业主与物业公司按照物业服务合同的约定,为维护物业管理相关区域内的秩序而产生的,是物业管理服务的一项重要内容。一般来讲,物业保安服务是指物业公司的保安人员通过值班、看守、巡逻等方式所进行的为业主提供保卫安全的相关服务,包括防火、防盗、防事故及突发事件的处理等服务内容。虽然物业保安服务包括了一些防盗、防犯罪等治安案件的内容,但其安全防范的义务主要来源物业服务公司与业主双方的物业服务合同,属于私法范畴。

而治安是指社会的秩序安宁的维护,属于公法范畴。公安机关是国家治安保卫的法定机关,具有维护社会治安秩序,制止危害社会秩序行为的法定职责。《保安服务管理条例》也明确指出:保安的职责是协助公安机关维护社会治安及在非警务工作中维持公共秩序。因此,物业服务公司并不具有公安机关依职权打击违法犯罪的基础职能,所以也不能当然保障和完全负责物业管理区域内业主的人身安全。

第二,物业服务公司未尽秩序维护之责的法律责任。

由于物业服务公司与业主之间的法律关系是合同关系,如果物业服务公司因未履行物业服务合同的约定而导致业主的人身受损,物业服务公司承担的是违约责任,应当根据物业服务合同的约定负相应的法律责任。一般情况下,物业服务公司与业主都会在物业服务合同中约定物业保安服务的内容,主要体现在两方面:避免业主因物业管理区域内设施设备的安全隐患(如火灾、爆炸等)受到人身损害;避免业主在物业管理区域内遭受外来第三人的不法侵害(如抢劫、盗窃等)。不过这种责任不是盖然性的,而是需要这种违约行为与损害结果之间具有因果关系,也就是损害结果的原因力。

第三,物业服务公司未尽秩序维护之责的归责原则。

根据《合同法》第一百零七条:"当事人一方不履行合同义务或者履行合同义务不符合约定的,应当承担继续履行、采取补救措施或者赔偿损失等违约责任。"以及《物业管理条例》第三十六条的规定,物业服务公司未尽保安服务之责,只要违约行为与损害结果之间具有因果关系,物业服务公司就应当对其违约行为承担责任,除非证明有免责的事由或者具有相关约定。

一般物业服务公司的免责事由主要有:不可抗力;业主之故意;物业本身之性质;损害系业主之同伴、探望者或业主接纳同住之人(内部第三人)所为。同时物业服务合同中也可以对双方的免责事由进行具体约定,只要不违反法律法规之强制性规定,也可以成为免责事由。

第四,物业公司应加强与公安机关的合作,协助做好治安防范工作。

物业服务公司应当主动协助当地公安机关的治安工作,并得到公安机关的支持。如物业服务公司通过巡逻发现有作案嫌疑的人员应及时询问并交公安机关处理;对发生不法侵害的行为,应当及时采取相应措施予以制止,并将不法侵害人送交公安机关处理,如果不法侵害已经发生,应及时报告公安机关并保护好现场等等。加强与公安机关的合作,可以最大限度地减少物业管理区域内因外来第三人的不法行为导致业主人身伤害案件的发生。

第五,增加和完善物防、技防设施设备和措施,能够起到事半功倍的效果。

第六,业主遭受的财产损失往往由于难以举证,处于非常尴尬的地位。

因为就物业区域发生的被盗案件而言,业主报称的损失往往是轻易能够随身携带的物品;对于此类物品的放置情况、被盗时的境况、实物数量,往往难以通过有效的证据予以证明。因此是业主即便遭受此类损失,也难以实现其赔偿请求。

第七,引入商业保险可以适度转嫁此类风险,但责任险合同的免赔事由同样苛刻。

对多数物业服务公司来说,引入商业保险不失为治安风险规避的一种好办法。目前,已有保险公司开发出物业管理责任险。该险保障投保人(包括其雇员)因物业管理中的疏忽或过失造成第三者人身伤亡,或其财产受损所付出的赔偿及有关诉讼费用。但实践中如果在合同有效期内发生了理赔,往往下一个合同期很难继续签约;或者会出现更高的保险费用。不过相对于可能出现的人身损害赔偿,确实是一个转移风险的有利选择。

130. 小区共有部分利用和违章改扩建相关规定有哪些?

这一问题涉及区分所有权和建筑规划管理及装饰装修管理问题,是一个普遍存在而且争议较大的问题。需要从法律法规层面加以说明:

(1)法律规定。

《物权法》第七十一条规定,业主对其建筑物专有部分享有占有、使用、收益和处分的权利。业主行使权利不得危及建筑物的安全,不得损害其他业主的合法权益。

第七十二条业主对建筑物专有部分以外的共有部分,享有权利,承担义务;不得以放弃权利不履行义务。

第七十三条建筑区划内的道路,属于业主共有,但属于城镇公共道路的除外。建筑区划内的绿地,属于业主共有,但属于城镇公共绿地或者明示属于个人的除外。建筑区划内的其他公共场所、公用设施和物业服务用房,属于业主共有。

(2)相关规定。

《最高人民法院关于审理建筑物区分所有权纠纷案件具体应用法律若干问题的解释》第二条建筑区划内符合下列条件的房屋,以及车位、摊位等特定空间,应当认定为《物权法》第六章所称的专有部分:

(一)具有构造上的独立性,能够明确区分;

(二)具有利用上的独立性,可以排他使用;

(三)能够登记成为特定业主所有权的客体。

规划上专属于特定房屋,且建设单位销售时已经根据规划列入该特定房屋买卖合同中的露台等,应当认定为《物权法》第六章所称专有部分的组成部分。

本条第一款所称房屋,包括整栋建筑物。

第四条业主基于对住宅、经营性用房等专有部分特定使用功能的合理需要,无偿利用屋顶及与其专有部分相对应的外墙面等共有部分的,不应认定为侵权。但违反法律、法规、管理规约,损害他人合法权益的除外。

《住宅室内装饰装修管理办法》第十二条装修人和装饰装修企业从事住宅室内装饰装修活动,不得侵占公共空间,不得损害公共部位和设施。

(3)共有部分的定义。

①小区规划范围内:建筑物专有部分以外属于共有部分,法律以列举的形式予以了说明;

②共有部分的除外定义:建筑区划内的绿地,属于业主共有,但属于城镇公共绿地或者明示属于个人的除外。

明示属于个人的绿地? 这里是否理解在房屋销售时公示了的属于别墅附属花园,底层房屋的窗前绿的;且在合同中载明归属相关业主使用的部分?

③小区会所、车库等归属权:根据一物一权,以及物权排他性原则;笔者认为只要开发建设单位或者他人,能够证明小区会所、车库已登记于其名下;且在其他房屋的公摊面积中,不包含此部分,则不为业主共有部分。

除此之外,小区内的其他构筑物,如游泳池、亭台、池塘等,则毫无疑问属于业主共有部分。

(4)利用共有部分是否构成违规或者侵占行为,不可一概而论。

①专有权的分界点,存在不同学说;我国倾向于抹灰层说;否则难以解释和处理室内装修出现的问题;

②只要不妨害他人的合理利用,并不构成侵权;如外墙悬挂空调外机;商铺放置店招等;还比如油烟排放、换气扇出风等;如不这样规定,将会极大限制物权的合理利用,减损物业的价值。

③排他性空间的利用:如露台、屋顶;如果必须经由所在房屋才能进入,那么这种排他性的合理利用不构成侵权。

(5)违章改扩建的范围。

①范围及空间界定,应参照上款说明;如果超过此范围,就范围及空间已构成违章改扩建;

②安全要求:相对于安全而言则不论专有部分还是共有部分;只要危及安全,则构成违章装修或者改扩建;

③不得侵害相邻权:虽然物权的行使,要求容忍他人利于生产生活的之便

利;但行为人却不得妨害他人的采光、通风、安全及安静等权利;否则将构成侵害、侵权;

④装饰装修除不得实施以上侵权行为外,也不得有违小区整体规划、外观等整体性;否则构成违章甚至违规违法。

(6)对违章装修及违章改扩建的处理。

①利害关系人,有权劝阻、制止、举报和要求相关部门处理,同时可以寻求私法救济;

②管理者有权劝阻、制止、举报和要求相关部门处理,同时可以根据合同和规约寻求私法救济;

③具有管理权限的相关部门,应及时查处,要求维护原状、消除妨害并可进行行政处罚。

131. 小区交通秩序、车辆管理、车位服务及车库产权相关规定有哪些?

(1)小区地面非专属停车位归业主共有;车库所有权应以办理产权登记与否予以区分。

《物权法》第七十四条规定,建筑区划内,规划用于停放汽车的车位、车库应当首先满足业主的需要。

建筑区划内,规划用于停放汽车的车位、车库的归属,由当事人通过出售、附赠或者出租等方式约定。

占用业主共有的道路或者其他场地用于停放汽车的车位,属于业主共有。

由此可以得知:

①建筑区划内,规划用于停放汽车的车位、车库(包含地下车库、地面单独的不属于共有面积或者在共有占地面积中单列的),应遵从约定;既然可以"通过出售、附赠或者出租等方式约定",那么必然存在有权处分,这里的"有权",则为处理人首先排他性的应取得或者可以取得所有权;那么此部分自然不是共有的,否则基本上构成无权处分。

②占用业主共有的道路或者其他场地用于停放汽车的车位,属于业主共有;包含已经能够存在占用业主共有的道路或者其他场地用于停放汽车的,还包括经过改扩建占用业主共有的道路或者其他场地用于停放汽车的;均属于业主共有。

(2)小区内就通行而言的交通秩序(简称小区通行秩序;区别于"道交法"的交通秩序)和车辆管理,在小区范围应属于私权范围,因此应该是约定优先。

①小区通行秩序应该是合理、有序的;可以通过小区管理规约约定,或者通过管理规定规范,小区车主及业主应当遵守;

②物业服务企业,应当按照小区管理规约约定,或者通过管理规定的授权,实施维护和管理活动;

③小区发生交通事故,物业服务企业应协助公安交警部门处理;因为根据道路交通安全法规,小区不构成排除其他车辆进出的范围,是公权力应涉及的范围。

④小区发生影响消防等应急通道的扰乱交通秩序的行为,物业服务企业应首先劝导,疏通;并应及时向公安消防部门或者公安交警部门举报,协助处理。

(3)小区通行安全及车辆安全应由行为人或者所有者负责。

①小区不能构成可以排他性识别的、专有的保管车辆的场所,且车主在停放车辆时难以完成保管物的交付,所以不构成保管合同关系;仅仅是车位服务和秩序维护性质,车主或者行为人应对自己的车辆或者行为负责。

②在小区驾驶车辆,也应遵从车辆控制说;行为人控制车辆,应对车辆的行驶负责。

 132. 专有权部分的维修和共有权部分维修维护相关规定有哪些?

在小区内,物业的维修维护并不是争议的焦点;而对专有权部分和共有权部分的区分所带来维修责任,则可能成为问题的所在。

(1)区分专有权部分和共有权部分是关键。

①《物权法》和《住宅专项维修资金管理办法》对区分专有权部分和共有权部分还是比较原则性,需要进一步明确;

②就大范围而言,笔者认为可以依照"关门说",也就是住宅关门以内属于专有部分,开门以外属于共有部分;当然这其中对于承重和结构部分,不适用此说;

③依据范围的不同,可以划分小区共有、单栋共有、单元共有、单列共有、单层共有、相邻共有;笔者仅说明微观的两种共有:如相邻两房屋存在共有墙体,则房屋内侧抹灰层应属于专有,而其墙体本身则属于相邻两户共有;再如楼板,房屋内装饰部分应属于专有,而楼板属于两户共有;

④外墙和承重墙则应属于整栋共有,因为无论那一部分的问题,均可能影响整栋安全或者外观;当然承重结构出现安全问题,维修责任是开发建设单位终身负责制。

(2)专有部分的维修维护应由业主负责;共有部分不涉及承重安全的由共有人负责。

(3)维修与维护的区别及争议。

①维护主要是日常的养护,如调试、加油、除锈刷漆、更换灯泡等;

②维修则包含一般维修(小修)、中期维修(中修)、大修及更新改造;

③如未委托物业服务企业,不论共有部分(包含共有设施设备)的维修还是维护,均应有业主分摊;具体分摊办法应有小区自行约定;

④如委托了为服务企业,则维护及一定范围的一般维修,可以约定由物业服务企业负责;因为《住宅专项维修资金管理办法》和《物业服务收费管理办法》明确规定,物业服务费不含物业共有部分的维修及更新改造费用。具体应由物业服务企业在物业服务费中承担的范围应在合同中约定;

⑤中期维修(中修)、大修及更新改造费用,则应在住宅专项维修资金中支付,具体支付办法应在《住宅专项维修资金修管理办法》的规定范围内进行约定;如果没有归集住宅专项维修资金的,则应由业主或者使用人(受益人)按专有权面积或者约定分摊。

133. 小区住宅内改变物业用途的相关规定有哪些?

《最高人民法院关于审理建筑物区分所有权纠纷案件具体应用法律若干问题的解释》第十条业主将住宅改变为经营性用房,未按照《物权法》第七十七条的规定经有利害关系的业主同意,有利害关系的业主请求排除妨害、消除危险、恢复原状或者赔偿损失的,人民法院应予支持。

将住宅改变为经营性用房的业主以多数有利害关系的业主同意其行为进行抗辩的,人民法院不予支持。

第十一条规定,业主将住宅改变为经营性用房,本栋建筑物内的其他业主,应当认定为《物权法》第七十七条所称"有利害关系的业主"。建筑区划内,本栋建筑物之外的业主,主张与自己有利害关系的,应证明其房屋价值、生活质量受到或者可能受到不利影响。

(1)原则上小区住宅应该按照规划和约定使用,不得任意改变用途;

(2)为了实现物尽其用,不得已需要改变住宅物业用途,必须遵从法律法规的之规定;

(3)征求意见是所在楼栋全体业主同意,而不是大部分;也就是缺失一户也不行;

(4)非所在楼栋的业主如果对此提出异议,则需要举证说明由此产生的危害;

(5)此规定如完全彻底实施,则改变小区住宅物业用途,几乎成为不可能。

134. 小区公共服务商的相关规定有哪些?

《四川省物业管理条例》第十五条……建设单位在竣工验收后应当将住宅物业管理区域内专业经营设施设备及相关管线的所有权移交给组织安装施工的专业经营单位,专业经营单位应当接收并承担维修、养护、更新和管理的责任。

专业经营设施设备包括变(配)电、二次供水、燃气调压等设施设备及相关管线。

第十六条规定,本条例实施前建设的住宅物业管理区域内的供水、供电、供气等终端用户分户计量表或者终端用户入户端口以前的专业经营设施设备及相关管线的所有权由业主大会决定是否无偿移交给专业经营单位;决定无偿移交的,物业管理区域所在地县级人民政府房地产行政主管部门应当组织有关专业经营单位按照国家技术标准和专业技术规范进行验收,验收合格的,专业经营单位应当接收并负责维修、养护、更新和管理。

验收不合格的,由专业经营单位按照国家技术标准和专业技术规范提出整改方案,经整改合格后移交。住宅物业尚在工程质量保修期内的整改费用由建设单位承担,超出保修期的由全体业主共同承担。

(1)共用和共有不是等同概念:建筑区划内,共用的不等同于共有,这就包含专业经营单位提供的,应属于专业经营单位应当接收并承担维修、养护、更新和管理的共用设施设备;如共用供电线路、变压器、供配电设施、燃气设施、供水设施、电话及网络设施、电视网络等;这些均可能是共用,但不能视为共有。

(2)专业经营单位承担维修、养护、更新和管理的范围,也就是分界点应是供水、供电、供气等终端用户分户计量表或者终端用户入户端口以前的专业经营设施设备及相关管线;在此之前,应由专业经营单位承担维修、养护、更新和管理的责任;之后的应由用户承担。

(3)上述设施设备和线路,在之前往往是小区开发建设单位投资的,如何移交给专业经营单位;应当按照《四川省物业管理条例》实施日期的前后分别处理。但供电企业在处理此问题中,现在争议较大;笔者认为在《四川省物业管理条例》不违反上位法,或者上位法对此没有明确规定的情况下,在四川境内的专业经营单位应当遵照《四川省物业管理条例》办理。

 135. 业主委员会的地位、作用和权利限制的相关规定有哪些?

《物权法》第七十五条规定,业主可以设立业主大会,选举业主委员会。

地方人民政府有关部门应当对设立业主大会和选举业主委员会给予指导

和协助。

第七十八条规定,业主大会或者业主委员会的决定,对业主具有约束力。

业主大会或者业主委员会作出的决定侵害业主合法权益的,受侵害的业主可以请求人民法院予以撤销。

《业主大会和业主委员会指导规则》第三条规定,业主委员会由业主大会依法选举产生,履行业主大会赋予的职责,执行业主大会决定的事项,接受业主的监督。

第五条规定,业主大会和业主委员会,对业主损害他人合法权益和业主共同利益的行为,有权依照法律、法规及管理规约,要求停止侵害、消除危险、排除妨害、赔偿损失。

第三十五条业规定,主委员会履行以下职责:

(一)执行业主大会的决定和决议;

(二)召集业主大会会议,报告物业管理实施情况;

(三)与业主大会选聘的物业服务企业签订物业服务合同;

(四)及时了解业主、物业使用人的意见和建议,监督和协助物业服务企业履行物业服务合同;

(五)监督管理规约的实施;

(六)督促业主交纳物业服务费及其他相关费用;

(七)组织和监督专项维修资金的筹集和使用;

(八)调解业主之间因物业使用、维护和管理产生的纠纷;

(九)业主大会赋予的其他职责。

业主大会是采取的成员权和大会制度;只要是业主自然是当然的成员;而决定事项,采取多数制和绝对多数制;业主委员会是业主大会的代表机构和执行机构,而非权力机构;业主委员会的权利是通过业主大会授权而产生的,是一种执行权;业主委员会的责任则是应由其授权机构也就是业主大会承担,因为业主大会是成员制,所以此种责任应当由其全体成员共同承担。

(5)由此带来的问题。

①业主委员会的权利,只要称为是业主大会授予的,并且不违反法律法规之规定,将会是无边界的;

②而业主委员会应承担的责任却通过转移至其授权主体——业主大会，而业主大会又将所承担的责任归属于其成员；便使其真正的追诉追偿基本上变成不能实现；

除"业主大会或者业主委员会作出的决定侵害业主合法权益的，受侵害的业主可以请求人民法院予以撤销"外，并没有规定如果造成侵权结果，如何处理的问题。

③如此原则性的规定，极有可能造成权利的乱用和责任的不落实。致使小区物业业主自治及物业服务的不确定性，和矛盾的多样性。

第九章　公司法

136. 设立有限责任公司、股份有限公司的"门槛"相关规定有哪些?

新的《公司法》一是取消了按照公司经营内容区分最低注册资本额的规定;二是允许公司按照规定的比例在2年内分期缴清出资,其中,投资公司可在5年内缴足;三是将有限责任公司的最低注册资本额降至人民币3万元。

新的《公司法》将股份有限公司注册资本的最低限额降低为500万元。同时取消了股份有限公司设立审批;发起人由原来规定五人以上,修改为有二人以上二百人以下。

 137. 公司法人人格否认制度相关规定有哪些?

(1)公司人格否认制度包括如下几层含义。

第一,公司人格否认只是《公司法》结构中的例外规则,而非一般原则。通常来说,公司法人独立性原则,即公司作为独立民事主体的法人性质应受到尊重即应当被承认而不是否认。

只有当股东滥用公司独立人格,侵害债权人利益及社会公共利益的特定情况下,方可例外适用公司人格否认。美国判例对此有经典的描述:"作为一般规则,在没有相反的充分理由出现时,公司将被视为一个法律实体,但当法律实体的概念被用于挫折公共利益,正当化违法行为,保护诈欺,或者替犯罪辩护时,法律将视公司为多数人的联合……"

第二,公司人格否认只是对公司人格独立和股东有限责任绝对化的一种矫正,而并非全面否认。公司人格否认不是对公司法人格全面、永久地否认,其效力范围仅限于个案中特定的关系,在通常情况下,公司法人格在某方面被否认,但在其他方面仍然是一个独立的法人实体。

第三,公司人格否认制度的宗旨,在于通过个案的司法矫正,平衡股东与债权人和社会的利益,矫正公司独立人格——股东有限责任这种制度设计所引起的利益偏斜,对不正当利用公司人格的股东科以负担,从而维护公平和正义。

(2)公司人格否认制度的基本特征。

第一,公司必须具备独立法人人格。公司人格否认制度的适用虽然具有否定公司人格的功能,但它是针对已经合法取得公司独立法人资格,且该独立人格及股东有限责任又被滥用的公司而设置。如果一个"公司"没有取得合法身份,不具备独立法人资格,它就不能行使法人权利,其所有行为及后果都将视为无效,也就不存在适用公司人格否认制度而要求公司股东或成员直接承担公司债务责任的必要。就这一意义而言,公司人格否认制度不是对"实体"法则所确立的公司人格独立原则的否认,恰恰相反,它实际上是对这种"实体"法则的严格遵守。

第二,是对特定个案中公司独立人格予以否认。公司人格否认制度的适用不是对该公司法人格的全面、彻底、永久地否认,只适用于个案中公司法人人格不合法律规定而需要否认其法人人格的场合,其效力不涉及该公司的其他法律关系,并且不影响该公司作为一个公司独立实体合法的继续存在。

第三,是对失衡的公司利益关系的法律救济。公司人格否认制度是国家运用公权力,通过司法规制方式对失衡的公司利益关系进行事后的强制的调整,或者说是通过追究法人人格滥用者的责任,对因法人人格滥用而无法在传统的法人制度框架内获得合法权益者给予一种法律救济。因而公司人格否认制度不同于公司法人人格独立的制度安排,后者是一种立法规制,是事先确立好规则,而由希望利用公司法人制度者依照此规则行事。由于公司的设立不是基于国家特许,而是基于法律规定的基本准则,一切私法主体只要符合公司法所规定的实体要件和程序要件,即可按法律的预设,取得独立法人资格,享受公司制度带来的利益。

 ## 138.　有限责任公司办理注销程序相关规定有哪些?

(1)股东会决议;

(2)成立清算组;

(3)成立清算组10日内到公司登记机关备案,超过10天后没有备案直接办理公司注销的,先下《责令整改通知书》,限期办理,再进行备案;

(4)依法公告一次,并开始对债权、债务清算;

(5)公告之日起45天后出具清算报告;

(6)提供刊登公告的报样,依法办理注销登记。

139. 注册资本分期到位的条件有哪些?

新设立公司注册资本分期到位的首期实缴必须同时满足三个条件:一是不得低于法定注册资本最低限额3万元;二是不得低于注册资本总额的20%;三是全体股东首期以货币方式的出资额不得低于首期实缴额的30%。对以后分期到位的注册资本,每期出资的货币出资必须按比例达30%。如果股东的货币出资额累计已达注册资本的30%,以后期别的出资可不限制货币出资比例。

原已设立的公司增加注册资本的,新增的注册资本的比例应至少有30%货币出资。

140. 个体户能否变更为个人公司? 其区别何在?

(1)根据新《公司法》第五十九条:一人有限责任公司的注册资本最低限额为十万元,股东应一次足额缴纳公司章程规定的出资额。个体户不能变更为个人公司,应先办理个体工商户注销,然后再办理一人有限公司。

(2)个体工商户和一人独资有限责任公司的区别是什么?

个体工商户资金实行申报制,需向工商部门申报一个名称、有一个固定的经营场所和当事人的身份证;个体工商户不能独立承担民事责任;工商部门发放的是营业执照;承担的是无限责任;不需要依法设立验资机构出具的验资证明。

一人独资有限公司资金需经依法设立验资机构出具的验资证明;能独立承担民事责任;工商部门发放的是法人执照;承担的是有限责任。

141. 异地办一个分公司,需要办理的相关手续有哪些?

(1)公司法定代表人签署的设立申请书;

(2)公司签署的委托书;

(3)公司的章程;

(4)公司营业执照复印件加盖总公司公章;

(5)分公司经营场地证明;

(6)分公司经营范围必须在总公司经营范围内;

(7)公司出具的分公司负责人的任命书;

(8)法律行政法规规定的必须提交的许可证的复印件。

142. 公司法定代表人的任职资格有何限制?

有下列情形之一的,不得担任法定代表人,企业登记机关不予核准登记:

(1)无民事行为能力或者限制民事行为能力的;

(2)正在被执行刑罚或者正在被执行刑事强制措施的;

(3)正在被公安机关或者国家安全机关通缉的;

(4)因犯有贪污贿赂罪、侵犯财产罪或者破坏社会主义市场经济秩序罪,被判处刑罚,执行期满未逾五年的;因犯有其他罪,被判处刑罚,执行期满未逾三年的;或者因犯罪被判处剥夺政治权利,执行期满未逾五年的;

(5)担任因经营不善破产清算的企业的法定代表人或者董事、经理,并对该企业的破产负有个人责任,自该企业破产清算完结之日起未逾三年的;

(6)担任因违法被吊销营业执照的企业的法定代表人,并对该企业违法行为负有个人责任,自该企业被吊销营业执照之日起未逾三年的;

(7)个人负债数额较大,到期未清偿的;

(8)有法律和国务院规定不得担任法定代表人的其他情形的。

143. 公司设立阶段发起人订立的合同相关规定有哪些？

发起人是设立中公司的机关，承担公司筹办事务。

在公司设立阶段发起人对外订立的合同，有的是为了设立公司即为了公司利益，有的则可能是为了实现自身利益。一般来讲，前一类合同中的责任应当由公司承担，后一类合同中的责任应当由发起人自己承担。但是实践中，上述合同的相对人往往并不能确切地知道该合同是为了实现谁的利益，也不知道合同最终的利益归属，所以如果按照利益归属标准来确定合同责任主体，将使合同相对人的利益面临较大风险。为了适当降低合同相对人的查证义务、加强对相对人利益的保护，公司法司法解释(三)总体上按照外观主义标准来确定上述合同责任的承担。

具体来讲：其一，发起人为设立公司以自己名义订立的合同，由于对相对人而言合同中载明的主体是发起人，所以原则上应当由发起人承担合同责任。另外，如果公司成立后确认了该合同或者公司已实际成为合同主体(即享有合同权利或者履行合同义务)，而且合同相对人也要求公司承担责任，这表明公司愿意成为合同主体且合同相对人也愿意接受公司作为合同主体，此时由公司承担合同责任符合合同法的一般原理，故规定可以由公司承担合同责任；其二，发起人在公司设立阶段以设立中公司名义订立合同，由于合同中载明的主体是设立中的公司，所以原则上应当由成立后的公司承担合同责任。但是，如果公司有证据证明发起人是为自己利益而签订该合同，且合同相对人对此明知的，这表明发起人实质上不是以公司作为合同主体、合同相对人也明知公司不是合同主体，故此时不应由成立后的公司承担合同责任。所以规定公司有证据证明发起人存在上述情形且相对人非善意时，公司不承担合同责任，此时合同责任仍由发起人承担。

 144. 非货币财产出资在实践中存在的问题有哪些？

《公司法》许可股东用一定的非货币财产出资，但没有明确规定非货币财产出资的相关标准及程序。为保障公司资本的充实和维护公司债权人的利益,《公司法》司法解释(三)对非货币财产出资进行了专门规范。

首先,未评估作价的非货币财产由于其实际价值是否与章程所定价额相符并不明确,在当事人请求认定出资人未履行出资义务时,此时法院应委托合法的评估机构进行评估,然后将评估所得的价额与章程所定价额相比较,以确定出资人是否完全履行了出资义务。这种由法院委托评估的方式既可以便捷地解决纠纷,也可以尽快落实公司资本是否充实。

其次,设定了非货币财产出资到位与否的司法判断标准,尤其是对于权属变更需经登记的非货币财产,坚持权属变更与财产实际交付并重的标准。即:该财产已实际交付公司使用但未办理权属变更登记的,在诉讼中法院应责令当事人在指定的合理期间内办理权属变更手续。在该期间办理完前述手续后,法院才认定其已履行出资义务。另外,出资人对非货币财产已办理权属变更手续,但未实际交付公司使用的,解释(三)规定法院可以判令其向公司实际交付该财产、在交付前不享有股东权利。这些规定旨在敦促出资人尽快完全履行出资义务,保证公司资本的确定。同时,对用土地使用权、股权这些较为常见的非货币财产出资的,解释(三)也规定了出资义务履行的认定标准。

再次,出资人用自己并不享有处分权的财产进行出资时,该出资行为的效力不宜一概予以否认。因为无权处分人处分自己不享有所有权(处分权)的财产时,只要第三人符合物权法第一百零六条规定的条件,其可以构成善意取得,该财产可以终局地为该第三人所有。而出资行为在性质上属于处分行为,出资人用非自有财产出资,也属于无权处分,那么在公司等第三人构成善意的情形下,其也应当适用善意取得制度。这有利于维持公司资本,从而保障交易相对人的利益。所以解释(三)规定以不享有处分权的财产出资的,出资行为的效力参照物权法第一百零六条的规定处理。而对实践中出资人用贪污、挪用等犯罪所获的货币用于出资的,尤其应防止将出资的财产直接从公司抽出的做法,此时应当采取将出资财产所形成的股权折价补偿受害人损失的方式,以保障公司资本之维持、维护公司债权人利益,所以解释(三)明确规定此时法院应当采取拍卖或变卖的方式处置该股权。

145. 如何督促股东全面履行出资义务、保障公司资本的充实？

出资义务是股东对公司最基本的义务，股东未尽出资义务既损害公司利益，也损害公司债权人的利益，督促股东全面履行出资义务是本解释（三）的一个重要任务。解释（三）表现出了以下几方面的特征：

其一，拓宽了出资民事责任的主体范围。第一，将《公司法》第九十四条第一款对股份公司中其他发起人的连带出资义务也适用到有限责任公司，即有限责任公司股东如果未按章程规定缴纳出资的，发起人股东与该股东承担连带责任；第二，规定增资过程中股东未尽出资义务的，违反勤勉义务的董事、高管人员应当承担相应的责任；第三，由于协助股东抽逃出资行为的非法性更甚于未尽勤勉义务催收资本的行为，所以规定抽逃出资时协助股东抽逃的其他股东、董事、高管人员或者实际控制人应承担连带责任；第四，规定在第三人代垫资金协助出资人设立公司、双方约定验资成立后出资人抽回资金偿还该第三人的情形下，在出资人不能补足出资时，该第三人应与出资人承担连带责任；第五，未尽出资义务的股东转让股权时，知道该未尽出资义务事由仍受让股权的受让人应当与该股东承担连带责任。

其二，明确并拓宽了请求股东履行出资义务的主体范围。股东未尽出资义务时，《公司法》没有明确谁可以请求股东履行义务，一般认为公司当然可以请求。解释（三）则明确并拓宽了原告的范围。第一，明确了公司可以提出请求；第二，规定了其他股东可以行使诉权，可以要求该股东或其他发起人全面履行出资义务，或者要求抽逃出资的股东或协助人员返还出资；第三，很多情形下也规定了债权人可以提出请求，要求未尽出资义务的股东在未出资本息范围内对公司债务不能清偿的部分承担责任，也可以要求公司发起人与该股东一起承担连带责任。债权人还可以要求抽逃出资的股东承担同样的责任。

其三，明确了股东未尽出资义务时的责任包括利息责任。即股东未尽出资义务或抽逃出资时，该笔出资所产生的利息损失也属于股东等责任人的赔偿范围。另外，解释（三）也明确规定了股东等责任人对公司、对公司债权人的此种责任是一次性的责任,而不是重复责任,股东等责任人向公司或债权人已经承担前述责任后,公司或公司其他债权人不得再次请求其承担同样的责任。这一规定可以解决实践中对此存在的分歧。

其四,限制了股东在出资民事责任中的抗辩。首先是诉讼时效抗辩的限制,明确规定股东的出资义务不受诉讼时效期间的限制。未尽出资义务或抽逃出资的股东,不得以该义务已经过诉讼时效为由进行抗辩;其次是身份抗辩的限制,即股东不得以自己仅为名义股东来抗辩出资义务的履行,即使其为名义股东,其也应履行出资义务。

另外,股东未尽出资义务,利害关系人可以以诉讼的方式维护相应的利益。但诉讼毕竟不是一种经济便捷的方式,解释(三)在制定过程中也充分考虑了这一问题,并在实质上确认了公司的一些更直接的救济方式。主要体现在:

其一,为保障股份公司资本尽快充实,实质上授予了发起人的另行募集权。解释(三)第六条规定股份公司认股人到期未缴纳出资,经发起人催缴后逾期仍不缴纳,发起人向他人另行募集该股份的,人民法院应当认定该募集行为有效。

其二,从司法上认可了公司对未尽出资义务或抽逃出资的股东所设定的权利限制。借鉴了境外一些《公司法》所规定的股东权利限制制度,明确规定公司通过公司章程或股东会决议,对前述股东的利润分配请求权、新股优先认购权、剩余财产分配请求权等进行相应合理限制的,人民法院不得否认该限制的效力。

其三,总体上确认了股东资格解除规则、并设定了相应的程序规范。实践中有的公司虽采取前述手段但股东仍不履行出资义务,为了保障公司及其债权人的利益,在股份公司的场合规定了发起人的另行募集权,相应地,在有限责任公司的场合,解释(三)规定公司通过股东会决议解除未履行出资义务或者抽逃出资的股东资格的,人民法院不得否定该解除行为的效力。这实际上认可了公司对该股东资格的解除。由于这种解除股东资格的方式相较于其他救济方式更为严厉,也更具有终局性,所以将其限定在股东未履行出资义务或者抽逃全部出资的场合。未全面履行出资义务或者抽逃部分出资的股东不适用该种规则。股东资格解除后,由于该股东所认缴的出资依旧处于空洞状态,为向公司债权人传达更真实的资本信息、保证债权人利益,此时法院应当向公司释明:要么将资本中该股东未出资部分的"空洞"数额减下来、即减资,要么将该"空洞"补起来、即由其他股东或者第三人缴纳,这些是公司后续的义务。

146. 为什么要专门规制抽逃出资?

抽逃出资是严重侵蚀公司资本的行为,《公司法》明文禁止股东抽逃出资。实践中,有的股东采取各种方式从公司取回财产,这些行为往往具有复杂性、模糊性和隐蔽性等特点,但由于《公司法》没有明确界定抽逃出资的形态,也没有明确规定抽逃出资的民事责任,这使得这些行为中哪些构成抽逃出资常常难以判断,当然也就更难认定行为人的民事责任。研究发现,当前股东抽逃出资主要采取直接将出资抽回、虚构合同等债权债务关系将出资抽回、利用关联交易将出资转出等方式,这些行为常常是故意、直接针对公司资本进行的侵害,但又囿于举证的困难使得其在个案中很难被认定。在解释(三)中对抽逃出资进行了明确界定,将实践中较为常见的一些资本侵蚀行为明确界定为抽逃出资,在此基础上又规定了抽逃出资情形下的民事责任。由于抽逃出资导致的法律后果与未尽出资义务导致的法律后果基本相同,所以对抽逃出资的民事责任作了与未尽出资义务的民事责任基本相同的规定。

147. 实际出资人和名义股东的相关规定有哪些?

《公司法》第三十三条第三款规定股东姓名或名称未在公司登记机关登记的,不得对抗第三人。所以第三人凭借对登记内容的信赖,一般可以合理地相信登记的股东(名义股东)就是真实的股权人,可以接受该名义股东对股权的处分,实际出资人不能主张处分行为无效。

但是实践中,有的情况下名义股东虽然是登记记载的股东,但第三人明知该股东不是真实的股权人,股权应归属于实际出资人,在名义股东向第三人处分股权后如果仍认定该处分行为有效,实际上就助长了第三人及名义股东的不诚信行为,这是应当避免的。所以规定实际出资人主张处分股权行为无效的,应按照《物权法》第一百零六条规定的善意取得制度处理,即登记的内容构成第三人的一般信赖,第三人可以以登记的内容来主张其不知道股权归属于实际出资人、并进而终局地取得该股权;但实际出资人可以举证证明第三人知道或应当知道该股权归属于实际出资人。一旦证明,该第三人就不构成善意取得,处分股权行为的效力就应当被否定,其也就不能终局地取得该股权。

当然,在第三人取得该股权后,实际出资人基于股权形成的利益就不复存在,其可以要求作出处分行为的名义股东承担赔偿责任。

 148. 股权转让后,未及时办理股权变更登记而形成的名实分离的情形下,如何保障第三人利益和受让人利益?

因实际出资人与名义股东明确约定而形成的名实分离情形下、如何平衡各方利益的问题。实践中,也存在这样的情况,即原股东转让股权后,由于种种原因股权所对应的股东名称未及时在公司登记机关进行变更,此时原股东又将该股权再次转让。这种情况下,第三人凭借对既有登记内容的信赖,一般可以合理地相信登记的股东(原股东)就是真实的股权人,可以接受该股东对股权的处分,未登记记名的受让股东不能主张处分行为无效。但是,当确有证据证明第三人在受让股权时明知原股东已不是真实的股权人,股权权属已归于受让股东,在原股东向该第三人处分股权后如果仍认定该处分行为有效,同样也会助长第三人及原股东的不诚信行为,这也是应当避免的。所以规定受让股东主张处分股权行为无效的,应按照《物权法》第一百零六条的规定处理。

如果没有证据证明第三人知道上述情形,那么第三人可以取得该股权,受让股东的股权利益也不存在了,其可以要求原股东承担赔偿责任。而且,受让股东受让股权后之所以未及时在公司登记机关办理变更登记,常常是由于公司的管理层(如董事、高管人员)或实际控制人等未及时代表公司向登记机关申请且提供相应材料而造成,因此该类人员对受让股东的损失也有过错,应当对受让股东承担相应的赔偿责任。受让股东有过失的,可以减轻上述人员的责任。

149. 公司股东可以挪用公司财物吗？可能涉嫌什么犯罪？

（1）私营企业从责任形式上，可分为两类：第一类是依法取得法人资格的私营企业（主要是公司，包括个人有限责任公司）。在这类企业中，投资者对企业的投资就成为企业的资产，企业的资金支配必须以法人的名义进行，投资者的个人财产与企业资产是相分离的。投资者只享有所有者权益，而对其所投入企业的资金没有直接的所有权。企业法人以其全部资产对企业的债务承担有限责任。因此，在这类企业中，企业业主或者投资者挪用企业资金的行为无疑侵犯了企业的财产权，可构成挪用资金罪。第二类是非法人的私营企业。具体又可以分为两类：个人独资企业与非独资企业。《中华人民共和国个人独资企业法》第二条规定，"个人独资企业是指依照本法在中国境内设立的，由一个自然人投资，财产为投资人个人所有，投资人以其个人财产对企业债务承担无限责任的经营实体。"就个人独资企业而言，业主对企业全部资产享有直接的所有权。因此，业主挪用企业资金并不涉及侵犯财产所有权的问题，因而不应构成挪用资金罪。就非独资企业来说，多表现为合伙。《中华人民共和国合伙企业法》（以下简称《合伙企业法》）第二条规定，"合伙企业是指依照本法在中国境内设立的由各合伙人订立合伙协议，共同出资、合伙经营、共享收益、共担风险，并对合伙企业债务承担无限连带责任的营利性组织。"该法还规定，"合伙企业的财产由全体合伙人依照本法共同管理和使用。"对合伙财产的支配和处分须经全体合伙人的同意。合伙事务执行人未经其他合伙人的同意而擅自挪用合伙企业的资金的，就可能侵犯整个合伙企业的财产所有权，因而构成挪用资金罪；但如果是全体合伙人经过协商，同意将合伙企业的一部分资金挪作他用，则属于合伙企业对合伙财产的处分行为，不存在侵犯合伙财产所有权的问题，也就不构成挪用资金罪。因此，就非独资的私营企业而言，关键是看业主或投资者挪用资金的行为是否对企业的财产所有权构成了侵犯，这一原则对其他形式的非独资企业也同样适用。

（2）行为人利用职务上的便利，挪用本单位资金归个人使用或者借贷给他人，数额较大、超过三个月未还的或者虽未超过三个月，但数额较大、进行营利活动的，或者进行非法活动的行为，不受超过三个月未还的或者虽未超过三个月的限制。

挪用是指利用职务上的便利,非法擅自动用单位资金归本人或他人使用,但准备日后退换。利用职务上的便利,是指利用本人在职务上主管、经管或经手单位资金的方便条件,例如单位领导人利用主管财务的职务,出纳员利用保管现金的职务,以及其他工作人员利用经手单位资金的便利条件。未利用职务上的便利,不可能挪用单位资金,也不可能构成挪用资金罪。所谓挪用单位资金归个人适用或者借贷给他人使用,根据2000年6月30日《最高人民法院关于如何理解〈刑法〉第二百七十二条规定的"挪用单位资金归个人使用或借贷给他人"问题的批复》,挪用单位资金归个人使用或者借贷给他人使用,是指公司、企业或者其他单位的非国家工作人员,利用职务上的便利,挪用本单位资金归本人或者其他自然人使用,或者挪用人以个人名义将挪用的资金借给其他自然人和单位的行为。根据2010年5月7日《最高人民检察院公安部关于公安机关管辖的刑事案件立案追诉标准的规定(二)》第85条的规定,"归个人使用",包括将本单位资金供本人、亲友或者其他自然人适用的,以个人名义将本单位资金供其他单位适用的,个人决定以单位名义将本单位资金供其他单位使用,谋取个人利益的。

 150.　一人有限责任公司与个人独资企业的区别?

(1)投资主体不同。

一人有限责任公司投资主体可以是自然人,也可以是法人。法人是相对于自然人而存在的,我们每个人都是自然人,法人是具有民事权利能力和民事行为能力的非自然人,依法独立享有民事权利和承担民事义务的组织或个人,是社会组织在法律上的人格化。一人有限公司,可能并不是一个自然人,也可以是法人组织。而个人独资企业的投资主体只有一个人,就是自然人。责任由自己独力承担。

(2)法律形式不同。

一人有限责任公司属于法定民事主体,具有法人资格,个人独资企业不具有。原因就是个人独资企业主体是自然人,自然人具有承担民事责任和享受民事权利的资格。

(3)设立条件不同。

一人有限责任公司注册资本最低额度是人民币10万元,股东一次性缴纳公司规定出资额。个人独资公司的设立没有规定最低出资额限制,只需申报人出资即可。一人有限公司的出资额中现金不得低于注册成本的30%,而个人独资企业对出资未作出任何强制规定。

(4)税收缴纳规定不同。

一人有限责任公司需要缴纳企业所得税,个人独资企业不需要缴纳,需要缴纳个人所得税。国家法律规定从2000年1月起,个人独资企业和合作企业停止征收企业所得税,比照个体工商户生产经营征收个人所得税。

(5)投资者承担责任不同。

一人有限责任公司股东以认缴的出资额为限承担"有限责任",个人独资企业的投资人以其个人资产对公司承担无限责任,投资人在申请企业设立登记证明时,确认以其家庭共有财产作为个人出资,依法以家庭共有财产对企业债务承担无限责任。

(6)财务核算要求不同。

一人有限公司应当在每年年度终了时编制财务会计报告,并由会计事务所审计。个人独资企业则只需依法设置会计账簿来进行会计核算,无需经会计事务所审计。

 151. 普通合伙企业和有限合伙企业,哪些主体不能作为普通合伙人?

(1)普通合伙企业,是指由普通合伙人组成的,合伙人对合伙企业债务承担无限连带责任的合伙企业;

(2)有限合伙企业,是指由普通合伙人和有限合伙人组成,其中普通合伙人对合伙企业债务承担无限连带责任,有限合伙人以其出资额为限对合伙企业债务承担责任的合伙企业;

（3）根据规定,国有独资公司、国有企业、上市公司及公益性的事业单位、社会团体,不能成为普通合伙人。

合伙企业的生产经营所得和其他所得,由合伙人分别缴纳所得税(个人所得税)。

 152. 合伙人可以用哪些财产出资设立合伙企业？如何对合伙人的出资财产进行作价评估？

合伙人可以用货币、实物、知识产权、土地使用权或者其他财产权利出资,也可以用劳务出资。

合伙人以实物、知识产权、土地使用权或者其他财产权利出资,需要作价评估的,可以由全体合伙人协商确定该出资财产价值,也可以由全体合伙人委托一个法定评估机构予以评估。

对合伙人以劳务出资的,由全体合伙人协商确定作价办法,并将该劳务出资作价在合伙协议中载明。

普通合伙人对合伙企业债务承担无限连带责任,有限合伙人以其认缴的出资额为限对合伙企业的债务承担责任,由于劳务不宜计算数额、不宜执行等原因,法律规定有限合伙人不能以劳务出资,普通合伙人可以以劳务出资。

 153. 合伙人在合伙企业存续期间能否分割合伙企业财产？

由于合伙企业财产由全体合伙人共同共有,因此在合伙存续期间,合伙人一般不得请求分割合伙企业的财产。

合伙人在合伙企业清算前私自转移或处分合伙企业财产的,根据第三人主观状态的不同而有两种法律后果:在第三人善意情况下,合伙人私自转移或处分合伙企业财产的行为有效,合伙企业不得主张该行为无效;在第三人主观上恶意的情况下,即明知合伙人没有处分权限而接受的,则合伙企业可以主张该行为无效。

《合伙企业法》第五十二条规定,合伙人退伙的,其他合伙人应当与该退伙人按照退伙时的合伙企业的财产状况进行结算,退还退伙人的财产份额。也就是说,当合伙企业发生某一合伙人退伙的情况下,企业应当对其退还财产份额,因而合伙人也只有在其因各种原因退伙的条件下方有权要求企业分割财产,退还其出资及其他合法权益。

《合伙企业法》规定合伙人退伙有两种情况,一是声明退伙,即退伙人依法提出退伙,其他合伙人对此亦无异议的退伙情况;二是法定退伙,即法律规定的当然退伙的情况发生,包括合伙人死亡或被依法宣告死亡、被依法宣告为无民事行为能力人、个人丧失偿债能力、被人民法院强制执行在合伙企业中的全部财产份额用于偿债等情况。无论何种形式的退伙,只要退伙人在合伙企业尚有财产份额的,他本人或其法定代理人就有权要求按照企业当时的财产状况,对财产进行必要的分割,清退其所占份额。

 154. 合伙份额的转让及合伙人的优先购买权相关规定有哪些?

(1)合伙人享有的合伙份额可以依法进行转让,根据受让人不同,可分为内部转让与外部转让。合伙份额的内部转让,是指合伙人之间转让在合伙企业中的全部或部分财产份额,转让时应当履行通知其他合伙人的义务。合伙份额的外部转让,是指合伙人经其他合伙人一致同意下,向合伙人以外的人转让其在合伙企业中的全部或部分财产份额。在外部转让情形下,受让合伙企业财产份额的人通过修改合伙协议即成为合伙人,依法即享有权利承担义务。

(2)合伙人的优先购买权,是指合伙人向合伙人以外的人转让其在合伙企业中的财产份额时,在同等条件下,其他合伙人享有优先购买权,合伙协议另有约定的除外。换言之,合伙人可以通过合伙协议的约定事先排除合伙人的优先购买权。

(3)私自处分合伙企业财产与以合伙企业的财产份额出质的法律后果有何不同?

合伙人私自处分合伙企业财产与以其在合伙企业的财产份额设定质权,

均系处分行为。两者的不同之处在于：第一，处分的标的不同。在前者，处分的标的为合伙企业的财产，包括合伙企业的不动产、动产、知识产权、土地使用权、债权等。在后者，处分的标的则为处分人在合伙企业中享有的财产份额，而非具体的合伙企业财产。第二，是否须经其他合伙人同意的不同。在前者，私自处分合伙企业财产的行为效力，不会因其他合伙人的同意与否而有区别；在后者则不同，其出质行为一旦经其他合伙人同意则为有效。第三，两者产生的后果不同。在前者，合伙人私自处分合伙企业财产的，相对人受善意取得的保护，合伙企业不得主张行为无效。在后者，出质行为的效力则不论质权人为善意抑或恶意，均为效力待定。其他合伙人事后予以追认（表示同意出质）的，则该出质为有效；其他合伙人不予以追认的，则该出质行为无效。在后者，区分相对人善意或恶意的意义，仅仅在于善意相对人可以据此向出质的合伙人取得损害赔偿的请求权。

 155. 合伙事务的执行与执行人的相关规定有哪些?

（1）合伙企业设立后，合伙人对执行合伙事务享有同等的权利。即是说，在合伙事务的执行方面，不是按照合伙人出资额或者出资比例分配，而是同等享有执行合伙事务的权利。

（2）合伙事务的执行人：受委托执行合伙事务的人，只能为合伙人中的一人或数人，合伙人以外的人不能为合伙事务的执行人。并且，合伙事务的执行人，应当是合伙协议中约定的或者经过全体合伙人决定的人。如果法人、其他组织作为合伙人执行合伙事务的，应当由其委派代表作为合伙事务的执行人。

（3）其他合伙人的执行监督权：有合伙事务执行人的合伙企业，其他合伙人则不再执行合伙事务，但对合伙事务执行人执行合伙事务的情况享有监督权。

（4）合伙事务执行人执行合伙事务，因此产生的收益归合伙企业所有，所产生的费用和亏损由合伙企业承担。

156. 普通合伙企业合伙人的权利和义务相关规定有哪些?

(1)普通合伙企业合伙人的权利。

①有权参与修改或补充合伙协议;

②合伙企业财产份额的转让权;

③对其他合伙人转让财产份额的优先购买权;

④经其他合伙人同意而取得的财产份额出质权;

⑤合伙企业事务的执行权与执行监督权;

⑥对合伙企业经营状况和财务状况的知情权;

⑦查阅合伙企业会计账簿等财务资料的权利;

⑧执行异议权;

⑨依法撤销对合伙事务执行人的委托的权利;

⑩对合伙企业经营中的有关事项的表决权;具体包括:改变合伙企业的名称;改变合伙企业的经营范围、主营场所;处分合伙企业的不动产;转让或处分合伙企业的知识产权和其他财产权利;以合伙企业名义为他人提供担保;聘任合伙人以外的人担任合伙企业的经营管理人员。

⑪ 根据合伙协议约定或取得其他合伙人一致同意下,同本合伙企业进行交易的权利;

⑫ 对合伙企业利润享有分配的权利;

⑬ 法定事由下退伙的权利;

⑭ 依法行使除名的权利;

(2)普通合伙企业合伙人的义务。

①对合伙企业债务承担无限连带责任;

②依法缴纳所得税的义务;

③按照合伙协议约定缴付出资的义务;

④向其他合伙人转让合伙企业财产份额时的通知义务;

⑤不得自营或同他人合作经营与本合伙企业相竞争业务的义务;

⑥不得同本合伙企业进行交易的义务(合伙协议或全体合伙人同意的除外);

⑦不得从事有损于本合伙企业利益的行为的义务。

(3)合伙事务执行过程中的异议。

合伙人分别执行合伙事务的,执行事务合伙人可以对其他合伙人执行的事务提出异议,被提出异议的执行人应当暂停该项事务的执行。对执行异议有争议的,应当由全体合伙人就该事项进行表决并作出决议。

 157.　合伙企业有关事项的表决办法及合伙人行为的限制?

合伙协议中约定有表决办法的,依照约定办理。未约定或约定不明确的,则实行合伙人一人一票并经全体合伙人过半数通过的表决办法。

(1)哪些实行须经全体合伙人一致同意?

①改变合伙企业的名称;

②改变合伙企业的经营范围、主要经营场所的地点;

③处分合伙企业的不动产;

④转让或者处分合伙企业的知识产权和其他财产权利;

⑤以合伙企业名义为他人提供担保;

⑥聘任合伙人以外的人担任合伙企业的经营管理人员。

(2)合伙人行为的限制。

①合伙人不得自营或同他人合作经营与本企业相竞争的业务;

②合伙人不得同本合伙企业进行交易,合伙协议有约定或全体合伙人一致同意的除外;

③合伙人不得从事有损于本企业利益的活动。

 158.　合伙企业的利润分配与亏损分担及其限制的相关规定有哪些?

(1)合伙协议中有约定的,按约定的分配、分担方法办理。合伙协议未约定或约定不明的,首先由合伙人协商予以决定,协商不成的,则按合伙人实缴出资比例分配、分担;无法确定出资比例的,则由合伙人平均分配、分担。

(2)对利润分配与亏损分担的限制性规定。

合伙协议不得约定将全部利润分配给部分合伙人,也不得约定由部分合伙人承担全部亏损。此为法律对当事人自主权的干预,旨在保障合伙人的合法权益,确保合伙企业的本质,避免规避法律的现象。

 ### 159.《合伙企业法》对入伙、退伙的相关规定有哪些?

(1)入伙规定。

①入伙协议:新合伙人入伙时,应当经全体合伙人一致同意并依法订立书面入伙协议。

②原合伙人的告知义务:原合伙人有向新合伙人如实告知合伙企业的经营状况和财务状况的义务。

③新合伙人的权利义务:新合伙人与原合伙人享有同等权利,承担同等责任。

④新合伙人对其入伙前合伙企业的债务承担:承担无限连带责任。

(2)退伙事由。

①合伙协议约定有合伙期限的,退伙事由如下:合伙协议约定的退伙事由出现;经全体合伙人一致同意;发生合伙人难以继续参加合伙的事由;其他合伙人严重违反合伙协议约定的义务。

②合伙协议未约定合伙期限的,合伙人在不给合伙企业事务执行造成不利影响的情况下,可以退伙,但应当提前三十日通知其他合伙人。

③合伙人被依法认定为无民事行为能力或限制民事行为能力人,其他合伙人未能一致同意其转为有限合伙人的,该合伙人退伙。

(3)当然退伙的情形。

①作为合伙人的自然人死亡或者被依法宣告死亡;

②个人丧失偿债能力;

③作为合伙人的法人或者其他组织依法被吊销营业执照、责令关闭撤销,

或者被宣告破产；

④法律规定或者合伙协议约定合伙人必须具有相关资格而丧失该资格；

⑤合伙人在合伙企业中的全部财产份额被人民法院强制执行。

(4)除名事由、除名程序及除名异议。

①除名事由：未履行出资义务；因故意或者重大过失给合伙企业造成损失；执行合伙事务时有不正当行为；发生合伙协议约定的事由。

②除名程序：经其他合伙人一致同意并对此作出决议；除名决议应当书面通知被除名人；被除名人接到除名通知之日，除名生效，被除名人退伙。

③除名异议：被除名人对除名决议有异议的，可以自接到除名通知之日起三十日内，向人民法院起诉。

160. 合伙人的继承人取得合伙人资格的要件有哪些?

(1)合伙人的继承人取得合伙人资格，应当满足以下要件。

①作为被继承人的合伙人死亡或被依法宣告死亡；

②对该合伙人在合伙企业中的财产份额享有合法的继承权；

③合伙协议中约定有继承人可以取得合伙人资格或取得其他合伙人的一致同意。满足以上要件的，继承人从继承开始之日起，取得合伙人资格。

(2)合伙人的继承人如果不能被继承取得合伙人资格财产权利处理办法。

有下列情形之一的，合伙企业应当向合伙人的继承人退还被继承合伙人的财产份额：

①继承人不愿意成为合伙人；

②法律规定或者合伙协议约定合伙人必须具有相关资格，而该继承人未取得该资格；

③合伙协议约定不能成为合伙人的其他情形；

④合伙人的继承人为无民事行为能力人或者限制民事行为能力人，全体合伙人未能一致同意该继承人为有限合伙人的。

退还财产份额的办法：合伙协议中有约定退还办法的，按照约定办理；没有约定的,则由全体合伙人作出决定。可以退还货币,也可以退还实物。

 161. 何谓特殊的普通合伙企业？特殊的普通合伙企业中的责任承担？

(1)修订后的《合伙企业法》的新变化之一,就是在普通合伙企业中又规定了特殊的普通合伙企业。

所谓特殊,主要体现在两个方面,一方面在于合伙人承担责任的特殊性上,另一方面则要求这种合伙企业须以某些专业知识或专门技能为客户提供有偿服务。其他方面与普合伙企业并无不同。

根据该法规定,特殊的普通合伙企业的合伙人中的一人或数人在执业活动过程中因故意或重大过失造成合伙企业债务的,应当承担无限责任或无限连带责任,其他的合伙人则仅在享有的财产份额内承担责任,由上述合伙人构成的普通合伙企业即为特殊的普通合伙企业。

(2)特殊的普通合伙企业合伙人以承担责任的不同,而与普通合伙企业相区分。

按照合伙企业债务的形成原因的不同,这种承担责任的方式可分为以下几类:

①合伙人对合伙企业债务形成无故意或重大过失的,所有合伙人对合伙企业债务均应承担无限连带责任,即适用普通合伙企业的责任承担方式。

②对合伙企业的债务形成有故意或有重大过失的合伙人,对该债务应当承担无限或无限连带责任,其他合伙人以其在合伙企业中享有的财产份额承担责任。这是一种有限补充责任。

③合伙企业债务中,既有上述第一种又有第二种的,则应分别适用不同的责任承担方式。即对其中因合伙人故意或重大过失造成的部分债务,课以该合伙人无限或无限连带责任,其他合伙人在其财产份额内承担责任;对无故意或重大过失而产生的部分债务,由全体合伙人承担无限连带责任。

162. 普通合伙人与有限合伙人相互转变程序的相关规定有哪些?

(1)《合伙企业法》对有限合伙人转为普通合伙人未作规定,只一般性地赋予合伙人协议约定转换条件的权利。对于普通合伙人转换为有限合伙人,该法则有几种情形。

①合伙协议有约定的,按照约定办理;

②合伙人为无行为能力人或限制行为能力人的,经全体合伙人一致同意,该合伙人可以转为有限合伙人,但合伙协议另有约定的除外;

③合伙人死亡,其继承人又为无行为能力或限制行为能力人的,经全体合伙人一致同意,该继承人可以作为有限合伙人加入合伙企业,但合伙协议另有约定的除外。但是这种情况比较复杂些,涉及原合伙企业的性质。如果原合伙企业为有限合伙企业的,继承人加入后并不导致该合伙企业性质的改变,如果原合伙企业为普通合伙企业的话,则继承人的加入将会使该普通合伙企业转为有限合伙企业。因此,这又涉及被继承合伙人原本合伙人的性质。如果被继承合伙人原为普通合伙人的,因继承人行为能力的欠缺而转为有限合伙人,导致整个合伙企业的治理结构也发生了变化。

(2)有限合伙人的出资范围的限制?

由于有限合伙人仅以其认缴的出资额为限对合伙企业债务承担责任,因此《合伙企业法》特规定有限合伙人不得以劳务出资,其他出资方式与普通合伙人同。

(3)有限合伙人是否按期、足额认缴出资的不同?

《合伙企业法》对普通合伙人认缴出资额并无强制性规定,而将之交由合伙人自主决定认缴期限及违约责任。但作为有限合伙人,则必须按照合伙协议中约定的期限按时且须足额缴纳出资,否则不仅应承担补缴义务,还要向其他合伙人承担法定的违约责任。

(4)合伙企业注销登记之后原债务如何承担?

合伙企业注销登记之后,仍有债务尚未清偿的,原合伙人中的普通合伙人

仍应承担无限连带责任,有限合伙人不再承担责任。对此又有两种情况:

①经清算的注销:合伙企业注销后,原普通合伙人对合伙企业存续期间的债务仍应承担无限连带责任。

②受破产宣告的注销:合伙企业依法被宣告破产的,普通合伙人对合伙企业债务仍应承担无限连带责任。

第十章　保险法

163. 什么是人身保险和财产保险？

（1）保险金额的确定。

人身保险的保险标的是人的生命和身体，而人的生命或身体不是商品，不能用货币衡量其实际价值大小，因此保险金额确定不能用财产保险方法衡量，主要有"生命价值"确定方法和"人身保险设计"方法。一般情况下，保险金额由投保人和保险人共同约定，其确定取决于投保人的设计需要和交费能力。

（2）保险金的给付。

人身保险属于定额给付性保险（个别险种除外，如医疗保险，可以是补偿性保险），保险事故发生时，被保险人既可以有经济上的损失，也可以没有经济上的损失，即使有经济上的损失，也不一定能用货币来衡量。因此，人身保险不适用补偿原则，也不存在财产保险中比例分摊和代位求偿原则的问题。

被保险人可同时持有若干份相同的有效保单，保险事故发生后，即可从若干保单同时获得保险金。如果保险事故是由第三方造成，并依法应由第三方承担赔偿责任，那么被保险人可以同时获得保险人支付的保险金和第三方支付的赔偿金，保险人不能向第三方代位求偿。

（3）保险利益的确定。

人身保险的保险利益不同于财产保险，主要表现在：

①在财产保险中，保险利益具有量的规定性；而在人身保险中，人的生命或身体是无价的，保险利益也不能用货币估算。因此，人身保险没有金额上的限制。

②在财产保险中，保险利益不仅是订立合同的前提条件，而且是维持合同效力、保险人支付赔款的条件；而在人身保险中，保险利益只是订立合同的前提条件，并不是维持合同效力、保险人给付保险金的条件。

（4）人身保险具有长期性。

财产保险如火险等保险期间大多为1年，而人身保险大都为长期性保单，长则十几年、几十年或人的一生。

(5)人身保险具有储蓄性。

财产保险的保险期间的一般较短,根据大数法则,在保期间内(有些情况例外,如保险期间内无法确定损失程度等),保险人向同一保单的所有投保人收取的纯保费等于保险人的赔付总额。因此,保险人无法将纯保费用于长期投资,财产保险不具有储蓄性。

人身保险,尤其是人寿保险,具有明显的储蓄性。一般而言,人寿保险期间较长,采取了不同于自然保费的均衡保费的交费方法,这使得在投保后的一定时期内,投保人交付的纯保费大于自然纯保费,对于投保人早期交付的纯保费大于自然纯保费的部分,保险人可以充分利用,并且使得投资收益。被保险人或投保人在保单生效的一定时间后,就可以对其保单享有一定的储蓄利益,如保单贷款、领取退保金或其他选择。

人寿保险具人储蓄性,但不是说明人寿保险完全等同于储蓄,它与银行储蓄相比,有着较大差别,其主要表现为以下几个方面:

①二者的对象不同。储蓄的对象可以是任何单位或个人,没有特殊条件的约束;而人寿保险的对象必须符合保险人的承保条件,经过核保可能会能一些人被拒保或有条件的承保。

②二者的技术要求不同。人寿保险集合众多单位和个人面临的同质风险分摊少数单位和个人发生的损失,需要复杂的精算技术;而储蓄则是使用本金加利息的公式,无须特殊的计算技术。

③二者的受益期间不同。人寿保险在合同约定保险期间,无论何时发生保险事故,受益人均可以得到约定的保险金;而储蓄只有累积了一定的期间,才能得到预期的利益,即储存的本金及利息。

④二者的行为性质不同。人寿保险利用多数投保人交纳的保险费建立的保险基金对遭受损失的被保险人提供补偿或给付,是一种互助行为;而储蓄所得就是本人储存的本金及利息,对每个储户都是如此,是一种自助行为。

⑤二者的主要目的不同。人寿保险的主要目的是应付各种风险事故造成的经济损失和给付保险金;而储蓄的主要目的是为了获得利息收入。

164. 什么是保险利益？投保人对哪些人员具有保险利益？

(1)保险利益是指投保人或者被保险人对保险标的具有的法律上承认的利益。

《保险法》规定，人身保险的投保人在保险合同订立时，对被保险人应当具有保险利益。财产保险的被保险人在保险事故发生时，对保险标的应当具有保险利益。订立合同时，投保人对被保险人不具有保险利益的，合同无效。投保人对下列人员具有保险利益：本人；配偶、子女、父母；前项以外与投保人有抚养、赡养或者扶养关系的家庭其他成员、近亲属；与投保人有劳动关系的劳动者。

除上面的规定外，被保险人同意投保人为其订立合同的，视为投保人对被保险人具有保险利益。

(2)《保险法》对投保以死亡为给付保险条件的人身保险是怎样规定的？

《保险法》规定：

①投保人不得为无民事行为能力人投保以死亡为给付保险金条件的人身保险，保险人也不得承保。父母为其未成年子女投保的人身保险，不受此规定限制。但是，因被保险人死亡给付的保险金总和不得超过国务院保险监督管理机构规定的限额。

②以死亡为给付保险金条件的合同，未经被保险人同意并认可保险金额的，合同无效。按照以死亡为给付保险金条件的合同所签发的保险单，未经被保险人书面同意，不得转让或者质押。父母为其未成年子女投保的人身保险，不受此规定限制。

(3)《保险法》对人身保险中的受益人是怎样规定的？

《保险法》规定：

①人身保险的受益人由被保险人或者投保人指定。

②投保人指定受益人时须经被保险人同意。投保人为与其有劳动关系的劳动者投保人身保险，不得指定被保险人及其近亲属以外的人为受益人。

③被保险人为无民事行为能力人或者限制民事行为能力人的,可以由其监护人指定受益人。

④被保险人或者投保人可以指定一人或者数人为受益人。受益人为数人的,被保险人或者投保人可以确定受益顺序和受益份额;未确定受益份额的,受益人按照相等份额享有受益权。

⑤被保险人或者投保人可以变更受益人并书面通知保险人。投保人变更受益人时须经被保险人同意。

 165.《保险法》对投保人应当履行如实告之义务是怎样规定的?

(1)《保险法》相关规定。

①订立保险合同,保险人就保险标的或者被保险人的有关情况提出询问的,投保人应当如实告知。投保人故意或者因重大过失未履行如实告知义务,足以影响保险人决定是否同意承保或者提高保险费率的,保险人有权解除合同。合同解除权,自保险人知道有解除事由之日起,超过三十日不行使而消灭。自合同成立之日起超过二年的,保险人不得解除合同;发生保险事故的,保险人应当承担赔偿或者给付保险金的责任。

②投保人故意不履行如实告知义务的,保险人对于合同解除前发生的保险事故,不承担赔偿或者给付保险金的责任,并不退还保险费。

③投保人因重大过失未履行如实告知义务,对保险事故的发生有严重影响的,保险人对于合同解除前发生的保险事故,不承担赔偿或者给付保险金的责任,但应当退还保险费。

④保险人在合同订立时已经知道投保人未如实告知的情况的,保险人不得解除合同;发生保险事故的,保险人应当承担赔偿或者给付保险金的责任。

(2)《保险法》对采用保险人提供的格式条款订立保险合同是怎样规定的?

订立保险合同,采用保险人提供的格式条款的,保险人向投保人提供的投保单应当附格式条款,向投保人说明合同的内容。对保险合同中免除保险人责任的条款,保险人在订立合同时应当在投保单、保险单或者其他保险凭证上作出足以引起投保人注意的提示,并对该条款的内容以书面或者口头形式向投保人作出明确说明;未作提示或者明确说明的,该条款不产生效力。

 166. 投保人、被保险人或者受益人知道保险事故发生后,应当如何处理?

(1)投保人、被保险人或者受益人知道保险事故发生后,应当及时通知保险人。故意或者因重大过失未及时通知,致使保险事故的性质、原因、损失程度等难以确定的,保险人对无法确定的部分,不承担赔偿或者给付保险金的责任,但保险人通过其他途径已经及时知道或者应当及时知道保险事故发生的除外。

保险事故发生后,按照保险合同请求保险人赔偿或者给付保险金时,投保人、被保险人或者受益人应当向保险人提供其所能提供的与确认保险事故的性质、原因、损失程度等有关的证明和资料。

(2)被保险人或者受益人向保险人请求赔偿或者给付保险金的诉讼时效是怎样规定的?

①人寿保险以外的其他保险的被保险人或者受益人,向保险人请求赔偿或者给付保险金的诉讼时效期间为二年,自其知道或者应当知道保险事故发生之日起计算。

②人寿保险的被保险人或者受益人向保险人请求给付保险金的诉讼时效期间为五年,自其知道或者应当知道保险事故发生之日起计算。

 167. 投保人申报的被保险人年龄不真实的,应当如何处理?

(1)投保人申报的被保险人年龄不真实的,应当如何处理?

①投保人申报的被保险人年龄不真实,并且其真实年龄不符合合同约定的年龄限制的,保险人可以解除合同,并按照合同约定退还保险单的现金价值。

②投保人申报的被保险人年龄不真实,致使投保人支付的保险费少于应付保险费的,保险人有权更正并要求投保人补交保险费,或者在给付保险金时按照实付保险费与应付保险费的比例支付。

③投保人申报的被保险人年龄不真实,致使投保人支付的保险费多于应付保险费的,保险人应当将多收的保险费退还投保人。

(2)《保险法》对投保人支付保险费是怎样规定的?

投保人可以按照合同约定向保险人一次支付全部保险费或者分期支付保险费。

合同约定分期支付保险费,投保人支付首期保险费后,除合同另有约定外,投保人自保险人催告之日起超过三十日未支付当期保险费,或者超过约定的期限六十日未支付当期保险费的,合同效力中止,或者由保险人按照合同约定的条件减少保险金额。合同效力中止的,经保险人与投保人协商并达成协议,在投保人补交保险费后,合同效力恢复。但是,自合同效力中止之日起满二年双方未达成协议的,保险人有权解除合同。

 168. 被保险人死亡后,在什么情况下保险人应当依照《继承法》的规定履行给付保险金的义务?

(1)被保险人死亡后,有下列情形之一的,保险金作为被保险人的遗产,由保险人依照《继承法》的规定履行给付保险金的义务。

①没有指定受益人,或者受益人指定不明无法确定的;

②受益人先于被保险人死亡,没有其他受益人的;

③受益人依法丧失受益权或者放弃受益权,没有其他受益人的。

受益人与被保险人在同一事件中死亡,且不能确定死亡先后顺序的,推定受益人死亡在先。

(2)对故意造成被保险人死亡、伤残或者疾病的行为该如何处理?

投保人故意造成被保险人死亡、伤残或者疾病的,保险人不承担给付保险金的责任。投保人已交足二年以上保险费的,保险人应当按照合同约定向其他权利人退还保险单的现金价值。

受益人故意造成被保险人死亡、伤残、疾病的,或者故意杀害被保险人未遂的,该受益人丧失受益权。

(3)以被保险人死亡为给付保险金条件的合同,被保险人自杀的,怎么办?

以被保险人死亡为给付保险金条件的合同,自合同成立或者合同效力恢复之日起二年内,被保险人自杀的,保险人不承担给付保险金的责任,但被保险人自杀时为无民事行为能力人的除外。

保险人依照上述规定不承担给付保险金责任的,应当按照合同约定退还保险单的现金价值。

(4)因被保险人故意犯罪或者抗拒依法采取的刑事强制措施导致其伤残或者死亡的,应当如何处理?

因被保险人故意犯罪或者抗拒依法采取的刑事强制措施导致其伤残或者死亡的,保险人不承担给付保险金的责任。投保人已交足二年以上保险费的,保险人应当按照合同约定退还保险单的现金价值。

(5)被保险人因第三者的行为而发生死亡、伤残或者疾病等保险事故的,应当如何处理?

被保险人因第三者的行为而发生死亡、伤残或者疾病等保险事故的,保险人向被保险人或者受益人给付保险金后,不享有向第三者追偿的权利,但被保险人或者受益人仍有权向第三者请求赔偿。

 169. 保险标的发生损失时,赔偿计算标准应如何确定?

(1)保险标的发生损失时,赔偿计算标准应如何确定?

①投保人和保险人约定保险标的的保险价值并在合同中载明的,保险标的发生损失时,以约定的保险价值为赔偿计算标准。

②投保人和保险人未约定保险标的的保险价值的,保险标的发生损失时,以保险事故发生时保险标的的实际价值为赔偿计算标准。

③保险金额不得超过保险价值。超过保险价值的,超过部分无效,保险人

应当退还相应的保险费。

④保险金额低于保险价值的,除合同另有约定外,保险人按照保险金额与保险价值的比例承担赔偿保险金的责任。

(2)什么叫重复保险?《保险法》对重复保险是怎样规定的?

重复保险是指投保人对同一保险标的、同一保险利益、同一保险事故分别与两个以上保险人订立保险合同,且保险金额总和超过保险价值的保险。

《保险法》规定:

①重复保险的投保人应当将重复保险的有关情况通知各保险人。

②重复保险的各保险人赔偿保险金的总和不得超过保险价值。除合同另有约定外,各保险人按照其保险金额与保险金额总和的比例承担赔偿保险金的责任。

③重复保险的投保人可以就保险金额总和超过保险价值的部分,请求各保险人按比例返还保险费。

(3)《保险法》对保险事故发生时,被保险人应当防止或者减少损失是怎样规定的?

①保险事故发生时,被保险人应当尽力采取必要的措施,防止或者减少损失。

②保险事故发生后,被保险人为防止或者减少保险标的的损失所支付的必要的、合理的费用,由保险人承担;保险人所承担的费用数额在保险标的损失赔偿金额以外另行计算,最高不超过保险金额的数额。

(4)因第三者对保险标的的损害造成保险事故的,《保险法》对保险人的代位请求赔偿权是怎样规定的?

①因第三者对保险标的的损害而造成保险事故的,保险人自向被保险人赔偿保险金之日起,在赔偿金额范围内代位行使被保险人对第三者请求赔偿的权利。如果被保险人已经从第三者取得损害赔偿的,保险人赔偿保险金时,可以相应扣减被保险人从第三者已取得的赔偿金额。

②保险人依法行使代位请求赔偿权的,不影响被保险人就未取得赔偿的部分向第三者请求赔偿的权利。被保险人故意或者因重大过失致使保险人不

能行使代位请求赔偿的权利的,保险人可以扣减或者要求返还相应的保险金。

③除被保险人的家庭成员或者其组成人员故意造成保险事故外,保险人不得对被保险人的家庭成员或者其组成人员行使代位请求赔偿的权利。

(5)因第三者对保险标的的损害造成保险事故后,被保险人放弃对第三者请求赔偿的权利的,应当如何处理?

保险事故发生后,保险人未赔偿保险金之前,被保险人放弃对第三者请求赔偿的权利的,保险人不承担赔偿保险金的责任。

保险人向被保险人赔偿保险金后,被保险人未经保险人同意放弃对第三者请求赔偿的权利的,该行为无效。

 170. 什么是责任保险?《保险法》对责任保险是怎样规定的?

责任保险是指以被保险人对第三者依法应负的赔偿责任为保险标的的保险。《保险法》规定:

①保险人对责任保险的被保险人给第三者造成的损害,可以依照法律的规定或者合同的约定,直接向该第三者赔偿保险金。

②责任保险的被保险人给第三者造成损害,被保险人对第三者应负的赔偿责任确定的,根据被保险人的请求,保险人应当直接向该第三者赔偿保险金。被保险人怠于请求的,第三者有权就其应获赔偿部分直接向保险人请求赔偿保险金。

③责任保险的被保险人给第三者造成损害,被保险人未向该第三者赔偿的,保险人不得向被保险人赔偿保险金。

④责任保险的被保险人因给第三者造成损害的保险事故而被提起仲裁或者诉讼的,被保险人支付的仲裁或者诉讼费用及其他必要的、合理的费用,除合同另有约定外,由保险人承担。

第十一章　知识产权法

171. 知识产权涵盖的范围有哪些?

(1)国际公约中知识产权的范围。

知识产权有狭义和广义之分。狭义的知识产权,即传统意义上的知识产权,包括著作权、专利权、商标权三个主要组成部分。

通常认为,知识产权可以分为两类:一类是文学产权,包括著作权及与著作权有关的邻接权。另一类是工业产权,主要包括专利权和商标权。

文学产权是关于文学、艺术、科学作品的创作者和传播者所享有的权利,它将具有原创性的作品及传播这种作品的媒介纳入其保护范围。

"工业产权",确切地说,应称为"产业产权",它实际上是指对工业、商业、农业、林业和其他产业具有实际经济意义的知识产权。

文学产权(或说是著作权)与工业产权的区分是知识产权的传统基本分类。

自20世纪60年代起,由于工业产权与著作权长期渗透和交叉的结果,又出现了给予工业产品类似著作权保护的新型知识产权,即工业版权,其立法动因,始于纠正工业产品外观设计享有专利法和著作权法重叠保护的弊端。以后,一些国家为了填补某些工业产品无法保护的空白和弥补单一著作权保护的不足,遂将集成电路布图设计等纳入工业版权客体的范畴。工业版权突破了以往关于著作权与专利权的传统分类,就两者的部分内容,形成了亦此亦彼的交叉权利。

广义的知识产权范围十分广泛。据1967年在斯德哥尔摩签订的《成立世界知识产权组织公约》规定,知识产权包括以下类别:

①文学、艺术和科学作品的权利(著作权);

②表演艺术家演出、录音和广播的权利(邻接权);

③人们在一切领域里的发明权利(发明权);

④科学发现的权利(发现权);

⑤工业品外观设计的权利(外观设计专利权或外观设计权);

⑥商标、服务标志、商号和标记的权利(商标权、商号权);

⑦制止不正当竞争的权利(反不正当竞争权);

⑧在工业、科学、文学或艺术领域内其他一切来自智力活动的权利。

1993年12月15日通过的世贸组织协定中,《与贸易有关的知识产权协议》(简称TRIPS)所列知识产权包括的内容是:著作权及其相关权利(邻接权);商标权;地理标记权;工业品外观设计权;专利权;集成电路布图设计权;对未公开信息的保护权;对许可合同中限制竞争行为的控制。

(2)《民法通则》规定的知识产权范围。

依《民法通则》第五章第三节的规定,我国知识产权包括著作权、专利权、商标权、发明权、发现权及其他科技成果权。

事实上,根据我国现行国内立法和参加的国际公约,学者们认为我国法律所保障的知识产权范围包括:著作权及其相关权利、专利权、工业版权、商标权、商号权、产地标记权、商业秘密权及各种反对和制止不正当竞争的权利。

TRIPS是世界贸易组织的重要法律文件,对各国的知识产权制度和国际间的知识产权相互保护产生了重大的影响,该协议对知识产权的保护范围广泛,强化了对知识产权的保护效力,明确了法律救济的措施和具体手段。我国作为世贸组织成员国,该协议也成为我国知识产权法律体系的一部分。

172. 不同的知识产权获取方式有何不同(著作权及其相关权利、专利权、工业版权、商标权、商号权、产地标记权、商业秘密权)?

(1)在著作权制度的历史发展过程中,著作权的取得方式概括起来,主要可分为注册取得和自动取得两种。

①注册取得制度。注册取得,也叫登记取得,是指以登记注册作为取得著作权的条件,作品只有登记注册后方能产生著作权,著作权注册取得的原则,又称为"有手续主义"。

②自动取得制度。著作权自动取得,是指当作品创作完成时,作者因进行了创作而自动取得作品的著作权,不再需要履行其他任何手续。这种获得著作权的方法被称为"无手续主义""自动保护主义"。

《中华人民共和国著作权法》(以下简称《著作权法》)第二条规定："中国公民、法人或者其他组织的作品,不论是否发表,依照本法享有著作权。"即"著作权自作品完成创作之日起产生,并受著作权法的保护。"

对于外国人的作品,如果首先在中国境内发表,依照本法享有著作权。外国人在中国境外发表的作品,根据其所属国同中国签订的协议或者共同参加的国际条约享有著作权,受《著作权法》的保护。

(2)专利权的取得方式。

根据《专利法》的规定,取得专利权必须符合法律规定的条件,必须遵循法定的程序。

①专利权的客体。

专利权的客体是发明创造,包括符合专利条件的发明、实用新型和外观设计。根据《专利法实施细则》第2条的规定:

发明是指对产品、方法或者改进所提出的新的技术方案;

实用新型是指对产品的形状、构造或其结合提出的新的技术方案;

外观设计是工业品外观设计的简称,是指对产品的形状、图案、色彩或其组合作出富有美感而适合工业上应用的新设计。

根据《专利法》第25条规定,下列对象不授予专利权:科学发现;智力活动的规则和方法;疾病的诊断和治疗方法;动物和植物品种;用原子核变换方法得到的物质。但对于动物和植物品种的生产方法,可获得专利权。此外,对于违反国家法律、社会公德或者妨害公共利益的发明创造,也不授予专利权。

根据《专利法》第22条和第23条的规定,授予专利的发明和实用新型,应当具备新颖性、创造性和实用性;授予专利权的外观设计应当具备新颖性。

(3)专利权的取得原则。

专利权的取得可以是原始取得,也可以是继受取得。

专利权的原始取得是专利权取得的基本途径。根据《专利法》的有关规定,专利权的取得原则主要有以下几项:

①先申请原则。

先申请原则是指两个以上申请人分别就同样内容的发明创造申请专利时,专利权授予最先申请的申请人。先申请原则是与先发明原则相对应的一个原则。所谓先发明原则,是指两个以上申请人分别就同样内容的发明创造申请专利时,专利权授予最先发明创造的申请人。我国实行的是先申请原则。《专利法》第9条规定:"两个以上的申请人分别就同样的发明创造申请专利的,专利权授予最先申请的人。如果在同一天申请的,申请人应当在收到专利局通知后自行协商确定申请人。"

②优先权原则。

优先权原则是指在一国提出专利申请的人,从最初的申请日(优先日)起,在一定期限内又在他国提出同样内容的专利申请的,享有优先权。优先权的实际意义是,以其第一次提出申请的日期为判断新颖性的时间标准。《专利法》第29条规定:"申请人自发明或者实用新型在外国第一次提出专利申请之日起12个月内,或者自外观设计在外国第一次提出专利申请之日起6个月内,又在中国就相同主题提出专利申请的,依照该外国同中国签订的协议或者共同参加的国际条约,或者依照相互承认优先权的原则,可以享有优先权。""申请人自发明或者实用新型在中国第一次提出专利申请之日起12个月内,又向专利局就相同主题提出专利申请的,可以享有优先权。"

③一发明一申请原则。

所谓一发明一申请原则,是指一件发明或实用新型专利的申请应当限于一项发明或实用新型,一件外观设计专利的申请应当限于一种产品所使用的外观设计。《专利法》第31条规定:"一件发明或者实用新型专利申请应当限于一项发明或者实用新型。属于一个总的发明构思的两项以上的发明或者实用新型,可以作为一件申请提出。一件外观设计专利申请应当限于一种产品所使用的外观设计。用于同一类别并且成套出售或者使用的产品的两项以上的外观设计,可以作为一件申请提出。"

(4)专利权的取得程序。

根据《专利法》的规定,专利权的取得程序包括申请、审查和批准。

(5)商标权的取得。

①原始取得,又称直接取得,即商标权的取得是最初的,是商标权的第一次产生。商标权的原始取得,并非基于他人既存的权利,又不以他人的意志为根据;在国际上,商标权的原始取得大体上采用以下三种方法:第一,通过注

册取得;第二,通过使用取得;第三,通过使用或注册取得。

②继受取得,又称传来取得,商标所有人权利的取得基于他人既存的商标权,其权利的范围、内容等都以原有的权利为依据。继受取得有两种方式:一是根据转让合同,出让人向受让人有偿或无偿地移转商标权;二是根据继承程序,由合法继承人继承被继承人的商标权。

 ## 173. 知识产权的特点有哪些?

知识产权,是指人们基于自己的智力活动创造的成果和经营管理活动中的经验、知识而依法享有的权利。

(1)知识产权的专有性。

知识产权是一种专有性的民事权利,它同所有权一样,具有排他性和绝对性的特点。知识产权的专有性,主要表现在两个方面:

第一,知识产权为权利人所独占,权利人垄断这种专有权利并受到严格保护,没有法律规定或未经权利人许可,任何人不得使用权利人的智力成果。

第二,对同一项智力成果,不允许有两个或两个以上同一属性的知识产权并存。例如,两个相同的发明物,根据法律程序只能将专利权授予其中的一个;而以后的发明与已有的技术相比;如无突出的实质性特点和显著的进步,也不能取得相应的权利。

(2)知识产权的地域性。

知识产权作为一种专有权在空间上的效力并不是无限的,而是受到地域的限制,即具有严格的领土性,其效力只限于本国境内。知识产权的这一特点有别于有形财产权。一般来说,对所有权的保护原则上没有地域性的限制,无论是公民从一国移居另一国的财产,还是法人因投资、贸易从一国转入另一国的财产,都照样归权利人所有,不会发生财产所有权失去法律效力的问题。

而无形财产权则不同,按照一国法律获得承认和保护的知识产权,只能在该国发生法律效力。除签有国际公约或双边互惠协定的以外,知识产权没有域外效力,其他国家对这种权利没有保护的义务,任何人均可在自己的国家内自由使用该智力成果,既无须取得权利人的同意,也不必向权利人支付报酬。

(3)知识产权的时间性。

这一特点表明:知识产权仅在法律规定的期限内受到保护,一旦超过法律规定的有效期限,知识产权就自行消失,相关智力成果即成为整个社会的共同财富,为全人类所共同使用。

这一特点是知识产权与有形财产权的主要区别之一。所有权就不受时间限制,只要其客体物没有灭失,其权利即受到法律保护。依消灭时效或取得时效所产生的后果也只涉及财产权利主体的变更,而财产本身作为权利客体并不会发生变化。知识产权在时间上的有限性是世界各国为了促进科学文化发展、鼓励智力成果公开所普遍采用的原则,根据各类知识产权的性质、特征及本国实际情况,各国法律对著作权、专利权、商标权都规定了长短不一的保护期。知识产权时间限制的规定,反映了建立知识产权法律制度的社会需要。建立知识产权的目的在于采取特别的法律手段调整因智力成果创造或使用而产生的社会关系,这一制度既要促进文化知识的广泛传播,又要注重保护智力成果创造者的合法利益,协调知识产权专有性与智力成果社会性之间的矛盾。

 174. 著作权与所有权、专利权、商标权有什么区别?

(1)著作权与所有权的区别。

①两者的标的不同。

所有权的标的是动产和不动产等有形物,所有权主要表现为对有形物的支配权。在一定时空条件下,标的物不能同时为许多人使用,因为物权人占有和使用其标的物时就排除了其他人同时占有和使用的可能。

而著作权则不同,其标的是无形的人类精神与智力活动的成果,是思想或情感的一定表现,故著作权的独占性完全出自法律的规定,而不是由于标的物本身的性质。所以,著作权标的一旦公开,同一作品就可以同时被多数人使用,只要其不与法律规定相悖即不会构成侵权。由于著作权与所有权的标的不同,互不排斥,因此这两种权利可以同时存在。

②两者权利的完整性不同。

所有权作为绝对权利,其属性是完整的,它既不受时间的限制,也不受地域的限制,在法律上具有无期限性,所有权虽然会因为标的物的灭失而绝对丧失,但这只是因为有形物的物理性质而导致,所以所有权具有完整性。而著作权虽然也是一种绝对权利,但只能在法定的保护期内有效,一般也只能在本国领域内有其效力,且受合理使用、法定许可、强制许可的限制,所以说著作权是一种不完整的绝对权利。

(2)著作权与专利权的区别。

①两者的保护对象不同。著作权所保护的并非作品的思想内容,而是表达该思想内容的具体形式。专利权则不同,专利法所保护的是具有新颖性、创造性、实用性的发明创造,它抛开表达形式而深入到技术方案本身。

②两者的保护条件不同。著作权并不要求保护的作品是首创的,而只要求它是独创的。而对于同一内容的发明,专利权只授予先申请人。这是"独创性"与"首创性"即两者保护条件的差异。

③两种权利产生程序不同。世界上绝大多数国家的著作权均伴随着作品的创作完成而自动产生,无须履行任何注册登记手续。而相同内容的几项发明创造只能授予一项专利,排斥了其他有相同创造成果的人享有相同权利的可能性,所以必须采取国家行政授权的方法确定权利人。专利权的产生需要专利机关的特别授权,经过申请、审查、批准、公告,颁发专利证书等程序才能产生。

④两者的适用领域不同。著作权所保护的作品主要涉及文学、艺术领域。而专利权主要发生在工业生产领域,与产品的技术方案息息相关。

(3)著作权与商标权的区别。

①权利属性不同。著作权是一种具有人身属性的权利,其著作财产权虽然可以因超过法定期限而丧失效力,但作者却永久享有署名权、保护作品完整权等精神权利。商标权则只是一种财产权,不具有人身属性,它可能因法定期限不续展而整体灭失,还可能因商标权人的违法行为而被撤销。

②法律要求的保护条件不同。著作权法要求作品具有独创性,任何抄袭、剽窃所得到的作品不可能受到著作权法的保护。商标是以文字、图形或其组合作为区别商品的标志,它只要求识别性,并不考虑商标是否由商标权人创作。

③两种权利的取得方式不同。著作权一般自作品创作完成时自动产生，无须登记注册。而商标权则不然，由于一件商标甚至多个相类似的商标也只能取得一个商标权，因此商标权一般须经注册登记才能产生。

 175. 计算机软件作为一种知识产品，必须具备哪些条件才能获得法律保护？

(1)须符合以下条件。

①原创性。受保护的软件必须由开发者独立开发，即软件应该是开发者独立设计、独立编制的编码组合。

②可感知性。受保护的软件必须固定在某种有形物体上。只有当这种程序设计通过客观手段表达出来并为人所知悉时才能受法律保护。

③可再现性。也称可复制性，即把软件转载在有形物体上的可能性。

(2)计算机软件著作权的内容及软件著作权人享有的权利。

①发表权。即决定软件是否公之于众的权利，也就是说，著作权人有权决定何时、何地以何种方式将其尚未发表的软件作品向一定数量的人公布。

②开发者身份权。即表明开发者身份的权利及在其软件上署名的权利。软件著作权人可以表明其开发者的身份，也可以不表明其身份；可以在软件上署名，也可以不在软件上署名。

③使用权。即在不损害社会公共利益的前提下，以复制、展示、发行、修改、翻译、注释等方式使用其软件的权利。使用权可以通过开发取得，也可以通过继承、受让取得。

④转让和许可使用权。即开发者将计算机程序转让或许可他人使用的权利。

(3)计算机软件著作权的侵权行为。

①未经软件著作权人许可，发表或者登记其软件的；

②将他人软件作为自己的软件发表或者登记的；

③未经合作者许可，将与他人合作开发的软件作为自己单独完成的软件

发表或者登记的；

④在他人软件上署名或者更改他人软件上的署名的；

⑤未经软件著作权人许可，修改、翻译其软件的；

⑥复制或者部分复制著作权人的软件的；

⑦向公众发行、出租、通过信息网络传播著作权人的软件的；

⑧故意避开或者破坏著作权人为保护其软件著作权而采取的技术措施的；

⑨故意删除或者许可他人行使著作权人的软件著作权的。

行为人违反上述规定，应当承担相应的民事责任、行政责任和刑事责任。

 176. 著作权保护期限和邻接权相关规定有哪些?

(1)《著作权法》对著作权期限的规定。

《著作权法》规定，著作人身权中的署名权、修改权和保护作品完整权永久受到保护，发表权的保护期与财产权利保护期相同。关于著作财产权，如作者为公民，其保护期为作者有生之年加死亡后50年；法人作品的保护期自作品首次发表后50年；合作作品的保护期为作者终生加死亡后50年，从最后死亡的作者的死亡时间起算；作者身份不明的作品保护期为50年，但作者身份一经确定则适用一般规定。其他特殊作品的保护期为自首次发表后50年。

(2)邻接权的概念。

邻接权，也称作品传播权，指作品的传播者享有的专有权利。它是从英文和法文直接译过来的版权术语，它的本意是与著作权有关及相邻接的知识产权。简言之，其不是著作权，但是与著作权相邻、相近或类似的权利。《著作权法》将其称为"与著作权有关的权益"。

广义的邻接权，是把一切传播作品的媒介所享有的专有权一律归入其中。一般承认广义邻接权的国家，都承认表演者权、音像制作者权与广播电视组织权三项传统邻接权。我国著作权法虽未直接使用"邻接权"的概念，但从《著作权法》的规定看，我国采用了广义邻接权的基本内容，具体规定是由《著作权法实施条例》第三十六条规定的"出版者对其出版的图书和报刊享有的权利,表演者对其表演享有的权利,录音录像制作者对其制作的录音录像制品享有的权利,广播电台、电视台对其制作的广播、电视节目享有的权利。"

 177. 录音录像制作者和表演者的义务有哪些?

(1)录音录像制作者的义务。

①音像制作者使用他人作品制作录音录像,应当取得著作权人的许可,并支付报酬。

②音像制作者使用改编、注释的作品,应当取得改编、注释;翻译、原作品的著作权人的许可,并支付报酬。翻译、整理已有作品而产生整理作品的著作权人和原作著作权利人。

③录音制作者使用他人已经合法录制为录音制品的音乐作品制作录音制品,可以不经著作权人许可,但应当按照规定支付报酬,著作权人声明不许使用的不得使用。

④被许可人复制、发行、通过信息网络传播录音录像制品,应当取得著作权人、表演者许可,并支付报酬。

⑤音像制作者在制作发行作品时,除应尊重作者的权利外,还应尊重表演者的权利,即应当同表演者订立合同,并支付报酬。

(2)表演者的义务。

①表演者(包括演员和演出单位)使用他人作品演出,应当取得著作权人的许可,并支付报酬。演出组织者组织演出,由该组织者应取得著作权人许可,并支付报酬。

②表演者使用通过改编、翻译、注释、整理已有作品而产生的作品进行演出,应当取得改编、翻译、注释、整理作品的著作权人和原作品的著作权人的许可,并支付报酬。

(3)广播电视组织的义务。

①广播电台、电视台使用他人未发表的作品制作广播电视节目,应取得著作权人的许可,并按规定向著作权人支付报酬。著作权人可以通过口头或书

面形式授权广播电台、电视台使用自己未发表的作品,但广播电视组织应向著作权人支付报酬。

②广播电台、电视台使用他人已发表的作品制作广播电视节目,可以不经著作权人许可,但应当支付报酬。

③广播电台、电视台播放已经出版的录音制品,可以不经著作权人许可,但应当支付报酬。当事人另有约定的除外。

④电视台播放他人的电影作品和以类似摄制电影的方法创作的作品、录像制品,应当取得制片者或者录像制作者许可,并支付报酬;播放他人的录像制品,还应当取得著作权人许可,并支付报酬。

(4)简述表演者的权利。

①表明表演者身份。

②护表演形象不受歪曲。

③许可他人从现场直播和公开传送其现场表演,并获得报酬。

④许可他人录音录像,并获得报酬。

⑤许可他人复制、发行录有表演者表演的录音录像制品,并获得报酬。

⑥许可他人通过信息网络向公众传播其表演并获得报酬。

(5)影视作品权利的归属:

电影作品和以类似摄制电影的方法创作的作品的著作权由制片者享有,但编剧、导演、摄影、作词、作曲等作者享有署名权,并有权按照与制片者签订的合同获得报酬。

电影作品和以类似摄制电影的方法创作的作品中的剧本、音乐等可以单独使用的作品的作者有权单独行使其著作权。

 ## 178. 侵犯著作权行为的种类

(1)未经著作权人许可,发表其作品的行为。

(2)未经合作作者许可,将与他人合作创作的作品当作自己单独创作的作品发表的行为。

(3)没有参加创作,为谋取个人名利,在他人作品上署名的行为。

(4)歪曲、篡改他人作品的行为。在他人作品上署名的行为。

(5)未经著作权人许可,以展览、摄制电影和以类似摄制电影的行为。

(6)使用他人作品,应当支付报酬而未支付的行为。

(7)剽窃他人作品的行为。

(8)未经电影作品和以类似摄制电影的方法创作的作品、计算机软件、录音录像制品的著作权人或者与著作权有关的权利人的许可,出租其作品或者录音录像制品的行为。

(9)未经出版者许可,使用其出版的图书、期刊的版式设计的行为。

(10)未经表演者许可,从现场直播或者公开传送其现场表演或者录制其表演的行为。

(11)未经著作权人许可,复制、发行、表演、放映、广播、汇编、通过信息网络向公众传播其作品的行为。

(12)出版他人享有专有出版权的图书的行为。

(13)未经表演者许可,复制、发行录有其表演的录音录像制品,或者通过信息网络向公众传播其表演的行为。

(14)未经录音录像制作者许可,复制、发行、通过信息网络向公众传播其制作的录音录像制品的行为。

(15)未经广播电台、电视台许可,播放、复制其制作的广播、电视节目的行为。

(16)未经著作权人或者与著作权有关的权利人许可,故意避开或者破坏权利人为其作品、录音录像制品等采取的保护著作权或者与著作权有关的权利的技术措施的行为。

(17)未经著作权人或者与著作权有关的权利人许可,故意删除或者改变作品、录音录像制品等的权利管理电子信息的行为。

(18)制作、出售假冒他人署名的作品的行为。

(19)其他侵犯著作权及与著作权有关的权利的行为。

 ## 179. 专利权人的权利和义务

(1)专利权人的权利有:①独占实施权;②进口权;③转让权;④实施许可

权;⑤放弃权;⑥标记权;⑦出质权。

专利权人的义务就是缴纳专利年费(也称专利维持费)的义务。

(2)简述强制许可的种类及基本特征。

专利的强制许可主要有三种类型:①防止专利权滥用的强制许可;②为公共利益目的的强制许可;③交叉强制许可。

专利权的强制许可具有四个基本特征:①非自愿性,即强制许可是违背专利权人意愿的一种许可;②非独占性,即获得强制许可实施权的人所获得的是一种非独占性的许可;③有偿性,即实施强制许可的单位或者个人应当向专利权人支付合理费用;④非移转性,即实施强制许可的只能自己实施,无权允许他人实施。

 ## 180. 专利许可证的类型有哪些?

专利许可证主要有四种类型:

①独占许可证,即专利权人许可被许可方在合同约定的时间和地域范围内,以合同约定的使用方式对专利进行独占性实施。与此同时,不仅专利权人不能再许可第三人以同样的方式实施该专利,而且专利权人自己也不得实施。

②独家许可证,也称排他许可证或全权许可证。是指持有该许可证的被许可方在约定的时间和地域范围内享有以合同约定的使用方式对专利的排他实施权。

③普通许可证,即持有该许可证的被许可方有权在合同约定的时间和地域范围内,按合同约定的使用方式实施该专利。与此同时,专利权人不仅自己可以实施该专利而且可以再允许第三人实施。

④分许可证,是指在专利许可证合同中,专利权人允许被许可方在合同约定的期限和地域范围内再许可他人实施该项专利的一种许可证形式。

第十二章　民事诉讼法及仲裁法

181. 提起民事起诉的相关规定有哪些?

（1）根据《民事诉讼法》第一百零八条规定，起诉必须符合下列条件：①原告是与本案有直接利害关系的公民、法人和其他组织（原告适格）；②有明确的被告；（诉谁应当清楚，而且基本情况也应清楚）③有具体的诉讼请求和事实、理由；④属于人民法院受理民事诉讼的范围和受诉人民法院管辖。

（2）如何确定原、被告主体是否适格及相应的裁判方式的问题？

确定原、被告主体适格，就是确定原、被告本身应当为真实、合法的诉讼主体公民、法人和其他组织，否则法院应当裁定驳回起诉。《民事诉讼法》一百零八条规定的"公民、法人和其他组织"中的"其他组织"系指合法成立，有一定的组织机构和财产，但又不具备法人资格的组织。企业法人的职能部门、法人非依法设立的分支机构或者虽依法设立但未依法登记领取营业执照的分支机构、合伙组织等均不能作为诉讼主体，如出现上述情况，应当裁定驳回起诉。企业法人分支机构无论作为原告还是作为被告，均可作为单一的诉讼主体参加诉讼。在作为单一被告的情况下，如判决后其财产不足以清偿债务，则可在执行程序中直接裁定变更其法人单位作为被执行人，以法人单位的全部财产清偿对外债务。

原告提起诉讼，还应当与本案有直接的利害关系及诉讼利益，否则应裁定驳回起诉。与本案有直接利害关系的原告从表现形态来看可以分为两种类型：第一种是权利主体当事人，即其所请求法院予以保护的受到侵害或者发生争议的民事权益系自己直接享有，或其认为应当由自己直接享有；第二种是非权利主体当事人，即其所请求法院予以保护的受到侵害或者发生争议的民事权益，虽然不是由其自己直接享有，而且其也不认为应当由他自己直接享有，但是按照法律规定，其有权对这种民事权益进行管理或加以支配，那么也应认为其是与本案有直接利害关系。第二种类型适用场合很少，且必须有法律的明文规定。

在审查原告是否具有诉讼利益时，主要应注意以下几个方面：①诉讼利益首先是一种法律上的正当利益；②诉讼利益原则上应是一种现实存在的利益；

③诉讼利益是指权利主体直接的自身利益。

此外,法律对当事人享有某种诉讼请求权规定有特定的形式要件的(如某些公司纠纷案件),应当审查当事人是否具备该形式要求。

另外,关于《民事诉讼法》一百零八条规定的"明确的被告"问题,通常认为有两层含义:一是原告诉讼请求所指向的对象必须有具体的名称(姓名)且实际存在,二是法院根据法律规定能确定该特定的主体为适格的被告。符合上述情况,就可以说是被告明确。审查被告是否明确时,无须审查被告是否与案件有利害关系,如果案件受理后经审查被告与原告之间无民事法律关系,不应承担民事责任,则应当判决驳回原告的诉讼请求。

 182. 民事诉状诉讼请求事实理由的相关规定有哪些?

人们在社会中生活,都不可避免地要与其他个人或组织进行民事交往。有交往,就难免发生矛盾和冲突,从而酿成民事纠纷。民事纠纷出现后,就要寻求解决,这就必然与法律相关联。虽然解决民事纠纷的法律途径很多,但去法院告状打官司是最为重要的一种。要告状,原则上必须向法院提交书面的民事诉状。民事诉状作为一种法律文书,具有十分规范的格式,其一旦被提交给有管辖权的法院,就有可能使法院受理案件并启动审判程序来审理,同时它也是被告方应诉答辩的依据。因此,对它的制作,从形式到内容都应有所讲究。制作民事诉状应注意的事项很多,但关键是诉讼请求、事实和理由:

(1)写好民事诉状的诉讼请求、事实和理由的必要性。

《民事诉讼法》第一百零八条规定:"起诉必须符合下列条件:①原告是与本案有直接利害关系的公民、法人和其他组织;②有明确的被告;③有具体的诉讼请求和事实、理由;④属于人民法院受理民事诉讼的范围和受诉人民法院管辖。"

《最高人民法院关于民事诉讼证据的若干规定》第一条、第二条分别规定:"原告向人民法院起诉或者被告提出反诉,应当附有符合起诉条件的相应的证据材料""当事人对自己提出的诉讼请求所依据的事实或者反驳对方诉讼请求所依据的事实有责任提供证据加以证明。"这些规定表明,原告在民事诉状中提出具体的诉讼请求和相关的事实、理由是起诉能够成立的法定条件。

就民事诉讼的第一审程序而言,诉讼请求是指原告以起诉的方式,通过受诉人民法院向被告所提出的实体权利的主张。所谓"有具体的诉讼请求",是指原告所提出的实体权利的主张,在内容和所涉及的范围上,必须具体化,能够界定,否则便无实际意义,不然人民法院也无法对案件进行审理和作出裁判;所谓"有……事实、理由"是指原告要有用来支持其所提出的诉讼请求的基础和根据。其中,所谓事实,主要是指原告与被告之间发生争议的民事法律关系产生、变更、消灭的事实;所谓理由则包括两个方面:一是原告用来证明前述事实并最终证明自己实体权利主张的证据材料,二是相关的法律依据。

诉讼请求是原告打官司的目的所在,体现了原告请求法院保护其权利的范围;同时由于民事诉讼实行"不告不理"的原则,法院也只能在原告的诉讼请求之内对原告的权益予以保护,因此原告在民事诉状中提出明确具体、合理合法的诉讼请求便具有极其重要的意义。

(2)如何写好民事诉状的诉讼请求、事实和理由?

首先,关于写好民事诉状的诉讼请求。诉讼请求是原告起诉想要达到的根本目的。对此,重点应写清、写明原告要求法院依法解决的有关民事权益的具体请求。细而言之,应注意以下几点:

一要注意语言的简洁性。诉讼请求要写得言简意赅、简明扼要,要求用最概括、最精练的语言表达出当事人想要表达的全部意思。在写诉讼请求时,只要写明原告通过诉讼所要达到的目的就可以了,至于说原告要达到这个目的的根据,则是"事实和理由"部分的内容,不能写在请求事项里。

二要注意请求的明确性。请求事项必须写得明确、具体,不能写得含糊其词、抽象笼统。为了使诉讼请求一目了然,如果民事案件中的原告对同一被告提出了两个以上的诉讼请求,则宜分项列出,可使用①……②……等分项符号,切忌将多项请求混在一堆,以免法院漏审漏判;同时,叙述诉讼请求的用语宜根据诉的种类,分别选择一些符合各种诉讼的特点的语词。在民事诉讼理论上,诉被分为确认之诉、给付之诉和变更之诉。确认之诉讼的特点在于原告仅要求法院确认当事人之间有争议的权利或者法律关系存在与否;给付之诉的特点是原告请求被告履行某种民事给付义务,具有可执行性;变更之诉的特点是原告请求法院变更或解除其与被告现存的某种民事法律关系。

三要注意请求的合理性。如果原告通过法院向被告提出一些不正当、不合理甚至非法的诉讼请求，则不但无益于解决民事纠纷，增加法院审理工作的难度，浪费有限的司法资源，而且还显示出原告无解决纠纷的诚意，容易让被告"攻破"，也得不到法院的支持。所以原告的诉讼请求应当合乎情理和法理。

四要注意请求的可证性。诉讼请求的可证性，是指原告提出的诉讼请求在诉讼过程中要有证据支持，能够得到充分可靠的证据证实。证据应支持诉讼请求而展开。

五要注意请求的周延性。诉讼请求的提出，应当慎重考虑，做到周到、没有遗漏。在法院受理案件后，对诉讼请求不能时增时减、变换频繁，以免给法院办案工作造成曲折和反复。如果诉讼请求确有不实、不全之处，需要更改、完善才符合原告心意的话，那他最好是在第一次开庭之前补正，最迟也不得迟于法庭辩论终结之前。对此，《最高人民法院关于适用〈中华人民共和国民事诉讼法〉若干问题的意见》第一百五十六条有明确规定："在案件受理后，法庭辩论结束前，原告增加诉讼请求……可以合并审理的，人民法院应当合并审理。"可见，于理于法，各项请求应尽量一次性提出。

其次，诉讼是一场摆事实、讲道理的过程，因此，民事诉状应将"事实和理由"作为它的核心内容。对这一部分写得好不好，事关起诉能否被法院受理。一般而言，应先写明纠纷事实，在此基础上，再写出理由。具体来说，应注意以下几点：

第一，在叙述案件事实时，应把事实的各种要素写清写全。事实的要素包括时间、地点、人物、原因、经过、结果及双方争执的焦点等。其中，"时间"应写清何年何月何日；"地点"应写清地理方位及事件发生所处的具体位置；"人物"是指原告、被告、第三人及目击证人等；"原因"是指民事权益纠纷的起因；"经过"是指民事法律关系产生、变更、消灭的过程或者民事纠纷的发展变化情况等；"结果"是指民事纠纷的结局及双方当事人之间的争执意见和理由等。在制作民事诉状时，这些要素应一一写清。

第二，为增强可信性，在叙写案件事实时，要注意一边叙写事实一边列举证据。这样做的目的，旨在表明原告在民事诉状中所提供的事实是有可靠证据支持的,并非空穴来风、空口无凭,以期顺利通过法院对起诉的审查,及时立案,及时审理。但应注意的是,在此叙写证据,应以"必需"为原则,且宜点到为止,即只要写出证据的名称就可以了,暂时不必对证据进行长篇大论。因为在民事诉状的结构上,在"事实和理由"之后,还有"证据和证据来源"一部分,是专门用来记写、分析证据的。

第三,应注意前后人称的一致性。民事诉状的制作者可以是当事人本人,也可以是接受委托的诉讼代理人。一般来说,由当事人本人写作民事诉状,应使用第一人称,自然人用"我"、法人或其他组织用"我单位",因为诉状是当事人阐述自己的诉讼请求、记叙自己设定的权利义务关系或亲身经历的事实,理应使用第一人称;如果是由诉讼代理人代书诉状,则既可使用第一人称,也可使用第三人称。采用第一人称写法的,应记明"我或我单位"如何如何,被告如何如何;采用第三人称写法的,应记明原告如何如何,被告如何如何。无论用第一人称写法还是用第三人称写法,在同一份诉状中应前后一致,否则会引起混乱。

第四,应注意阐明起诉的理由。打官司重在以理服人。

 183. 法院管辖的相关规定有哪些?

(1)对公民提起的民事诉讼,由被告住所地人民法院管辖;被告住所地与经常居住地不一致的,由经常居住地人民法院管辖。这是基本原则。

对法人或者其他组织提起的民事诉讼,由被告住所地人民法院管辖。

同一诉讼的几个被告住所地、经常居住地在两个以上人民法院辖区的,各该人民法院都有管辖权。

(2)下列民事诉讼,由原告住所地人民法院管辖;原告住所地与经常居住地不一致的,由原告经常居住地人民法院管辖。

①对不在中华人民共和国领域内居住的人提起的有关身份关系的诉讼;

②对下落不明或者宣告失踪的人提起的有关身份关系的诉讼;

③对被采取强制性教育措施的人提起的诉讼;

④对被监禁的人提起的诉讼。

(3)因合同纠纷提起的诉讼,由被告住所地或者合同履行地人民法院管辖。

①因保险合同纠纷提起的诉讼,由被告住所地或者保险标的物所在地人民法院管辖。

②因票据纠纷提起的诉讼,由票据支付地或者被告住所地人民法院管辖。

③因公司设立、确认股东资格、分配利润、解散等纠纷提起的诉讼,由公司住所地人民法院管辖。

④因铁路、公路、水上、航空运输和联合运输合同纠纷提起的诉讼,由运输始发地、目的地或者被告住所地人民法院管辖。

⑤因侵权行为提起的诉讼,由侵权行为地或者被告住所地人民法院管辖。

⑥因铁路、公路、水上和航空事故请求损害赔偿提起的诉讼,由事故发生地或者车辆、船舶最先到达地、航空器最先降落地或者被告住所地人民法院管辖。

⑦因船舶碰撞或者其他海事损害事故请求损害赔偿提起的诉讼,由碰撞发生地、碰撞船舶最先到达地、加害船舶被扣留地或者被告住所地人民法院管辖。

⑧因海难救助费用提起的诉讼,由救助地或者被救助船舶最先到达地人民法院管辖。

⑨因共同海损提起的诉讼,由船舶最先到达地、共同海损理算地或者航程终止地的人民法院管辖。

(4)下列案件,由人民法院专属管辖。

①因不动产纠纷提起的诉讼,由不动产所在地人民法院管辖;

②因港口作业中发生纠纷提起的诉讼,由港口所在地人民法院管辖;

③因继承遗产纠纷提起的诉讼,由被继承人死亡时住所地或者主要遗产所在地人民法院管辖。

(5)合同或者其他财产权益纠纷的当事人可以书面协议选择被告住所地、合同履行地、合同签订地、原告住所地、标的物所在地等与争议有实际联系的地点的人民法院管辖,但不得违反本法对级别管辖和专属管辖的规定。

两个以上人民法院都有管辖权的诉讼,原告可以向其中一个人民法院起诉;原告向两个以上有管辖权的人民法院起诉的,由最先立案的人民法院管辖。

(6)住所地指什么地方?

《最高人民法院关于适用〈中华人民共和国民事诉讼法〉若干问题的意见》第四条规定,公民的住所地是指公民的户籍所在地,法人的住所地是指法人主要营业地或者主要办事机构所在地。

(7)经常居住地是指什么地方?

《最高人民法院关于适用〈中华人民共和国民事诉讼法〉若干问题的意见》第五条规定,公民的经常居住地是指公民离开住所地至起诉时已连续居住一年以上的地方。但公民住院就医的地方除外。

(8)住所地与经常居住地不一致怎么办?

住所地与经常居住地不一致依经常居住地确定管辖。

 ## 184. 收到起诉书应该怎么办?

(1)被告收到原告的起诉状后,要对起诉状中提出的诉讼请求、事实和理由进行认真的分析,对确凿的事实应该承认,对合理的要求应该接受;对无根据的事实和不合理的要求,也不要置之不理,而要准备好事实和证据,提出自己的反驳意见。反驳意见的提出,一是用答辩状,即在法定期限内,写好答辩状交法院;二是在开庭审理时进行口头答辩。其次也要注意有无可提出管辖异议或反诉的情况,如有上述情况,应当在法律规定的期限内及时提出。

(2)何时递交答辩书有效?

收到起诉状十五日内。

按照《民事诉讼法》第一百一十三条规定,人民法院应当在立案之日起五日内将起诉状副本发送被告,被告在收到之日起十五日内提出答辩状。

(3)不交答辩书法院能继续审理案件吗?

根据《民事诉讼法》第一百一十三条规定,被告不提出答辩状的,不影响人民法院审理。

(4)答辩书是对原告起诉书的答复和反驳。

一般要有下列内容:①双方当事人情况;②针对原告诉讼请求的答复或反驳;③事实依据;④有关证据;⑤法律依据;⑥送达法院,具状时间和具状人姓名等。

答辩书篇幅不必长,但必须抓住重点,特别要抓住起诉状中那些与事实不符、证据不足、缺少法律依据的内容,进行系统辩驳,以利于法院在审理时判明原告诉讼请求是否符合事实,是否有法律依据,从而作出正确的裁判。

(5)什么是反诉?

针对原告所提诉讼请求,提出的独立的反请求,目的是抵销或吞并原告的诉讼请求。例如:某甲要求乙返还其走失的牲畜,乙提出反诉,要求甲赔偿乙在饲养该牲畜期间的损失等。

反诉要注意以下四点:①反诉要以本诉为基础,没有本诉,就没有反诉。②反诉必须与本诉有联系。③反诉应在原告起诉后,举证期限届满前提出。④反诉只能向审理本诉的同一人民法院提出。

(6)何时提出反诉有效?

反诉应该在原告起诉后,举证期限届满前提出。

 185. 起诉受理问题相关规定有哪些?

(1)合同中订有仲裁条款,出现纠纷后是否还可到法院起诉?

不可以。《民事诉讼法》第一百一十一条第二款规定,合同中订有仲裁条款的,不得向人民法院起诉。

(2)合同中订有仲裁条款,一方起诉时没有说明,另一方又应诉的,人民法院是否有权管辖?

《最高人民法院关于适用〈中华人民共和国民事诉讼法〉若干问题的意见》第一百四十八条规定,当事人一方向人民法院起诉时未声明有仲裁协议,人民法院受理后,对方当事人又应诉答辩的,视为该人民法院有管辖权。

(3)若仲裁条款所选择的仲裁机构不存在,能不能到法院起诉?

可以。《最高人民法院关于适用〈中华人民共和国民事诉讼法〉若干问题的意见》第一百四十六条规定,当事人在仲裁条款或协议中选择的仲裁机构不存在,或者选择裁决的事项超越仲裁机构权限的,人民法院有权依法受理当事人一方的起诉。

(4)对仲裁机构所作裁决,可以申请法院予以撤销吗?

可以。根据《中华人民共和国仲裁法》(以下简称《仲裁法》)第五十八条规定,当事人提出证据证明裁决有下列情形之一的,可以向仲裁委员会所在地的中级人民法院申请撤销裁决:

①没有仲裁协议;

②裁决的事项不属于仲裁协议的范围或者仲裁委员会无权仲裁的;

③仲裁庭的组成或者仲裁的程序违反法定程序的;

④裁决所根据的证据是伪造的;

⑤对方当事人隐瞒了足以影响公正裁决的证据的;

⑥仲裁员在仲裁该案时有索贿受贿,徇私舞弊,枉法裁决行为的。

(5)民事案件被法院裁定不予受理,能不能重新起诉?

根据《最高人民法院关于适用〈中华人民共和国民事诉讼法〉若干问题的意见》第一百四十二条规定,裁定不予受理、驳回起诉的案件,原告再次起诉的,如果符合起诉条件,人民法院应予受理。

(6)起诉以后还可以撤回吗?

可以。《民事诉讼法》第一百三十一条规定,宣判前,原告申请撤诉的,是否准许,由人民法院裁定。撤诉是原告的基本权利之一,如果撤诉不损失国家和他人的利益,又是出于原告的真诚自愿,法院会准许撤诉的。

186. 举证相关规定有哪些?

(1)什么叫"谁主张谁举证"?

《民事诉讼法》第六十四条规定,当事人对自己提出的主张,有责任提供证据。此规定的意思是,当事人对自己的主张,要自己提出证据证明。例如甲认为乙欠自己钱,就要提出乙欠钱的证据(欠条等)如果乙反过来说钱已经还了,也要提出自己的证据。

(2)当事人一时不能提交证据的怎么办?

按照《最高人民法院关于适用〈中华人民共和国民事诉讼法〉若干问题的意见》第七十六条规定,人民法院对当事人一时不能提交证据的,应根据具体情况,指定其在合理期限内提交。

当事人在指定期限内提交确有困难的,应在指定期限届满之前,向人民法院申请延期延长的期限由人民法院决定。

(3)证据有几种,都有哪些?

《民事诉讼法》第六十三条规定了证据有下列几种:①当事人的陈述;②书证;③物证;④视听资料;⑤电子数据;⑥证人证言;⑦鉴定意见;⑧勘验笔录。

由当事人提交的,主要有书证、物证和视听资料。书证应当提交原件,物证应当提交原物,交原件或原物确有困难的,可以提交复制品。

(4)证据应在法庭上出示吗?

根据《民事诉讼法》第六十六条规定,证据应当在法庭上出示,并由当事人互相质证。

(5)哪些证据,不能在公开开庭时出示?

《民事诉讼法》第六十六条规定,同上条,对涉及国家秘密、商业秘密和个人隐私的证据应当保密,不得在公开开庭时出示。

(6)私下录音能作为证据吗?

据最高人民法院2001年12月6日法释(2001)33号《关于民事诉讼证据的若干规定》从2002年4月1日起私下录音可以作为证据使用。

(7)什么是证据保全?

《民事诉讼法》第七十四条规定,在证据可能灭失或者以后难以取得的情况下,诉讼参加人可以向人民法院申请保全证据,人民法院也可以主动采取保全措施。此即为证据保全。

证据保全的方法有三种:一是向证人进行询问调查,取得证人证言。二是对文书、物品进行拍照、录像、抄写、复制等。三是对证据进行鉴定或勘验。

187. 财产保全相关规定有哪些?

(1)什么是财产保全?

根据《民事诉讼法》第九十二条规定,人民法院对于可能因当事人一方的行为或者其他原因,使判决不能执行或者难以执行的案件,可以根据对方当事人的申请,作出财产保全的裁定;

当事人没有提出申请的,人民法院在必要时也可以裁定采取财产保全措施。

财产保全的方法主要有三种,即查封、扣押和冻结。

财产保全的范围限于诉讼请求范围和与本案有关的财物。

(2)财产保全需要担保吗?

根据《民事诉讼法》第九十二条规定,人民法院采取财产保全措施,可以责令申请人提供担保。申请人败诉了,由申请人赔偿因财产保全所造成的损失。

(3)申请人如不提供担保怎么办?

根据《民事诉讼法》第九十二条规定,诉讼保全申请人不提供担保,法院可以驳回财产保全申请?

(4)什么是诉前保全?

根据《民事诉讼法》第九十三条规定,利害关系人因情况紧急,不立即申请财产保全将会使其合法权益受到难以弥补的损害的,可以在起诉前向人民法院申请采取财产保全措施。申请人应当提供担保,不提供担保的,法院可以驳回申请。

(5)诉前保全后十五日内不起诉的,人民法院会怎么办?

《民事诉讼法》第九十三条同时规定,申请人在人民法院采取保全措施后十五日内不起诉的,人民法院应当解除财产保全。

188. 诉讼及代理相关规定有哪些?

(1)可以委托他人代理自己"打官司",即委托诉讼代理人"替"自己参加诉讼,运用他的法律知识和辩论技巧,维护自己的合法权益。

(2)什么人可以做委托代理人?

《民事诉讼法》第五十八条规定:律师、基层法律服务工作者;当事人的近亲属或者工作人员;当事人所在社区、单位以及有关社会团体推荐的公民。

(3)委托代理人需要办什么手续?

《民事诉讼法》第五十九条规定,委托他人代为诉讼,必须向人民法院提交由委托人签名或者盖章的授权委托书。

(4)什么是委托中的特别授权?

《民事诉讼法》第五十九条规定,诉讼代理人代为承认、放弃、变更诉讼请求,进行和解,提起反诉或者上诉,必须有委托人的特别授权。

(5)委托了代理人,本人还能不能参加诉讼?

民事案件的当事人、法定代理人、法定代表人参加诉讼活动是依法享有的诉讼权利,如果他们不能亲自参加诉讼或者需要他人给予法律上的帮助,则可以委托代理人进行诉讼,但这不丧失本人亲自参加诉讼的权利。对于离婚案件,委托了代理人后,本人也应亲自出庭行使权利。

(6)在民事诉讼中,当事人有什么诉讼权利和义务?

民事诉讼的当事人包括案件的原告、被告、法定代表人、第三人和共同诉讼人。当事人有权委托代理人,提出回避申请,收集、提供证据,进行辩论,请求调解,提起上诉,申请执行,提出再审申请等。当事人可以查阅本案有关材料,并可以复制本案有关材料和法律文书。双方当事人可以自行和解。

(7)在民事诉讼中,原告和被告分别还有什么各自不同的权利义务?

原告可以放弃或者变更诉讼请求。

被告可以承认或者反驳诉讼请求,有权提起反诉。

(8)与案件有直接利害关系的人能不能当证人？证人需要履行什么义务？

《民事诉讼法》第七十条规定，凡是知道案件情况的单位和个人，都有义务出庭作证。

因此一般情况下，不管与案件是否有利害关系，凡是知道案件情况的人，都能当证人。但是对于有利害关系的人的证言，法院在审查时要慎重，真实可靠的可以采用。

(9)原告在民事诉讼起诉时要交费吗？

民事诉讼法规定，原告在起诉民事时需要先预交诉讼费。

(10)诉讼费在法院判决后，一般由谁负担？

一般由败诉方负担，双方均有责任的，由双方分担。

离婚案件的诉讼费负担，由人民法院决定。

 189. 诉讼时效相关规定有哪些？

(1)什么是诉讼时效？

诉讼时效是指权利人在一定期间不行使权利，即丧失依诉讼程序保护其权利的可能性的民事法律制度。

甲拖欠乙的货款，过了二年后才去法院起诉返还。因过了诉讼时效法院驳回其诉讼请求。

(2)诉讼时效期间从什么时候开始计算？

根据《民法通则》第一百三十七条规定，诉讼时效期间从知道或者应该知道权利被侵害时起计算。但是，从权利被侵害之日起超过二十年的，人民法院不予保护。

(3)买了质量不合格的产品，一年后再起诉，法院受理吗？

《民法通则》第一百三十六条规定，下列的诉讼时效期间为一年：

(一)身体受到伤害要求赔偿的；

(二)出售质量不合格的商品未声明的；

(三)延付或者拒付租金的；

(四)寄存财物被丢失或者损毁的。

根据以上规定,对产品质量问题的起诉,应该在发现自己权利受到侵害一年内提出,如超过一年,权利将不再受法律保护。

 190. 应诉相关规定有哪些?

(1)被告拒不到庭怎么办?

①《民事诉讼法》第一百条规定,人民法院对必须到庭的被告,经两次传票传唤,无正当理由拒不到庭的,可以拘传。

②《民事诉讼法》第一百三十条规定,被告经传票传唤,无正当理由拒不到庭的,或者未经法庭许可中途退庭的,法院可以缺席判决。

(2)当事人拒绝在庭审笔录上签字,这份笔录是否有效?

仍然有效,但法院应在笔录中记明当事人拒签情况。

(3)被他人无理起诉,不出庭行吗?

仍应出庭应诉,以便在庭审中陈述自己的理由,反驳对方的主张以保护自己的合法权益。

同时,按时出庭进行民事诉讼,也是诉讼当事人双方必须履行的一项诉讼义务。

法院传唤当事人到庭是依法执行职务的行为,当事人不应拒绝。

(4)在民事诉讼中,一方当事人死亡怎么办?

综合《民事诉讼法》第一百三十六、一百三十七条和《最高人民法院关于适用〈中华人民共和国民事诉讼法〉若干问题的意见》第四十四条的规定,在民事诉讼中一方当事人死亡的,应视具体情况,分别处理:

①在诉讼中,一方当事人死亡的,有继承人的,裁定中止诉讼。人民法院通知他的继承人及时参加诉讼,被继承人已经进行的诉讼行为,对承担诉讼的继承人有效。

②下列四种案件,人民法院应当裁定终结诉讼,不再审理:

原告死亡,没有继承人,或者继承人放弃继承的;

被告死亡,没有遗产,也没有应当承担义务的人的;

离婚案件一方当事人死亡的;

追索赡养费、扶养费、抚育费及解除收养关系案件一方当事人死亡的。

(5)当事人能不能请求查阅卷宗材料?

《民事诉讼法》第五十条规定,当事人可以查阅本案有关材料,并可以复制本案有关材料和法律文书。

(6)调解达成协议后,一方反悔怎么办?

《民事诉讼法》第八十九条规定,调解书经双方当事人签收后,才具有法律效力。在调解书送达前一方反悔的,调解协议不生效,法院应依法判决。如果已签收协议书,只能通过依法提出再审申请的途径解决。

(7)判决书和调解书的法律效力一样吗?

调解达成协议,人民法院应当制作调解书,调解书应当写明诉讼请求、案件的事实和调解结果。调解书由审判人员、书记员署名,加盖人民法院印章,送达双方当事人。调解书经双方当事人签收后,即具有法律效力。

对于不需要制作调解书的协议,应当记入笔录,由双方当事人、审判人员、书记员签名或者盖章后,即具有法律效力。调解书与确定的判决书有同等的法律效力。

 ### 191. 送达问题相关规定有哪些?

(1)什么叫留置送达?

《最高人民法院关于适用〈中华人民共和国民事诉讼法〉若干问题的意见》第八十二条规定,受送达人拒绝接受诉讼文书,有关基层组织或者所在单位的代表及其他见证人不愿在送达回证上签字或盖章的,由送达人在送达回证上记明情况,把送达文书留在受送达人住所,即视为送达。

(2)什么是公告送达?

即通过公告方式送达起诉书、出庭通知、传票等。公告方式:可以在法院的公告栏、受送达人原住所地张贴公告,也可以在报纸上刊登公告;对公告送达方式有特殊要求的,应按要求的方式进行公告。公告期满,即视为送达。

(3)不服法院判决,拒收判决书是否有用?

拒收判决书的,判决一样生效。《最高人民法院关于适用〈中华人民共和国民事诉讼法〉若干问题的意见》第九十条规定,人民法院在定期宣判时,当事人拒不签收判决书、裁定书的,应视为送达,并在宣判笔录中记明。

(4)对一审判决不服怎么办?

可以在上诉期内上诉。

(5)什么人可以提出上诉?

原、被告,有独立请求权的第三人,判决承担责任的无独立请求权的第三人,可以提出上诉。

(6)民事案件中为何被法院拘留?

《民事诉讼法》第一百零一条、第一百零二条规定了对严重违反法庭规则,妨害民事诉讼活动的人可以进行包括拘留在内的处罚。所以在民事案件中,如果当事人有上述行为,人民法院可以视情节,对之进行包括拘留在内的处理。

 192. 仲裁的相关规定有哪些?

(1)什么是仲裁?

仲裁是现代社会解决民商事争议的重要手段之一,它是指争议双方在争议发生之前或者争议发生之后自愿达成协议,将争议提交给非司法机关的第三者,由其居中作出裁决,该裁决对双方当事人具有法律约束力的一种解决争议的方式。仲裁裁决尽管不是国家裁判行为,但是同法院的终审判决一样有效。

(2)仲裁有何优点?

与解决民商事争议的其他方式相比,仲裁具有以下优点:

①自愿性。提交仲裁须双方当事人自愿,达成仲裁协议,当事人可以协商

选择是否仲裁、由哪个机构仲裁、仲裁什么事项、仲裁员等。

②公正性。仲裁遵循根据事实,符合法律规定,公平合理地解决纠纷的原则。仲裁依法独立进行,没有级别管辖和地域管辖,不受行政机关、社会团体和个人的干涉。仲裁员具有较高的专业水平和良好的道德素质,保证裁决的公正公平。

③及时性。仲裁实行一裁终局制度,仲裁裁决一旦作出即发生法律效力。仲裁程序比较灵活、简便,当事人可以协议选择仲裁程序,避免繁琐环节,及时解决争议。

④经济性。仲裁可以及时地解决争议,减少当事人在时间和精力上的消耗,从而节省费用。

⑤保密性。仲裁不公开进行,有利于保护商业秘密,维护商业信誉。

⑥强制性。仲裁裁决一旦作出即发生法律效力,对双方当事人均有约束力。双方当事人应当自觉履行仲裁裁决,否则权利人可以依法向人民法院申请强制执行。

(3)仲裁与行政裁决有什么区别?

仲裁与行政裁决的区别主要表现在以下几个方面:

①适用的法律不同。仲裁是仲裁委员会依据《仲裁法》及其他有关的法律、法规处理纠纷;而行政裁决是由国家行政管理机关依其职权和有关行政法规处理纠纷。

②受理的依据不同。仲裁实行协议管辖,仲裁委员会受理案件的依据是当事人之间达成的仲裁协议;而行政裁决是国家行政机关依据其行政管理职能强制管辖。

③裁决的机构不同。仲裁是由当事人选定的仲裁庭作出裁决;而行政裁决是由国家行政管理机关作出的。

④裁决的性质不同。仲裁是对平等主体的公民、法人和其他组织之间发生的合同纠纷和其他财产权益纠纷作出裁决;而行政裁决是由国家行政管理机关依据其职权,以领导与被领导、管理与被管理的隶属关系进行的裁决。

(4)仲裁与调解有什么区别?

仲裁与调解的区别主要在于法律效力不同。仲裁裁决是终局的,对双方当事人均有约束力。如果一方当事人不履行裁决,另一方当事人可以依照《仲裁法》和《民事诉讼法》的有关规定向人民法院申请执行,受申请的人民法院应当执行。而调解不是终局的,一方当事人拒收调解书,该调解书就不发生法律效力,这样就会影响争议的及时解决。

(5)仲裁与劳动争议"仲裁"有何区别?

从本质意义上说,《仲裁法》所规定的仲裁制度与《企业劳动争议处理条例》规定的劳动争议"仲裁"制度是截然不同的。《仲裁法》所规定的仲裁制度,是我国按照国际通行惯例在民商事领域内统一建立的法律制度;而现行的劳动争议"仲裁"制度则是国家针对劳动争议的特殊性,在该领域设立的处理劳动争议的专门制度,其与有关国际公约所称的仲裁并无任何联系。《仲裁法》第七十七条特别规定劳动争议仲裁另行规定,不适用《仲裁法》。归纳起来,两者主要有以下区别:

①在机构设置方面,仲裁委员会不按行政区划层层设立,可以在直辖市和省、自治区人民政府所在地的市设立,也可以根据需要在其他设区的市设立;而劳动争议仲裁委员会是按行政区划分别在县、市和市辖区等设立的处理劳动争议的特别机构,其常设办事机构设于各同级劳动行政主管部门内。

②在受案范围方面,仲裁涵盖民事、经济的绝大多数领域,包括各类合同纠纷和其他财产权益纠纷;而劳动争议仲裁仅限于劳动争议。

③在管辖方式方面,仲裁实行协议管辖,当事人可自主选择诉讼或者仲裁,也可自主选定仲裁委员会;而劳动争议仲裁实行地域管辖和级别管辖,当事人之间发生劳动争议后不得直接向人民法院起诉,而必须先申请劳动争议仲裁且当事人之间无须订有仲裁协议。

④在裁决效力方面,仲裁实行一裁终局制度,裁决一经作出,即发生法律效力;而劳动争议仲裁裁决是非终局性的,当事人不服还可以向人民法院起诉。但小额劳动争议仲裁按现在的规定,可以是终局性的。而申请支付不超过当地统筹年工资总额30%的支付令,却可以径行申请,不需要前置劳动仲裁程序。

(6)哪些纠纷可以仲裁?

根据《仲裁法》第二条规定,平等主体的公民、法人和其他组织之间发生的合同纠纷和其他财产权益纠纷,可以仲裁。据此,提交仲裁解决的纠纷必须符合下列条件:

①发生纠纷的双方应当属于平等主体的当事人;

②仲裁的事项应当是当事人有权处分的财产权益;

③仲裁的范围限定为合同纠纷和其他财产权益纠纷。

(7)哪些纠纷不能仲裁?

根据《仲裁法》第三条、第七十七条规定,下列纠纷不能仲裁:

①婚姻、收养、监护、扶养、继承纠纷;

②依法应当由行政机关处理的行政争议;

③劳动争议;

④农业集体经济组织内部的农业承包合同纠纷。

 ## 193. 仲裁协议相关规定有哪些?

(1)仲裁协议应当具有哪些内容?

仲裁协议的内容至关重要,它直接关系到当事人之间的纠纷能否得到及时合理的解决

仲裁协议的内容应当明确,不可缺少某些关键性的内容,否则可能导致仲裁协议无效而使当事人的仲裁意愿无法实现。

根据《仲裁法》第十六条第二款的规定,不论何种形式的仲裁协议,都应当具备下列内容:

①请求仲裁的意思表示。即当事人在订立合同或签订其他形式的仲裁协议时,一致同意将他们之间已经发生或将来可能发生的纠纷通过仲裁方式解决的明确意思表示。

②仲裁事项,即当事人提交仲裁的争议范围。仲裁事项必须明确具体,当事人实际提交仲裁的争议及仲裁委员会所受理的争议,都不得超出仲裁协议约定的范围。

③选定的仲裁委员会。仲裁实行协议管辖,不实行强制管辖,因此,当事

人在订立仲裁协议时,必须明确选定具体的仲裁委员会,这是某个仲裁委员会受理该案件的依据。

(2)当事人应当如何签订仲裁协议?

当事人可以通过以下三个途径签订仲裁协议:

①在签订合同时直接选择仲裁条款;

②在纠纷发生前或纠纷发生后达成书面仲裁协议;

③如果原有仲裁协议或条款对仲裁事项或者仲裁委员会没有约定或约定不明确的,可以订立补充仲裁协议。

(3)仲裁协议具有何种法律效力?

有效的仲裁协议,总体上具有三方面的法律效力,即对当事人的约束力、对仲裁机构的效力和对法院的制约力。

①对当事人的法律效力。这是仲裁协议效力的首要表现。其一,仲裁协议约定的特定争议发生后,当事人就该争议的起诉权受到限制,只能将争议提交仲裁解决,不得单方撤销协议而向法院起诉。其二,当事人必须依仲裁协议所确定的仲裁范围、仲裁地点、仲裁机构等内容进行仲裁,不得随意更改。其三,仲裁协议对当事人还产生基于前两项效力之上的附随义务,即任何一方当事人不得随意解除、变更已发生法律效力的仲裁协议;当事人应履行仲裁委员会依法作出的裁决。

②对仲裁机构的法律效力。有效的仲裁协议是仲裁机构行使管辖权,受理案件的唯一依据。没有仲裁协议的案件,即使一方当事人提出仲裁申请,仲裁机构也无权受理。仲裁协议对仲裁管辖权还有限制的效力,并对仲裁裁决的效力具有保证效力。当然,仲裁机构对仲裁协议的存在、效力及范围也有裁决权。

③对法院的法律效力。首先,有效的仲裁协议排除了法院的管辖权。其次,对仲裁机构基于有效仲裁协议作出的裁决,法院负有执行职责。这体现了法院对仲裁的支持。第三,有效的仲裁协议是申请执行仲裁裁决时必须提供的文件。根据《联合国关于承认和执行外国仲裁裁决公约》(《纽约公约》)的规定,为了使裁决能在另一国得到承认和执行,胜诉的一方应在申请时提交:仲裁裁决的正本或正式副本;仲裁协议的正本或正式副本。在执行外国仲裁

裁决时,仲裁协议是否有效,是法院审查的重要内容之一。

(4)什么样的仲裁协议无效?

无效的仲裁协议主要有以下五种:

①无民事行为能力人或者限制民事行为能力人签订的仲裁协议;

②约定的仲裁事项超出了仲裁的范围;

③仲裁协议对仲裁委员会没有约定或者约定不明,当事人又达不成补充协议的;

④一方采取胁迫手段,迫使对方订立的仲裁协议;

⑤签订仲裁协议是民事法律行为,必须采取书面形式,当事人口头订立的仲裁协议无效。

(5)什么情况下向法院起诉,法院不予受理?

下列情况下,当事人向人民法院起诉,人民法院不予受理:

①当事人达成仲裁协议,一方向人民法院起诉的,人民法院不予受理,但仲裁协议无效的除外;

②仲裁裁决作出后,当事人就同一纠纷向人民法院起诉的,人民法院不予受理。

194. 当事人如何选择仲裁员?

选择仲裁员是仲裁程序中非常重要的一个环节。《仲裁法》第三十条、第三十一条规定,仲裁庭由三名仲裁员或者一名仲裁员组成,仲裁庭的组成人员由当事人在仲裁机构聘任的仲裁员名册中选定或者委托仲裁委员会主任指定。因此,选择仲裁员是法律赋予双方当事人的权利和义务,同时也直接关系到仲裁案件能否公正、及时地进行,当事人对此不可掉以轻心。

选择仲裁员应把握三条原则:

(1)选择熟悉相关专业知识的仲裁员。

仲裁员均是仲裁委员会从资深的经济法律专业人士中聘任的,因此,仲裁员具备良好的道德素质;但由于仲裁员职业不同,其熟悉的专业知识也不同。

选择熟悉专业知识的仲裁员组成的仲裁庭仲裁相关专业的案件,更能迅速准确地抓住争议的焦点,分清是非责任,提出解决争议的最佳方案,从而提高仲裁效率和质量。如果当事人选择专业知识不熟悉的仲裁员,比如选择建筑方面的仲裁员来审理金融案件,即使这位仲裁员很想把这个案件审理好,但由于缺乏专业知识往往难以胜任。一旦当事人作出选择某个仲裁员的书面意思表示后,若没有仲裁员应当回避的充分理由,这种选择是不能更改的,因此,双方当事人在选择仲裁员时应十分谨慎。

(2)应避免选择符合法定回避条件的仲裁员。

《仲裁法》第三十四条规定,仲裁员有下列情形之一的,必须回避:是本案当事人或者当事人、代理人的近亲属;与本案有利害关系;与本案当事人、代理人有其他关系,可能影响公正仲裁的;私自会见当事人、代理人,或者接受当事人、代理人的请客送礼的。由于对方当事人享有对符合法律规定回避事由的仲裁员申请回避的权利,若由于对方当事人申请回避而使整个仲裁程序终止,则将延长仲裁的时间。

(3)必须在规定的时间内选择仲裁员。

各仲裁机构均制定有各自的仲裁规则,仲裁规则对选定仲裁员的时间均有限制。仲裁机构在受理案件后,会向双方当事人分别发出仲裁规则和仲裁员名册,双方当事人必须在仲裁规则规定的期限内选定仲裁员。根据《仲裁法》第三十二条的规定,当事人未在仲裁规则规定的有效期限内选定仲裁员,仲裁机构将视为当事人自动放弃该项权利,由仲裁委员会主任指定仲裁员组成仲裁庭。

综上,双方当事人对仲裁委员会送交的仲裁员名册必须仔细阅读,必须根据仲裁规则的规定慎重选择,行使好法律赋予的权利。

 ## 195. 立、审、执分离原则中的执行原则有哪些?

(1)一个完整的民事诉讼流程可以分为立案、审判、执行三个环节。而立审分离、审执分离则是目前对它们相互之间关系的制度定位。

最高人民法院1997年4月印发了《关于人民法院立案工作的暂行规定》，其中第五条明确规定，人民法院实行立案与审判分开的原则。这一改革的主要目的在于通过分权制衡预防司法腐败，减少"人情案""关系案"出现的可能性。

审执分离一直为《民事诉讼法》所坚持。1991年《民事诉讼法》即将审判程序与执行程序分编立法，这一立法体例准确地反映了两种程序的本质区别。针对执行过程中不可避免地会涉及某些案件的实体问题时，是由案件的执行人员行使审判权还是交由审判庭处理？

很简单，审判、执行要分开。审判解决的是实体权利义务的判断。审判的时候就不需要考虑执行。审判就是按照法律给这个纠纷提供一个合理的解决方法，就是一个实体权利义务的判断，依据的是法律。

执行中是不解决实体权利义务争议的。执行是以执行依据为原则的。应严格地按照执行依据去实施、实现。具体涉及实体权利义务的，还是要回到审判部门。

(2)执行高效原则

执行要快速地实现权利，要讲究执行高效。以高效、效率作为第一追求目标。

 ## 196. 抵押的债权、抵押合同本身能不能作为执行根据

《物权法》颁布了以后，对执行产生了许多影响，比如说抵押物权。如当事人反映向银行按揭了——按揭事实上就是两个法律关系，一个是贷款，另一个是抵押——后来贷款人有几期没有还，那银行能不能直接就申请法院执行这个抵押的房屋而不通过诉讼途径？换句话说，抵押的债权、抵押合同本身能不能作为执行根据？

首先执行必须以执行根据为前提；其次执行根据是法定的——法律明确规定的。执行根据是法律明确规定的，即：判决、调解书、裁定、公证债权文书、仲裁裁决、行政机关作出的行政决定、处罚决定、处理决定，这些都是执行根据。但是抵押的债权、抵押的房产行不行呢？也许以后的立法应当把它放

进去,但是目前还不能成为执行根据。

执行以执行根据为前提。其一必须要取得执行根据,其二在执行工作中严格按照执行根据执行。如判决张三赔偿李四200万元,法院的执行部门是不需要考虑这个判决正确与否的,只需要执行张三赔偿李四200万元即可。如果存在执行异议,也是有当事人提出,必须经法院裁定。

 ## 197. 执行管辖与协助执行相关规定有哪些?

(1)执行管辖问题。

现新的《民事诉讼法》规定由第一审法院,或者与第一审法院同级的被执行财产所在地的法院(两个法院)来执行。当然还是存在两个问题:

第一,如果这个被执行财产在外地的时候,法院有两种处理方法。

一种方法是异地执行,就是法院自己到财产所在地执行。现在出现了很多法院在异地执行遭到阻碍的,甚至有的是暴力阻碍的。外地法院在异地执行,配合的就更少了。至少是效率不高。法官要有差旅费、住宿费,还需要到异地,浪费了司法资源。以前常有法官要到外地去的时候,后面总跟一个拎包的(目前此类现象也没大的改变)。拎包的做什么呢?因为火车票、飞机票、住宿费总得有人出。谁出?申请执行人先垫付。

所以有些人就说"法官都和当事人同吃同住了"。对他的公正性就有人提出了怀疑。但这是个现实的问题。现在执行也不收费,那么案件(比如从自贡要到成都执行一趟)一般的分管领导就想到的是委托执行。都知道人去肯定效果好,但是这个费用怎么处理?因而异地执行会引起效率降低。

另一种方法是委托执行,财产在外地的情况下,比如自贡法院委托成都法院执行。

但委托执行的问题是执行不力。最高法院一而再,再而三地作出司法解释要求:受托法院要像处理自己的案件一样处理受托的案件。但一般会是这样的:受托法院自己都有那么多案件执行不过来,怎么可能花更大的精力去执行受托案件?

怎么样解决这个问题——异地执行浪费资源、委托执行客观效果不好?

解决这个问题的根本在于完善执行管辖制度。

实际上还应当将"被执行人所在地法院"作为执行管辖法院。现在增加了财产所在地，还应该将被执行人所在地也作为当事人选择的法院更为有效。比如说行为的执行，完成特定的行为或者是交付特定的财产等，增加一个法院有助于解决"执行难"的问题。

第二，比如财产在很多地方，被执行人财产在上海、北京、广州都有，怎么办？值得注意的是任何一个案件只能有一个执行管辖法院(限于内地之间)。有人提倡说这几个法院都来执行。法院只能有一个执行法院，否则会引起很多的问题，包括相反的决定等。

执行管辖没有移送问题。如果法院发现自己没有管辖权，只能撤销案件，不存在法院移送的问题。比如说法院受理执行之后，被执行人说你没有执行管辖权，这个时候不存在移送，只是撤销案件。

(2)协助执行。

什么叫协助执行？

委托执行是法院委托法院，协助执行实际上法院要求有关机关协助执行。

比如说银行、车管部门、房管部门、被执行人所在单位。如对被执行人收入的执行——被执行人没钱，但是一个月有两万元的工资，就需要被执行人所在单位协助。我们给被执行人所在单位发出协助执行通知书，要求其在保留被执行人必要生活费用的基础上，将所有剩余的款项打入到指定账号，这叫协助执行。

协助执行出现的问题就是协助单位不协助。怎么解决呢？

国外有藐视法庭罪。藐视法庭不需要你实施多严重的行为，对法官言辞上的不尊重，法官就有可能对你采取一些行动。在西方是很尊重人权的，但为什么这样规定？主要是维护司法权威。

在我国现在更要提倡司法权威。

对于协助单位的协助问题，《民事诉讼法》修改以后增加了拘留措施。对于协助单位的负责人和主要责任人员，你在罚款仍然不协助的情况下，可以采取拘留措施。

法院执行部门也应当和相关部门进行沟通，争取支持也是很重要的。

　　另外,立法上要加强对协助不到位的惩治措施。现在对于协助执行,法律规范的还是不太完善。法院的执行庭应明确告知协助单位协助的内容:如标的、标的物、时间要求等。总之正确的判决,如果没有有效的、及时的执行措施和手段,是很难真正地发挥效力的。

第十三章　信用证业务

198. 何为票据？何为信用证？

(1)票据是指出票人约定自己或委托付款人在见票时或约定日期向收款人或持票人无条件支付一定金额并可流通转让的有价证券。

《中华人民共和国票据法》(以下简称《票据法》)第二条本法所称票据,是指汇票、本票和支票。

(2)票据的分类。

票据依据不同的分类标准,也有不同的分类:

①按《票据法》的规定不同,票据可分为汇票、本票和支票。

②按出票人的不同,票据可分为银行票据和商业票据。签发人和最终付款人均为企业的票据称为商业票据;由银行签发或由银行承担付款义务的票据是银行票据。

③按付款期限的不同,票据可分为即期票据和远期票据。前者是见票即付的票据,后者是在票面上载明付款日期的票据。

④按票据产生的原因不同,票据可分为有贸易背景票据和融资性票据。前者根据一定的商品购销活动签发的,是因商品交易关系而产生的债权债务记录;后是则是脱离了物资运动的单纯融资融资活动引起的债权债务记录。

(3)信用证的定义。

信用证意指一项约定,无论其如何命名或描述,该约定不可撤销并因此构成开证行对于相符提示予以兑付的确定承诺(ICC跟单信用证统一惯例(UCP600))。

信用证是不可撤销的,即使信用证中对此未作指示也是如此。

就性质而言,信用证与可能作为其依据的销售合同或其他合同,是相互独立的交易。即使信用证中提及该合同,银行亦与该合同完全无关,且不受其约束。因此,一家银行作出兑付、议付或履行信用证项下其他义务的承诺,并不受申请人与开证行之间或与受益人之间在已有关系下产生的索偿或抗辩的制约。

信用证由开证行应申请人的要求和指示或因自身需要,在与信用证条款和条件相符的情况下,凭规定的单据向受益人或其指定人付款,或承兑并支付受益人出具的汇票,或授权另一家银行付款,或承兑并支付该汇票,或授权另一家银行议付。

(4)信用证结算方式的特点。

①银行信用:在与信用证条款和条件相符的情况下,银行负第一性的付款责任;

②独立于合同:根据合同开立,但独立于合同,完全以信用证条款为依据,受信用证条款约束;

③银行只处理单据,不管货物;

④合理谨慎审核单据,以确定是否表面相符(单证相符、单单相符)。

 ## 199. 何为票据当事人和票据行为?

(1)票据当事人:依《票据法》享有票据权利,承担票据义务的人。票据当事人可分为基本当事人和非基本当事人。

①票据基本当事人是指票据一经出票就存在的当事人,汇票和支票的基本当事人各有三个,即出票人、付款人、收款人,本票的基本当事人二个,即出票人、收款人。

②非基本当事人是指在票据出票之后,通过其他票据行为而加入票据关系之中成为票据当事人的人。非基本当事人包括承兑人、背书人、保证人、持票人。

(2)票据行为及其有效条件。

①票据行为是指产生票据债权债务关系的要式的法律行为,包括出票、背书、承兑、保证四种行为。

②票据行为的有效条件:实质条件、形式要件。

票据行为的实质条件,包括行为人的能力和行为人的意思表示两个方面。

《票据法》第六条无民事行为能力人或者限制民事行为能力人在票据上签

章的,其签章无效,但是不影响其他签章的效力。

第十二条以欺诈、偷盗或者胁迫等手段取得票据的,或者明知有前列情形,出于恶意取得票据的,不得享有票据权利。

持票人因重大过失取得不符合本法规定的票据的,也不得享有票据权利。

票据行为的形式要件。

书面:各种票据行为都必须是行为人或其代理人,将行为人的意思记载在规定的票据上。

签名:《票据法》第七条规定:"票据上的签章,为签名、盖章或签名加盖章"。票据当事人必须按规定在票据上签名或盖章。

记载事项:票据行为的有效成立,还必须依据《票据法》对各种票据行为的要求记载有关事项。

交付:票据行为人将票据交给相对人持有,票据行为才成立。

(3)票据的签章。

①银行汇票的出票人在票据上的签章,应为经中国人民银行批准使用的该银行汇票专用章加其法人代表人或其授权经办人的签名或者盖章。银行承兑商业汇票、办理商业汇票转贴现、再贴现时的签章,应为经中国人民银行批准使用的该银行汇票专用章加其法定代表人或其授权经办人的签名或者盖章。银行本票的出票人在票据上的签章,应为经中国人民银行批准使用的该银行本票专用章加其法定代表人或其授权经办人的签名或盖章。

②单位在票据上的签章,应为该单位的财务专用章或者公章加其法定代表人或其授权经办人的签名或盖章。

③支票的出票人和商业承兑汇票的承兑人在票据上的签章,应为其预留银行的签章。

(4)票据的记载事项分类。

票据上的记载事项分为绝对应记载事项、相对应记载事项、任意记载事项、不产生《票据法》上效力的事项、不得记载事项。

①绝对应记载事项是票据上必须记载事项,如漏缺其一则票据无效。《票据法》第二十二条、第七十六条、第八十五条详细规定了汇票、本票、支票的绝对应记载事项。

②相对应记载事项,也是《票据法》规定必须在票据上记载的事项,若不记载,法律另作相应规定予以推定,并不影响票据的效力,如票据上的付款地、出票地、背书日期、被保证人名称等。

③任意记载事项,是根据《票据法》规定,可由当事人按其意愿任意记载的事项,如禁止背书、委托收款背书、质押背书等。这些事项一旦记载,则产生法律效力。

④不产生《票据法》上效力的记载事项,是指票据上记载了《票据法》规定以外的事项,如签发票据的原因和用途、收款人银行账号等。这种事项的记载不产生《票据法》上的效力,但有民法上的效力。

⑤不得记载事项,是指按《票据法》规定,不得在票据上记载的事项。这类事项分为两种:一是该类记载无效的事项。该项记载无效,票据仍然有效。如背书不得附有条件,若记载有条件,该记载条件无效,背书仍有效。二是使票据无效的事项。这些事项记载后,整个票据无效。如附条件支付的记载,票据即归无效。

 200. 何为票据的发行和交易行为?

(1)票据发行包括票据签发和承兑。具有因商品交易关系而产生的支付和企业间的结算功能。

(2)票据交易是实现票据的流动,是票据流通关系人、投资机构、市场中介机构进行交易。

票据交易活动包括:

①背书转让——企业之间。

企业作为票据流通关系人因各种对价关系而通过背书方式使票据这种信用凭证代替货币充当交换媒介功能。企业之间的背书转让通常对应一定的商品交易关系或债权债务关系

②贴现——企业与商业银行。

商业汇票的合法持票人,在商业汇票到期以前为获取票款,由持票人或第

三人向金融机构贴付一定的利息后,以背书方式所做的票据转让。

对于持票人来说,贴现是以出让票据的形式,提前收回垫支的商业成本。

对于贴现银行来说,是买进票据,成为票据的权利人,票据到期,银行可以取得票据所记载金额。

③转贴现(含回购)——商业银行之间。

转贴现(含回购)是指金融机构为了取得资金,将未到期的已贴现商业汇票再以卖断或回购方式向另一金融机构转让的票据行为,是金融机构间融通资金的一种方式。票据转贴现不仅拓展了票据业务的深度和广度,而且活跃了票据市场,满足了商业银行调整信贷资产结构、调节短期资金、提高资金收益的需要,成为各家商业银行重要的一项资产业务和流动性管理工具。

④再贴现——商业银行与中央银行。

再贴现是指将自身持有的已贴现票据出售给中央银行的票据行为。

(3)法律规定:《票据法》第十条票据的签发、取得和转让,应当遵循诚实信用的原则,具有真实的交易关系和债权债务关系。

票据的取得,必须给付对价,即应当给付票据双方当事人认可的相对应的代价。

第十一条因税收、继承、赠与可以依法无偿取得票据的,不受给付对价的限制。但是,所享有的票据权利不得优于其前手的权利。

 201. 何为票据的权利和义务?

(1)票据权利:是指持票人向票据债务人请求支付票据金额的权利,它包括付款请求权和追索权。

①付款请求权:《票据法》规定持票人最基本的权利是请求付款人按票据金额给付,付款请求权是票据的第一次权利,实践中人们常称此权利为主票据权利。

付款人包括汇票的承兑人、本票的出票人、付款人、保兑支票的付款人、参加承兑人、参加付款人等,对持票人承担付款责任。

关于付款请求权,其构成要件:第一,持票人持有处在有效期内的票据,其中汇票和本票的有效期自票据到期日起2年以内;见票即付的汇票和本票,自出票日起2年以内;支票自出票日起6个月以内。如果票据已经过了此期限,持票人的票据权利便丧失。

第二,持票人须将原票据向付款人提示付款,如果不能提供票据原件的,不能请求付款,付款人也不得付款。

第三,持票人只能请求付款人支付票据上确定的金额,付款人须一次性将债务履行完毕,因此,持票人也不得向付款人请求少于票据确定的金额付款。

第四,持票人得到付款后,必须将票据移交给付款人,原票据上的权利可能由付款人承受,向其他债务人请求付款,从而使付款请求权呈持续状态。

第五,付款人支付票据金额后,如果发现该票据有伪造、变造情况的,有权向持票人(接受付款人)请求返还所给付的金额。这是对票据权利不确切的处置。

②追索权:持票人行使付款请求权受到拒绝承兑或拒绝付款时,或有其他法定事由请求付款未果时,向其前手请求支付票据金额的权利即为追索权。

由于这个请求是在第一次请求未果后的再次请求,所以将其称为第二次请求权,是票据权利的再次行使。追索权的追索对象视票据种类的不同,可以分别包括出票人、背书人、保证人、承兑人和参加承兑人,这些人在票据中的地位是连带债务人,持票人可以不按照汇票债务人的先后顺序,对其中的任何一人、数人或者全体行使追索权;持票人对汇票债务人中的一人或者数人已经进行追索的,对其他汇票债务人仍可行使追索权。被追索人清偿债务后,与持票人享有相同权利。

票据义务:是指票据债务人向持票人支付票据金额的责任。

它是基于债务人特定的票据行为而应承担的义务,主要包括付款义务和偿还义务。

202. 票据的无效情形有哪些?

票据无效是指票据因不具备《票据法》规定的形式要件而缺乏票据上的法律约束效力,此时,所有的票据行为人均自始不承担票据责任,持票人也自始没有票据权利。

(1)票据无效的分类:根据票据无效的程度,可分为全部无效票据和部分无效票据。

全部无效票据,是指不具备有效形式要件而自始无效的票据,亦即欠缺出票的绝对必要记载事项和其他必要格式的票据。持这种票据的人行使支付请求权的,无论恶意或善意取得,债务人均可行使抗辩权。

部分无效票据,是指除绝对必要记载事项外其他记载事项或签章无效的票据。票据的部分无效不影响其他部分的效力。

(2)票据无效情形。

下列情形,应当认定票据无效:

①欠缺法定必要记载事项或者不符合法定格式的。

《票据法》第九条规定"票据上的记载事项必须符合本法的规定。票据金额、日期、收款人名称不得更改,更改的票据无效。对票据上的其他记载事项,原记载人可以更改,更改时应当由原记载人签章证明。"

《票据法》第二十二条规定:汇票必须记载下列事项:

(一)表明"汇票"的字样;(二)无条件支付的委托;(三)确定的金额;(四)付款人名称;(五)收款人名称;(六)出票日期;(七)出票人签章。

汇票上未记载前款规定事项之一的,汇票无效。

《票据法》第七十六条规定:本票必须记载下列事项:

(一)表明"本票"的字样;(二)无条件支付的承诺;(三)确定的金额;(四)、收款人名称;(五)出票日期;(六)出票人签章。

本票上未记载前款规定事项之一的,本票无效。

《票据法》第八十五条规定:支票必须记载下列事项:

(一)表明"支票"的字样;(二)无条件支付的委托;(三)确定的金额;(四)付款人名称;(五)出票日期;(六)出票人签章。

支票上未记载前款规定事项之一的,支票无效。

②人民法院作出除权判决已经发生法律效力的。

《票据法》第十五条规定,丧失票据的申请人通过公示催告程序,由人民法院依法判决宣告丧失票据无效的,已丧失的票据无效。

③伪造、变造的票据无效。

《票据法》第十四条规定"票据上的记载事项应当真实,不得伪造、变造。伪造、变造票据上的签章和其他记载事项的,应当承担法律责任。票据上有伪造、变造票据上的签章的,不影响票据上其他真实签章的效力。票据上其他记载事项被变造的,在变造之前签章的人对原记载事项负责;在变造之后签章的人,对变造之后的记载事项负责;不能辨别是在票据变造之前或者之后签章的,视同在变造之前签章。"

④票据金额以中文大写和数码同时记载,二者不一致的票据无效。

《票据法》第八条规定"票据金额以中文大写和数码同时记载,二者必须一致,二者不一致的,票据无效。"

⑤签章不符合规定的票据无效。

 ## 203. 何为票据权利救济?

票据权利救济起源于票据丧失,而所谓票据丧失是指票据权利人非出于其本意丧失其对票据的占有。在我们日常的商业活动中,经常会发生票据遗失、被盗或灭失等情况,而作为票据权利人(失票人),失去票据后可以运用我国法律规定的各种救济措施来弥补和保护其票据权利。

由于票据是完全有价证券,虽然票据相对灭失的情况下,有被他人冒领票据金额或被他人善意取得的风险。然而,票据毕竟不是纸币,也不像一般财产权利那样随着物的形态的丧失而导致民事权利的丧失。如果并非基于持票人本人的意思而丧失对票据的占有,持票人的票据权利并不当然消灭,只是在行使权力上发生相应的困难,可以通过法律规定的其他途径获得补救。

《票据法》第十五条规定:失票人可以运用的救济措施包括票据挂失、申请公示催告和票据诉讼三种方式,而在日常的商业实践中,通常还包括遗失申明这种方式。

(1)遗失申明。

是指票据遗失后当即通知了其付款银行,并通过新闻媒体发出了遗失申明。

根据《银行结算办法》第二十一条规定,票据丢失造成资金损失的,应由其自行负责。这说明,登报申明遗失的票据作废的行为,不产生对外不负责任的后果,但一些经营者由于缺乏对我国法律中票据权利保护有关规定的了解,通常认为在票据遗失后,其只要通过新闻媒体公开申明其遗失的票据无效就可免除法律责任。然这是没有任何法律依据,当然更不具有法律效力。

票据遗失后,失票人最好不要采取此种方式,而应在挂失止付的同时向法院申请公示催告或提起诉讼。

法律链接:《票据法》第十五条票据丧失,失票人可以及时通知票据的付款人挂失止付,但是,未记载付款人或者无法确定付款人及其代理付款人的票据除外。

收到挂失止付通知的付款人,应当暂停支付。

失票人应当在通知挂失止付后三日内,也可以在票据丧失后,依法向人民法院申请公示催告,或者向人民法院提起诉讼。

(2)挂失止付。

《民事诉讼法》第一百九十五条支付人收到人民法院停止支付的通知,应当停止支付,至公示催告程序终结。

公示催告期间,转让票据权利的行为无效。

挂失止付只是一种临时性的应急措施,具有暂时性,并无停止支付的法律效力,而要真正解决失票人行使票据权利的问题,失票人还必须向人民法院申请公示催告或提起诉讼。

(3)公示催告。

《民事诉讼法》第一百九十三条按照规定可以背书转让的票据持有人,因票据被盗、遗失或者灭失,可以向票据支付地的基层人民法院申请公示催告。依照法律规定可以申请公示催告的其他事项,适用本章规定。

申请人应当向人民法院递交申请书,写明票面金额、发票人、持票人、背书人等票据主要内容和申请的理由、事实。

第一百九十四条人民法院决定受理申请,应当同时通知支付人停止支付,并在三日内发出公告,催促利害关系人申报权利。公示催告的期间,由人民法院根据情况决定,但不得少于六十日。

公示催告是指票据丧失以后,具有管辖权的人民法院根据失票人的申请,以公告的方法催促不确定的利害关系人在一定期限内申报权利,如果逾期不予申报,则将丧失其票据权利的一种法律程序。公示催告程序只适用于可以背书转让的票据被盗、遗失或灭失的情况,其他票据或票据纠纷不能申请公示催告。

通过公示催告,可以从根本上解决票据当事人之间的利益冲突,从而更好地维护失票人的合法权益。就这点而言,公示催告方式较其他票据救济措施更为有效。但是公示催告程序的运用效果在现实中并不理想。原因有两方面:一是在现实生活中,有关票据方面的法律知识还未得到普及,大部分失票人在失票后通常只知道采取遗失申明或挂失止付方式来保护其权利;二是目前我国公示催告程序中尚存在一定的缺陷,如对于人民法院公告的刊登并没有统一的规定,致使即便法院发出公告,票据利害关系人也往往不知自己手中的票据已被公示催告,而使善意取得人的合法权益难以得到有效的保障。

(4)票据诉讼。

《民事诉讼法》第一百九十六条利害关系人应当在公示催告期间向人民法院申报。

人民法院收到利害关系人的申报后,应当裁定终结公示催告程序,并通知申请人和支付人。

申请人或者申报人可以向人民法院起诉。

第一百九十八条利害关系人因正当理由不能在判决前向人民法院申报的,自知道或者应当知道判决公告之日起一年内,可以向作出判决的人民法院起诉。

票据诉讼是指失票人在丧失票据后,直接或在公示催告程序终结后向法院提起民事诉讼,请求法院判令票据债务人向其支付票据金额,从而使其票据权利得以救济和实现的一种法律制度。当然申报人向法院提起的诉讼也是票据诉讼。

票据诉讼既能保护失票人的合法权益,又能保护善意取得人的合法权益,克服公示催告救济方法的不足,从而更好地促进我国票据市场的顺利发展,票据诉讼可以说是票据四种救济方式中最有效的一种手段。因此,对于票据丧失,应积极主张采用诉讼的法律救济方法。

 204. 商业汇票相关规定有哪些?

(1)商业汇票的分类。

根据承兑人的不同,商业汇票分为商业承兑汇票和银行承兑汇票。

商业承兑汇票由银行以外的付款人承兑;银行承兑汇票由银行承兑;商业汇票的付款人为承兑人。

在银行开立存款账户的法人及其他组织之间,必须具有真实的交易关系或债权债务关系,才能使用商业汇票。

须注意的问题:①出票时收款人和付款人不能为个人;②办理贴现时,如果背书转让过程中出现个人背书转让行为的,最好不要接受或受理。

(2)出票行为及相关规定。

出票是指出票人按照《票据法》规定的记载事项和方式做成票据并交付收款人的一种票据行为(基本票据行为)。

①商业汇票出票人资格。

商业承兑汇票。商业承兑汇票的出票人,为在银行开立存款账户的法人及其他组织,与付款人具有真实的委托付款关系,具有支付汇票金额的可靠资金来源。

商业承兑汇票可以由付款人签发并承兑,也可以由收款人签发交由付款人承兑。

银行承兑汇票。银行承兑汇票的出票人必须具备的条件:在承兑银行开立存款账户的法人及其他组织;与承兑银行具有真实的委托付款关系;资信状况良好,具有支付汇票金额的可靠资金来源。

银行承兑汇票应由承兑银行开立存款账户的存款人签发。

②出票人的签章。

商业承兑汇票出票人的签章为:单位的公章或财务专用章加单位的法人或其授权的代理人的签章。

银行承兑汇票出票人的签章为:加盖在承兑银行开户的预留银行签章。

商业汇票必须记载的事项。

签发商业汇票必须记载下列事项：表明"商业承兑汇票"或"银行承兑汇票"的字样；无条件支付的委托；确定的金额；付款人名称；收款人名称；出票日期；出票人签章。

（3）承兑行为及相关规定。

①承兑的定义及其效力。

承兑是指汇票付款人依据《票据法》的规定，在汇票上记载一定事项，以表示其愿意支付汇票金额的一种票据行为。

承兑的效力：承兑人的付款义务到期绝对地履行，但有正当抗辩事由的除外；汇票到期，持票人不及时请求付款时，承兑人的付款义务也不能免除；当背书为回头背书，持票人为票据上的原背书人、保证人等债务时，承兑人也应付款；承兑人不付款致使持票人追索权发生，票据债务人支付了追索金时，可以请求承兑人偿还；承兑人无正当理由而拒绝付款时，持票人可请求强制执行。

②商业汇票的承兑时间要求及效力。

商业汇票可以在出票时向付款人提示承兑后使用，也可以在出票后先使用再向付款人提示承兑。

定日付款或者出票后定期付款的商业汇票，持票人应当在汇票到期日前向付款人提示承兑。

见票后定期付款的汇票，持票人应当自出票日起1个月内向付款人提示承兑。

汇票未按照规定期限提示承兑的，持票人丧失对其前手的追索权。

付款人拒绝承兑的，必须出具拒绝承兑的证明。

（4）背书行为及相关规定。

《票据法》第二十七条规定，背书是指在票据的背面或粘单上记载有关事项并签章的票据行为。

背书以背书的目的为标准，可分为转让背书和非转让背书两类。转让背书是指持票人以转让票据权利为目的而进行的背书，非转让背书是持票人并非经转让票据权利为目的,而是以委托他人收款或担保债务为目的的背书,包括委托收款背书和质押背书。

背书作为票据行为,除具有一般票据行为的要式性、无因性、文义性、独立性等特征外,还具有以下两个特征:不可分性;单纯性。

①粘单的有关规定。

粘单是为了弥补票据本身不能满足背书记载事项的需要,而由背书人粘附于票据上的纸张。

为保证粘单与票据在规格上尽可能一致,保证粘单纸张的硬度,便于票据流通,粘单应由银行统一印制,供单位、个人使用。

根据《票据法》第七条、第二十八条规定,粘单上的第一记载人应在票据和粘单的粘接处签章。需要注意的是,粘单上第一记载人在粘接处的签章应为其在粘单上的背书处的签章完全一致。

②转让背书。

转让背书是持票人以转让票据权利为目的而进行的背书。

转让背书具有三个方面的效力:权利转移效力;权利担保效力;权利证明效力。

③回头背书。

回头背书是以票据上的债务人为被背书人的背书。其特点是票据上的原债务人(包括出票人、背书人、承兑人、保证人)又成了票据债权人(持票人)。

回头背书具备与一般转让背书同样的权利转移效力、权利证明效力和权利担保效力,但由于被背书人的地位不同,这种背书还有其独自的效力。具体情形如下:

出票人为持票人。当票据经过背书又返回出票人时,持票人对于其前手没有追索权,以往所有在票据上背书或签名的债权人,对他都不负担保证责任,持票人仅享有对承兑人的付款请求权。因为,从出票人的角度看,所有在票据上签章的人都是他的后手,从持票人的角度看,这些签章的人都是他的前手。如果他以持票人的身份向前手追索,其前手则会以后手的身份将他作为出票人来追索,如此循环追索,毫无意义。

书人为持票人。当持票人为背书人时,对该背书人的后手无追索权。比如A向B出票,依次背书给C、D、E、F最后又回到返背书给C,C由原来的背书人变成了现实的持票人,在这种情况下,C对于D、E、F没有追索权。

承兑人为持票人。当票据辗转流通到承兑人之手时,承兑人作为现实的持票人,对所有人没有追索权。承兑人是汇票的主债务人,应自负付款责任,而行使追索权的前提是票据不获付款,因而,承兑人不能因自己不付款而向他人追索。

保证人为持票人。经回头背书取得票据的保证人除可以向被保证人行使追索权外,其余适用于被保证人所处的地位。比如张三为出票人,李四为张三的保证人,当票据经回头背书落入李四之手时,李四可以向张三行使追索权,但对其他后手,与张三为持票人时一样,不得行使追索权。又如张三为承兑人,李四为张三的保证人,当李四经回头背书取得票据后,除可向张三行使付款请求权外,对于其他任何人不得行使追索权。

委托收款背书及其记载事项。委托收款背书是持票人以行使票据权利为目的,授予被背书人以代理权的背书。其性质为非转让背书,不因背书而转让票据权利。

委托收款背书应记载下列事项:背书人签章。背书人在背书人栏内签章,这是背书行为的要件。应记明委托收款的意思。在背书栏内清晰记载"委托收款"字样。被背书人名称。背书日期。与一般转让背书一样,属相对应记载事项。一般应予记载,如果未记载,法律推定为票据到期日前背书。

④质押背书及其记载事项。

质押背书是指持票人以在票据权利上设定质权为目的的背书。质押背书的目的是使被背书人取得质权,并非转移票据权利。

质押背书的记载事项,背书人应记载下列事项:背书人在票据背面的背书人栏签章;记明"质押"字样;被背书人名称;背书日期。

⑤背书连续及其效力。

根据《支付结算办法》第三十三条,背书连续是指票据第一次背书转让的背书人是票据上记载的收款人,前次背书转让的被背书是后一次背书转让的背书人,依次前后衔接,最后一次背书转让的被背书人是票据的最后持票人。

背书连续效力：权利转让效力，从票据背书连续的记录上可以反映出票据权利转移的整个过程，票据权利随之从收款人手中转移到最后持票人手中；权利证明效力，一是对持票人来讲，在票据背书连续的条件下，法律就推定持票人为合法的票据权利人，持票人不须另作说明，仅凭所持背书连续的票据，付款人可以直接付款，即使背书只是形式上的连续而实质上不连续，如有伪造背书签章的，也不承担任何责任，但是付款人有恶意或重大过失的除外。

⑥背书连续的认定。

票据上各项背书必须在形式上是有效的。

背书的连续只是指转让背书，不包括委托收款背书和质押背书。

票据上各项背书记载的先后顺序必须是连续的。

后次背书的背书人与前次背书的被背书人必须具有同一性。

(5)保证行为及相关规定。

票据保证是票据债务人以外的人，为保证票据债务的履行，以负担同一内容的票据债务为目的的一种附属的票据行为。

保证人实施票据保证行为后，便应承担票据的保证责任，同时在一定条件下也可以享有相应的票据权利。

①《票据法》第四十九条规定，保证人对合法取得票据的持票人所享有的票据权利，承担保证责任。

②《票据法》第五十一条规定，保人为二人以上的，保证人之间承担连带责任。

③《票据法》第五十二条规定，保证人清偿汇票债务后，可以行使持票人对被保证人及其前手的追索权。

国家机关、以公益为目的事业单位、社会团体、企业法人的分支机构和职能部门作为票据保证人的，票据保证无效。但经国务院批准为使用外国政府或者国际经济组织贷款进行转贷、国家机关提供票据保证的，以及企业法人分支机构在法人书面授权范围内提供票据保证的除外。

银行汇票、银行本票、银行承兑汇票，由于有银行信誉作保证，一般不需要票据关系以外的第三人再在票据上作保证。商业承兑汇票、支票，可以适用票据保证。特别是在商业承兑汇票的使用过程中,票据的受让人可以要求背书人提供票据保证,从而增强票据的付款效力。

 ## 205. 银行本票、支票相关规定有哪些?

(1)银行本票是银行签发的,承诺自己在见票时无条件支付确定金额给收款人或者持票人的票据。单位和个人在同一票据交换区域需要支付各种不同款项,均可以使用银行本票。

银行本票可以用于转账,注明"现金"字样的银行本票可以用于支取现金。银行本票分为不定额本票和定额本票两种。定额银行本票面额为1千元、5千元、1万元和5万元。银行本票付款期限最长不得超过2个月,可以背书转让。银行本票丧失,可以凭人民法院出具的其享有票据权利的证明,向出票银行请求付款或退款。

采用银行本票方式,收款单位按规定受理银行本票后,应将本票连同进账单送交银行办理转账,根据银行盖章退回的进账单第一联和有关原始凭证编制收款凭证;付款单位在填制"银行本票申请书"并将款项交存银行,收到银行签发的银行本票后,根据申请书存根联编制付款凭证。

(2)支票是出票人签发的,委托办理存款业务的银行在见票时无条件支付确定的金额给收款人或者持票人的票据。

支票包括现金支票和转账支票。现金支票只能用于支取现金,转账支票只能用于转账。

单位和个人在同一票据交换区域的各种款项结算,均可以使用支票。签发现金支票必须符合国家现金管理的规定。禁止签发空头支票,不得签发与其预留银行签章不符的支票,使用支付密码的,不得签发支付密码错误的支票,否则银行予以退票,并处以相应罚款、赔偿金,甚至停止其签发支票。支票的付款期限为10天。

采用支票方式,收款单位对于收到的支票,应在收到支票的当日填制进账单连同支票送存银行,根据银行盖章退回的进账单第一联和有关的原始凭证编制收款凭证,或根据银行转来由签发人送交银行支票后,经银行审查盖章的进账单第一联和有关的原始凭证编制收款凭证；付款单位对于付出的支票，应根据支票存根和有关原始凭证及时编制付款凭证。

(3)汇兑是汇款人委托银行将其款项支付给收款人的结算方式。

单位或个人的各种款项的结算均可使用汇兑结算方式。汇兑分为信汇和电汇两种，由汇款人根据需要选择使用。汇兑结算方式适用于异地之间的各种款项结算，具有划拨款项简单、灵活的特点。

采用汇兑结算方式，汇款单位应先填写汇款委托书，信汇一式四联，电汇一式三联。填明收款单位名称或个人姓名、汇款金额及用途等项目，委托银行办理汇款手续。汇款单位开户银行受理后将回单联退回汇款单位，并将款项划转收汇银行，收汇银行将汇款收进收款单位或个人存款账户后，将汇款委托书收款通知联转交收款单位或个人办理收款手续。收款个人可根据证明文件，提取少量现金，其余均通过转账结算。

(4)委托收款是收款人委托银行向付款人收取款项的结算方式。

单位或个人凭已承兑商业汇票、债务、存单等付款人债务证明办理款项的结算，均可以使用委托收款结算方式。在同城范围内，收款人收取共用事业费或根据国务院的规定，可以使用同城特约委托收款。

采用委托收款结算方式，收款单位对于托收款项，应在收到银行的收账通知时，根据收账通知编制收款凭证；付款单位在收到银行转来的委托收款凭证后，根据委托收款凭证的付款通知联和有关的原始凭证，编制付款凭证。如在付款期满前提前付款，应于通知银行付款之日，编制付款凭证。如拒绝付款，属于全部拒付的，不作账务处理；属于部分拒付的，企业应在付款期内出具部分拒付理由书并退回有关单位，根据银行盖章退回的拒付理由书第一联编制部分付款的凭证。

(5)托收承付是指根据购销合同由收款人发货后托收银行向异地付款人收取款项，由付款单位向银行承认付款的结算方式。

收款单位按照签订的购货合同发货后，委托银行办理托收、付款单位应在承付期内审查核对，安排资金。承付货款分为验单付款和验货付款两种，验单付款承付期为3天，验货付款承付期为10天，付款单位在承付期满日银行营业终了时,如无足够资金支付,其不足部分按逾期付款处理,并处以逾期付款赔偿金。付款单位经过验单或验货,发现收款单位托收款项计算错误或所收货物的品种、质量、规格、数量等与合同规定不符等情况,可以在承付期内提出全部或部分拒付,并填写"拒付理由书"送交开户银行,开户行认为符合拒付条件的,即转给收款方开户银行再通知收款单位进行处理。

采用托收承付结算方式,收款单位对于托收款项,根据银行的收账通知和有关的原始凭证,据以编制收款凭证;付款单位对于承付的款项,应于承付时根据托收承付结算凭证的承付支款通知和有关发票账单等原始凭证,据以编制付款凭证。如拒绝付款,属于全部拒付的,不作账务处理;属于部分拒付的,付款部分按上述规定处理,拒付部分不作账务处理。

(6)信用卡是按商业银行向个人和单位发行的,凭其向特约单位购物、消费和银行存取现金,具有消费信用的特制载体卡片。

信用卡按使用对象分为单位卡和个人卡,按信誉等级分为金卡和普通卡。单位卡账户的资金一律从其基本存款账户转账存入,不得交存现金,不得将销货收入的款项存入其账户。单位卡不得用于10万元以上的商品交易、劳务供应款项的结算。

采用信用卡结算方式,收款单位对于当日受理的信用卡签购单,填写汇计单和进账单,连同签购单一并送交收单银行办理进账,在收到银行进账通知时,据以编制收款凭证;付款单位对于付出的信用卡资金,应根据银行转来的付款通知和有关的原始凭证编制付款凭证。

 ## 206. 信用证的基本知识有哪些?

信用证结算方式是国际结算的一种主要方式。信用证是进口方银行向出口方开立的以出口方按规定提供单据和汇票为前提的支付一定金额的书面承诺,是一种有条件的付款凭证。经中国人民银行批准经营结算业务的商业银行总行以及经商业银行总行批准开办信用证结算业务的分支机构,也可以办理国内企业之间商品交易的信用证结算业务。

采用信用证结算方式的,收款单位收到信用证后,即备货装运,签发有关发票账单,连同运输单据和信用证,送交银行,根据退还的信用证等有关凭证编制收款凭证;付款单位在接到开证行的通知时,根据付款的有关单据编制付款凭证。

(1)信用证分类。

①以信用证项下的汇票是否附有货运单据划分为:

跟单信用证(Documentary Credit)是凭跟单汇票或仅凭单据付款的信用证。此处的单据指代表货物所有权的单据(如海运提单等),或证明货物已交运的单据(如铁路运单、航空运单、邮包收据)。

光票信用证(Clean Credit)是凭不随附货运单据的光票(Clean Draft)付款的信用证。银行凭光票信用证付款,也可要求受益人附交一些非货运单据,如发票、垫款清单等。

在国际贸易的货款结算中,绝大部分使用跟单信用证。

②以有无另一银行加以保证兑付,可以分为:

保兑信用证。指开证行开出的信用证,由另一银行保证对符合信用证条款规定的单据履行付款义务。对信用证加以保兑的银行,称为保兑行。

不保兑信用证。开证行开出的信用证没有经另一家银行保兑。

③根据付款时间不同,可以分为:

即期信用证(Sight L/C)。指开证行或付款行收到符合信用证条款的跟单汇票或装运单据后,立即履行付款义务的信用证。

远期信用证(Usance L/C)。指开证行或付款行收到信用证的单据时,在规定期限内履行付款义务的信用证。

假远期信用证(Usance Credit Payable at Sight)。信用证规定受益人开立远期汇票,由付款行负责贴现,并规定一切利息和费用由开证人承担。这种信用证对受益人来讲,实际上仍属即期收款,在信用证中有"假远期"(usance L/C payable at sight)条款。

④根据受益人对信用证的权利可否转让,可分为:

可转让信用证(Transferable L/C)。指信用证的受益人(第一受益人)可以要求授权付款、承担延期付款责任,承兑或议付的银行(统称"转让行"),或当信用证是自由议付时,可以要求信用证中特别授权的转让银行,将信用证全部或部分转让给一个或数个受益人(第二受益人)使用的信用证。开证行在信用证中要明确注明"可转让"(transferable),且只能转让一次。

不可转让信用证。指受益人不能将信用证的权利转让给他人的信用证。凡信用证中未注明"可转让",即是不可转让信用证。

(2)信用证当事人及其权利义务。

①开证申请人(Applicant)。

指向银行申请开立信用证的人,在信用证中又称开证人(Opener)。

义务:根据合同开证;向银行交付比例押金;及时付款赎单。

权利:验、退赎单;验、退货(均以信用证为依据)。

说明:开证申请书有两部分即对开证行的开证申请和对开证行的声明和保证(申明赎单付款前货物所有权归银行;开证行及其代理行只负单据表面是否合格之责;开证行对单据传递中的差错不负责;对"不可抗力"不负责;保证到期付款赎单;保证支付各项费用;开证行有权随时追加押金;有权决定货物代办保险和增加保险级别而费用由开证申请人负担。

②开证行(Opening / Issuing Bank)。

指接受开证申请人的委托开立信用证的银行,它承担保证付款的责任。

义务:正确、及时开证;承担第一性付款责任。

权利:收取手续费和押金;拒绝受益人或议付行的不符单据;付款后如开证申请人无力付款赎单时可处理单、货;货不足款可向开证申请人追索余额。

③通知行(Advising/Notifying Bank)。

指受开证行的委托,将信用证转交出口人的银行,它只证明信用证的真实性,不承担其他义务,是出口地所在银行。

还要证明信用证的真实性;

转递行只负责照转。

④受益人(Beneficiary)。

指信用证上所指定的有权使用该证的人,即出口人或实际供货人。

义务:收到信用证后应及时与合同核对,不符者尽早要求开证行修改或拒绝接受或要求开证申请人指示开证行修改信用证;如接受则发货并通知收货人,备齐单据在规定时间向议付行交单议付;对单据的正确性负责,不符时应执行开证行改单指示并仍在信用证规定期限交单。

权利:被拒绝修改或修改后仍不符有权在通知对方后单方面撤销合同并拒绝信用证;交单后若开证行倒闭或无理拒付可直接要求开证申请人付款;收款前若开证申请人破产可停止货物装运并自行处理;若开证行倒闭时信用证还未使用可要求开证申请人另开。

⑤议付银行(Negotiating Bank)。

指愿意买入受益人交来跟单汇票的银行。

根据信用证开证行的付款保证和受益人的请求,按信用证规定对受益人交付的跟单汇票垫款或贴现,并向信用证规定的付款行索偿的银行(又称购票行、押汇行和贴现行;一般就是通知行;有限定议付和自由议付)。

义务:严格审单;垫付或贴现跟单汇票;背批信用证。

权利:可议付也可不议付;议付后可处理(货运)单据;议付后开证行倒闭或借口拒付可向受益人追回垫款。

⑥付款银行(Paying / Drawee bank)。

指信用证上指定付款的银行,在多数情况下,付款行就是开证行。

对符合信用证的单据向受益人付款的银行(可以是开证行也可受其委托的另家银行)。

有权付款或不付款;一经付款无权向受益人或汇票善意持有人追索

⑦信用证保兑行(Confirming Bank)。

受开证行委托对信用证以自己名义保证的银行加批"保证兑付";不可撤销的确定承诺;独立对信用证负责,凭单付款;付款后只能向开证行索偿;若开证行拒付或倒闭,则无权向受益人和议付行追索。

⑧信用证承兑行(Accepting Bank)。

指对受益人提交的汇票进行承兑的银行,亦是付款行。

⑨信用证偿付行(Reimbursing Bank)。

指受开证行在信用证上的委托,代开证行向议付行或付款行清偿垫款的银行(又称清算行)。只付款不审单;只管偿付不管退款;不偿付时开证行偿付。

(3)操作相关程序。

①开证申请人根据合同填写开证申请书并交纳押金或提供其他保证,请开证行开证。

②开证行根据申请书内容,向受益人开出信用证并寄交出口人所在地通知行。

③通知行核对印鉴无误后,将信用证交受益人。

④受益人审核信用证内容与合同规定相符后,按信用证规定装运货物、备妥单据并开出汇票,在信用证有效期内,送议付行议付。

⑤议付行按信用证条款审核单据无误后,把货款垫付给受益人。

⑥议付行将汇票和货运单据寄开证行或其特定的付款行索偿。

⑦开证行核对单据无误后,付款给议付行。

⑧开证行通知开证人付款赎单。

 207. 信用证风险防范及救济措施有哪些?

(1)对跟单信用证诈骗的防范对策。

①出口方银行(指通知行)必须认真负责地核验信用证的真实性,并掌握开证行的资信情况。对于信开信用证,应仔细核对印鉴是否相符,大额来证还应要求开证行加押证实;对于电开信用证及其修改书,应及时查核密押相符与否,以防止假冒和伪造。同时,还应对开证行的名称、地址和资信情况与银行年鉴进行比较分析,发现疑点,立即向开证行或代理行查询,以确保来证的真实性、合法性和开证行的可靠性。

②出口企业必须慎重选择贸易伙伴。在寻找贸易伙伴和贸易机会时,应尽可能通过正式途径(如参加广交会和实地考察)来接触和了解客户,不要与资信不明或资信不好的客户做生意。在签订合同前,应设法委托有关咨询机构对客户进行资信调查,以便心中有数,作出正确的选择,以免错选贸易伙伴,自食苦果。

③银行和出口企业均需对信用证进行认真审核。银行审证侧重来证还应注意来证的有效性和风险性。一经发现来证含有主动权不在自己手中的"软条款"/"陷阱条款"及其他不利条款,必须坚决和迅速地与客商联系修改,或采取相应的防范措施,以防患于未然。

④出口企业或工贸公司在与外商签约时,应平等、合理、谨慎地确立合同条款。杜绝有损利益的不平等、不合理条款,如"预付履约金、质保金,佣金和中介费条款"等,以免误中对方圈套,破财耗神。

(2)备用信用证。

备用信用证又称担保信用证,是指不以清偿商品交易的价款为目的,而以贷款融资,或担保债务偿还为目的所开立的信用证。

备用信用证是一种特殊形式的信用证,是开证银行对受益人承担一项义务的凭证。开证行保证在开证申请人未能履行其应履行的义务时,受益人只要凭备用信用证的规定向开证行开具汇票,并随附开证申请人未履行义务的声明或证明文件,即可得到开证行的偿付。备用信用证只适用《跟单信用证统一惯例》(500号)的部分条款。

备用信用证有如下性质:

①不可撤销性。除非在备用证中另有规定,或经对方当事人同意,开证人不得修改或撤销其在该备用证下之义务。

②独立性。备用证下开证人义务的履行并不取决于:开证人从申请人那里获得偿付的权利和能力;受益人从申请人那里获得付款的权利;备用证中对任何偿付协议或基础交易的援引;开证人对任何偿付协议或基础交易的履约或违约的了解与否。

③跟单性。开证人的义务要取决于单据的提示,以及对所要求单据的表面审查。

④强制性。备用证在开立后即具有约束力,无论申请人是否授权开立,开证人是否收取了费用,或受益人是否收到或因信赖备用证或修改而采取了行动,它对开证行都是有强制性的。

与一般信用证相比:

①一般商业信用证仅在受益人提交有关单据证明其已履行基础交易义务时,开证行才支付信用证项下的款项;备用信用证则是在受益人提供单据证明债务人未履行基础交易的义务时,开证行才支付信用证项下的款项。

②一般商业信用证开证行愿意按信用证的规定向受益人开出的汇票及单据付款,因为这表明买卖双方的基础交易关系正常进行;备用信用证的开证行

则不希望按信用证的规定向受益人开出的汇票及单据付款,因为这表明买卖双方的交易出现了问题。

③一般商业信用证,总是货物的进口方为开证申请人,以出口方为受益人;而备用信用证的开证申请人与受益人既可以是进口方也可以是出口方。

(3)信用证事故的处理。

单证一旦出问题,信用证的安全性就大大降低。碰到类似的信用证事故如何处理呢?

①"单证不一致"的防范与处理。

单证不一致,即单据缮制没有完全符合信用证明规定。这是最常见的事故。其结果就是直接导致不符点,甚至导致单据被拒付。在"单证交易"中,业务员应该树立起"信用证至高无上"的观念,即使信用证中出现错别字或明显的语法错法,只要不导致产生歧义,在无法修改的情况下,也要将错就错地照样搬到所有单证中去。再者,同一票货物,按照需要可能会制作几套单证,分别交给商检部门、海关和银行。这几套单证在某些方面有出入,并不影响银行对自己那套单证的审核与付款。因此,其他单证可以略有差池,但给银行的这一份则一定要完全与信用证一致,这是"单证不一致"事故处理的最大原则。至于其他国家机构,只要不是蓄意欺诈,对操作上的失误,还是允许一定的灵活性的。特别对于出口商自己缮制的单据,比如受益人证明,则不必拘泥实际操作情况。当然,客户的要求尽量满足,不能做到的事先讲明,因意外而导致失误的(例如提单传递迟误,导致未能按照客户要求及时寄出提单复印件之类),必要的时候,说明一下请客户谅解即可。但单证则完全按照信用证要求出具。对于不是自己出具,而是第三方如货运公司出具的提单一类,事先务必与他们仔细核对草稿,并书面确认。拿到正本以后,再检查一次,看是否与确认的草稿一致。出现问题的,在分清责任的同时,火速更换。对于日期实效方面的不符,请货运公司协作,虚打日期以迁就信用证(当然倒签提单也是有问题的)。对于国家机构比如商检局出具的单据,不易灵活处理,因此要慎重一些。如果信用证条款中对这类单证有特别要求的,先与商检机构沟通咨询,看是否能满足客户要求。无法完全满足的,坚决要求修改信用证条款。因外贸市场灵活多变,品质要求也参差不齐,对于商检局提出异议的产品,可以通过"客户确认"的保函形式协商解决。

②"单单不一致"的预防与处理。

单单不一致,指同一套单证里不同单据相同栏目的内容不一致。这个问题通常是由于部门分工协作制单中的疏漏造成的。预防的方法,就是养成事先编制交易档案,按照栏目分别归类,像一个资料库一样,根据交易编码,各部门或者各单证直接调用。此外,审单证的时候,不但要逐张审核,还可以"横"审,即比对不同单证同一栏目内容。实务中,也允许有些地方在合理范围内某些栏目单单不一致的。比如品名描述栏,在发票中也许细致翔实,按照同类产品不同款式逐一分列,而提单和原产地证中就简单合并了。一般的限度,是只有类别一样的产品才能合并。所谓类别一样,以海关产品编码(所谓HSCODE,国际通行的对产品分类编码,避免因各国表述不同造成的分类混乱)为依据。这种单单不一致,一般都不予计较。但碰到有风险的交易,存在客户有意挑剌的可能时,尽量避免这样的节外生枝。

③不符点的处理。

单证缮制与信用证规定的差异一概称为不符点。轻微的不符点比如某个字母或标点符号的错误,不造成歧义,对交易性质无实质影响的,一般开证行也会接受,仅对每一个不符点扣罚几十美元就算了。可较大的错误,特别是数量、金额、交货期方面的错误,就严重了。开证行会通知出口商(受益人)不符点的情况,并暂时中止执行信用证支付。待受益人与客户(开证申请人)协商,客户愿意接受不符点同意付款了,才会支付;同时不符点费用照扣。可见,不符点将直接导致信用证失效可能。一般地,在把单证交付国外开证行之前,国内出口商的开户银行(信用证通知行)会应出口商要求预先审核一遍,发现错误及时更改。但此时货物已经出运,很多情况既成事实,不符点无法更改了。此时,在确认客户会接受的前提下,可以"不符点交单",承担不符点扣款,完成信用证。但这样做的风险很大,万一客户不接受或中途变卦,出口商难免蒙受损失。所以不符点交单要特别慎用。出现此情形的时候,最好先与客户联系,请客户确认接受不符点。必要的话,请客户出具"公司信"(Officeletter,一种抬头落款齐全,内容完整的正式商业信函),届时提供给国外开证行。更稳妥的方法,如果国内银行议付的话,由国内银行通过SWIFT接洽开证行,告知不符点,请开证行与客户(开证申请人)联系,让客户向开证行确认接受不符点,开证行再向国内银行确认。这种操作方式称为"电提不符点"。

④不符点拒付的处理。

不得已不符点交单,或者开证行自己判断为不符点的,有可能导致单据被拒付。

这样的事故中,首先要区分责任,判断开证行拒付是否有合理依据并符合程序,所谓合理依据,就是开证行提出的不符点应有站得住脚的理由,或是否出于误会。否则可通过国内银行回复解释申辩。程序上,开证行必须在7个工作日内审核单证并一次性提出不符点,否则即使有不符点也无权再提。确有不符点的,看看是否来得及换单,把修改正确的单证补交上去。只要修改后的单据在信用证规定的有效期内提交到指定银行,且新提交的单据没有新的不符点,则视为单据不存在不符点,开证行必须付款。但这种情况下必须争分夺秒。此外,尽早安排出货也是预防措施之一,早出货早出单,就有活动的余地。无法及时更改的,即可与客户联系,说明情况,请客户接受不符点。多数情况下,客户也是通情达理的,毕竟是做生意,一般说来客户也等着收货,以便安排销售。尤其需要注意的是,发生单据拒付的时候,要密切关注货物下落。在信用证业务中,相关各方处理的是单据,而不是与货物有关的货物及/或服务,之所以如此,最主要的原因是信用证所涉及的单据尤其是作为物权单据的提单,使得信用证的当事人能够控制物权,对单据的买卖,就意味着对物权的买卖,所以《UCP500》规定,银行拒付后必须要么持单听候指示,要么将单据退还交单者,也即是说开证行拒付后不经受益人或议付行同意,不得擅自向开证行申请人放单,否则其必须付款。另外,关注货物下落还可以了解到开证申请人是否已凭开证行的提货担保提取货物,凭保提货虽然构不成开证行拒付后必须付款的责任,但如受益人或议付行要求退单,然后向船公司索要货物,船公司因无法提供货物,必然转而找开证行,要求其履行提货担保项下的责任,则开证行信誉损失不说,还可能承担比货款更多的经济损失,所以在这种情况下,一经向其说明已知客户凭其提货担保提货的事实,开证行往往会妥协付款。

(4)信用证纠纷诉讼。

信用证纠纷案件,是指在信用证开立、通知、修改、撤销、保兑、议付、偿付等环节产生的纠纷。

①管辖权冲突的解决。

不同国家的法院在受理同一案件时,会援用不同的冲突规范或适用不同的国内实体法或国际统一实体私法而对案件作出不同的判决,直接影响当事人的权利与义务。所以首先确定管辖法院至为重要。

如果《民事诉讼法》第二百四十三条条件的信用证案件我国原告在我国有管辖权法院起诉,而被告方对管辖没有提出异议,那么自然首先选择我国有管辖权的法院。

但问题是信用证是不是合同? 目前还是争论颇大的一个问题。另外,至于不符合《民事诉讼法》第二百四十三条条件的信用证案件,而我国法院又受理的,对方提出管辖权异议后,仍一意孤行强行判决的案件,更值得去研究,以便在以后的立法中完善。如果我国原告在向我国法院起诉国外被告时,对方没有默示接受管辖,而是提出管辖异议的话,最好还是向被告一方所在地的法院提起诉讼。因为我国法院对涉外案件的判决,最终执行时,尚须外国法院的承认和执行,倘若不顾国际惯例抑或不顾法律规定强行判决的话,外国当事人也会申请本国法院不予承认和执行。

②适用法律冲突和准据法。

确定管辖法院以后,应根据法院地法识别,辅助争议的案件的有关规定,确定准据法。

管辖权与法律适用关系密切,但是两回事。毕竟中国法院即使具有管辖权,也可能去适用外国法。这种情况一般都会在合约中约定中国具有管辖权但适用外国法、也可能由国际民商事法律关系的性质决定的。但对于信用证纠纷而言,由于事先没有管辖权和法律适用的约定,如何确定适用法就要复杂得多了。

适用最密切联系原则来确定准据法显得尤为重要。根据这一原则及国际惯例和国外判例,一般来说:

开证银行直接将信用证通知收益人,而没有其他银行参与,信用证纠纷应该适用开证银行所在地法律。

开证银行通过外国银行通知收益人,该外国银行作为指定银行,对信用证项下单据验单并付款,信用证纠纷应该适用该外国银行所在地法律。因为银行检查单证,决定付款等,只会依据本国法律考虑问题,怎会去理会(或知悉)开证银行的法律?

通知银行与开证银行一般都是代理关系,双方的总行大都签有代理协议。如果发生开证银行与通知银行之间的信用证纠纷,应适用通知银行所在地法律,因为通知银行是"本质上履约方"。

开证银行通过外国银行通知收益人,该外国通知银行同时对信用证进行了保兑,变成了信用证项下的两份合约:一份是开证行和保兑行之间的合约,一份是开证行和收益人之间的合约,保兑信用证适用银行业务所在地的法律,收益人与开证行之间的合约适用与保兑信用证一样的适用法。

开证银行与申请人之间的合约,因开证银行是该合约的"本质上的履约方",应该适用开证银行所在地法律。每一个合约本质上是由其中定约一方履约,他可被称为"本质上履约方"。其所在地(自然人)或商业的主要业务所在地(单位)的国家可被推定为最密切联系因素,即适用该地的法律。